JN033237

レクチャー社会保障法〔第3版〕

河野正輝・江口隆裕　編

法律文化社

第３版はしがき

第２版の発行から５年が経過した。その間，2019 年 10 月に消費税率が 10% に引き上げられ，社会保障・税一体改革は完了した。一体改革の名の下に医療，年金，介護など社会保障の各分野で改正がなされただけでなく，幼児教育・高等教育の無償化等にも消費税収の一部が充てられることになり，当初の決定とは異なって，社会保障の枠を超えて消費税収が使われることになった。

他方，この間もわが国の人口は確実に減り続けており，政府は，その対策として，一億総活躍社会の名の下に高齢者や女性の就労を促進しようとしている。しかし，それだけでは足りず，入管法を改正して特定技能制度を創設し，外国人労働者の本格的な受入れに向けて舵を切った。日本社会は大きな曲がり角に立っているといえよう。

このような状況の下，本書の第３版を出版することにした。第３版でも，本書の目的，構成および執筆陣はこれまでのままとした上で，全体の分量はできるだけ増やさずに，2019 年６月までに成立した立法を取り入れるように努めた。お忙しい中，この編集方針にご協力を賜った執筆者各位に，この場を借りて感謝を申し上げたい。

また，これまでと同様，本書の出版・編集に多大な尽力をいただいた法律文化社編集部の小西英央氏に，改めてお礼を申し上げる。

2019 年 12 月

河 野 正 輝
江 口 隆 裕

第２版はしがき

本書の初版が発行されてから６年が経過した。この間，2009年９月には民主党政権が誕生し，子ども手当をはじめとする従来の自民党政権とは一線を画した社会保障政策を実現し，また，実現しようとした。しかし，財源問題で行き詰ったため，2010年の年末から社会保障・税一体改革（以下「一体改革」という）の検討に着手し，2012年２月，消費税率を５%から10%に引き上げてこれを社会保障財源化するとともに，そのうちの１%相当分については社会保障の充実強化に充てることを閣議決定した。社会保障の財源問題が政治の世界のメイン・イシューとなったのである。2012年12月に自民党が政権に復帰した後も一体改革は継承されたが，2014年11月，安倍総理によって消費税率10%への引上げの2017年４月までの先送りと衆議院の解散・総選挙が決定された。

もっとも，一体改革と言っても，それが国の財政再建に重きを置いていることは明らかだが，それでも，この間，医療，介護，年金，雇用保険・特定求職者支援，子ども・子育て支援，障害者総合支援，生活保護および生活困窮者自立支援など社会保障の各分野で相次いで重要な立法と法改正が行われている。

第２版では，本書の目的，構成および執筆陣は初版のままとした上で，全体の分量を増やさずに，2014年６月までに成立した立法と法改正をできる限り取り入れるように努めた。このように両立が難しい編集方針に快くご協力を賜った執筆者各位に，この場を借りて感謝を申し上げる。

また，初版と同様，本書の編集に終始細やかなご配慮をいただいた法律文化社編集部の小西英央氏に，重ねてお礼を申し上げたい。

2014年11月

河 野 正 輝
江 口 隆 裕

はしがき

社会保障を取り巻く社会的･経済的環境や国民の意識は大きく変容してきた。とりわけ少子高齢化，非正規雇用の増大，および婚姻・家族形態や女性の就業形態の多様化などの変容は，社会保障の基盤を揺るがしかねないほど大きい。これまで社会保障制度が依拠してきた労使関係や家族像などの社会的諸条件はいまや部分的に失われつつあるとさえいえる。のみならず，自己決定（自律）の尊重と社会的包摂（ソーシャル・インクルージョン）を要請する人権思想の発展によって，社会保障は構造的な改革を求められてもいる。

こうした変化のなかで，この3，4年の間にも，雇用保険法改正による失業の防止と再就職の促進，高齢者の医療の確保に関する法律による後期高齢者医療制度の創設，介護保険法改正による地域密着型サービスの導入，高齢者虐待の防止，高齢者の養護者に対する支援等に関する法律の制定，および障害者自立支援法による自立支援給付方式の導入など，当面の小さな法改正から基礎構造の改革まで，めまぐるしいほどの法改正が相次いだ。

こうした動向の下で社会保障法を理解するには，まず法改正をめぐる最新の正確な情報が必要であろう。それをもとに，どこに課題が残されており，どのような解決が望ましいかを規範的に考察する力を養うことが求められている。

本書は，法学部学生，関係行政職員，医療福祉従事者，市民を念頭において，社会保障法の基本的な考え方およびその全体像を，わかりやすく解説することを目的とする。このため記述は簡潔にし，情報量は少し抑え加減の，しかし原則や通則の説明がすっきりした概説書となることをめざしている。

社会保障法の基本的な法理を正確に解説するという目的から，主要な判例はすべて取り入れるとともに，記述は簡潔にという趣旨から図やコラムも適宜活用した。さらに，社会保障の構造的な改革の動向や課題を理解できるように，法政策上の論点も織り込むように心がけている。

以上の目的から，本書は3部構成をとっている。第Ｉ編では，社会保障法の全体にかかわる総則的事項を述べる。第Ⅱ編では，社会保障法の各法部門について，基本的な体系と現状，法解釈上の論点および立法論上の課題を説明する。そして第Ⅲ編では，内外の動向に目を転じて，近年，大幅な改正が相次いでいる社会保障法について，なぜそのような改革が行われているのか，それらの改革は何をめざしているのかを分析するとともに，社会保障の国際化に関して，どのような改革が進められているかを考察する。

本書は，佐藤進・河野正輝編『新現代社会保障法入門』（現代法双書）の後継版として，企画編集されたものである。さいわい社会保障法学界をリードする若手メンバーのご協力のおかげで，これまでの蓄積を受け継ぎつつ，新しい息吹を吹き込み，面目を刷新することができたと考えている。編者の編集方針にしたがって，執筆内容の調整等に全面的な協力を賜った執筆者各位に感謝申し上げる次第である。

最後に，前著の現代法双書のとき以来，一貫して社会保障法分野の出版に熱意を注がれるとともに，編集上，終始行き届いたご配慮をいただいた法律文化社編集部の小西英央氏に心よりお礼を申し上げたい。

2008 年 11 月

河 野 正 輝
江 口 隆 裕

目　次

法令略語表

育児介護	育児休業，介護休業等育児又は家族介護を行う労働者の福祉に関する法律
医師	医師法
医療	医療法
医療則	医療法施行規則
介保	介護保険法
介保令	介護保険法施行令
確給	確定給付企業年金法
確給則	確定給付企業年金法施行規則
確給令	確定給付企業年金法施行令
確拠	確定拠出年金法
基金	社会保険診療報酬支払基金法
行審	行政不服審査法
行訴	行政事件訴訟法
行組	国家行政組織法
憲	日本国憲法
健保	健康保険法
健保則	健康保険法施行規則
厚年	厚生年金保険法
厚年令	厚生年金保険法施行令
高齢医療	高齢者の医療の確保に関する法律
国保	国民健康保険法
国保則	国民健康保険法施行規則
国年	国民年金法
国年令	国民年金法施行令
国共済	国家公務員共済組合法
雇保	雇用保険法
支給金則	労働者災害補償保険特別支給金支給規則
児手	児童手当法
児福	児童福祉法
児扶手	児童扶養手当法
社福	社会福祉法
社審	社会保険審査官及び社会保険審査会法
障害差別解消	障害を理由とする差別の解消の推進に関する法律
障基	障害者基本法
消税	消費税法
障総	障害者総合支援法（障害者の日常生活及び社会生活を総合的に支援するための法律）
障総則	障害者総合支援法施行規則
障総令	障害者総合支援法施行令
身障	身体障害者福祉法
精神	精神保健及び精神障害者福祉に関する法律
生保	生活保護法
知障	知的障害者福祉法
地自	地方自治法
特児扶手	特別児童扶養手当等の支給に関する法律
年金機能強化	公的年金制度の財政基盤及び最低保障機能の強化等のための国民年金法等の一部を改正する法律
母福	母子及び父子並びに寡婦福祉法
母保	母子保健法
民	民法
療担則	保険医療機関及び保険医療養担当規則
労基	労働基準法
労契	労働契約法
労災	労働者災害補償保険法

労災則	労働者災害補償保険法施行規則	労徴	労働保険の保険料の徴収等に関する法律
労審	労働保険審査官及び労働保険審査会法	老福	老人福祉法

第Ⅰ編

社会保障法の理念と構造

第1章

社会保障法とは何か

1　社会保障の定義

（1）なぜ社会保障か

公的年金は老後の生活の支えであり，生活保護は生活困窮のときの最後の支えであることからわかるように，公的年金や生活保護などの社会保障は，まずは社会による個人の生活への保障であるということができる。

社会が個人の生活に一定の保障をしてきたということは，社会が個人の生活に対して何らかの責任を有すると考えられてきたことを意味している。と同時に，社会が一定の責任をもって生活の保障を行う以上は，それは個人の生活に対して何らかの干渉・介入を伴うことも意味している。

しかし改めて考えれば，本来，個人の生活はその個人の自由であるとともに，その人自身の責任において営まれるべきものである。したがって，どのような職業を選択し，どのような家庭を営むかはいうまでもなく個人の自由であり，同様に老後の生活をどう送るかは個人の自由であって，これに対して国・地方公共団体が不当に介入し，侵害することは原則として許されないのである。それと同時に，個人の生活に生ずる危険や窮乏はその個人の責任に属するのであって，まずは個人またはその家族の力で対処し解決しなければならない。このことを**生活個人責任原則**あるいは**生活自助原則**といい，それは明文で定められてはいないものの，社会保障に関する立法の前提にある基本原則とされる。

しかし，そうであるなら，なぜ社会は個人の生活を保障してきたのであろうか。それは大多数の人々にとって労働力を提供して，その対価としての報酬を得て生活を営むほかない資本主義社会においては，何らかの事由で労働できなくなったり特別の出費を要するようになったりすれば，たちまち生活を営むことが困難になるからである。しかも，そのような困難のなかには個人のコントロールの及ばない，あるいは個人の力を超える，場合によっては個人の責めに帰せられない事由によって生ずる困難も含まれる。たとえば老齢，失業，労働災害といった生活事故は長い生涯の間に誰しも遭遇する，またはその可能性の高い社会的なリスクにほかならない。

社会保障はこのような**社会的な生活事故**による所得喪失や生活障害などについて，主として所得再分配や自立支援の仕組み等により生活の保障を図ろうとする制度であり，これによってすべての人の尊厳を保障するとともに自立と社会参加の機会を保障し，それをつうじて社会，経済の安定をも図ろうとする制度なのである。

（2）社会保障の主要な制度

社会保障の制度は，それぞれの国のそれぞれの時代の社会的な生活事故およびニーズに対応する制度として歴史的に形成されてきた。したがって，その制度の範囲は国により，また時代により異なっている。

わが国では，**社会保障制度審議会**の「**社会保障制度に関する勧告**」(1950年)に沿って，社会保障制度の範囲は，狭義には，①社会保険，②公的扶助，③社会福祉，④公衆衛生および医療（公費負担医療）の4領域の制度までをいい，さらに広義には戦争犠牲者援護の制度までを含むものとして形成されてきた。公式に用いられてきたこの見解に従えば，わが国の社会保障制度は，これらの制度から成るということになろう。

ただし，上記の1950年勧告の当時は児童手当制度が未整備であったことから，ひとつの部門として取り上げられていなかったが，今日では社会手当（児童手当，児童扶養手当，特別児童扶養手当，障害児福祉手当，特別障害者手当など）も社会保障制度を構成する1部門として捉えられている。

なお，1950年勧告では公衆衛生も社会保障制度の範囲に含められているが，公衆衛生といっても，たとえば「麻薬及び向精神薬取締法」（1953年）にもとづく入院措置，「食品衛生法」（1947年）にもとづく検査などの社会防衛的見地からの取締まり，および産業廃棄物その他のゴミ，上下水道，環境保全に関する公衆衛生の措置などが，社会保障の範囲に含まれると一般に考えられているわけではない。

また，戦傷病者戦没者遺族等に対する援護や，原子爆弾被爆者に対する援護は戦争犠牲者に対する国家補償として位置づけられるべきものであり，また公害健康被害に対する補償の制度も特定の加害 - 被害の関係に由来する生活事故についての損害賠償の特例とみられるから，一般に社会保障の範囲に含まれるとは考えられていない。

その一方で，公営住宅をはじめ住まいの保障に関する制度や犯罪被害者の支援に関する制度など，社会保障の関連領域に含めて取り上げられつつある制度もあることに留意すべきであろう。

以下では社会保障の主要な4つの制度について説明しよう。

社　会　保　険

社会保険の仕組みは，加入者（被保険者）が将来のリスク（保険事故）に備えてあらかじめ保険料を拠出しておいて，リスクが現実に生じたとき，その拠出の対価として給付を受けるという方式（拠出制）を基本とする。保険料の拠出義務と給付の受給権とが関連づけられていることと，給付のさいに資力調査を伴わないという点で，無拠出制（税財源）を採る公的扶助などの制度と異なる。わが国では，保険事故ごとに大別して，医療保険，介護保険，年金保険，労災補償保険および雇用保険という5つの制度が設けられている。

これらの社会保険制度は，拠出と給付が一定の対価性（双務関係）を有するという点で，民間保険（私保険）と一部共通している。ただし社会保険は民間保険と大きく異なり，①加入は逆選択を防止するため，強制加入である，②保険料は，被用者の場合，労使による拠出である，③拠出と給付の関係は，一方の拠出は所得に応じた額で，他方の給付（とりわけ医療保険，介護保険の給付）は必要に応じた内容とされている。つまり，社会保険では民間保険の原則である給付反対給付均等の原則が修正されて，**拠出と給付の対価性**は薄められる，④拠出能力の低い人々を支えるため，財源として保険料のほかに公費負担が投入される，以上により⑤社会保険は**リスクの分散**のみならず，**所得再分配**の機能を果たすべきものとされている，などの特徴を有する。

公的扶助　公的扶助は生活に困窮する者に対して，公費により，**最低生活**（ナショナル・ミニマム）を保障する無拠出制の仕組みである。わが国では生活保護制度がこれに当たる。各種の社会保険制度によっても貧困に転落することを防ぐこと（防貧）ができなかった場合の事後的な救済（救貧）の制度ということができる。保護の対象者は資力調査によって，自己の資産，能力を活用してもなお最低生活を営むことができない者に絞られ（選別制），保護の程度は厚生労働大臣の定める保護基準に照らして，自己の金銭・物品で満たせない不足分を補う程度において行われる。

生活保護制度は国民の生存権を保障する最後のセーフティネットであるが，福祉事務所（ケースワーカー）の裁量次第で保護の申請が受理されない場合や，資力調査が恥辱（スティグマ）を伴うため要保護状態にあるにもかかわらず保護を申請しない場合があるなど，いわゆる漏救の問題が指摘されてきた。生活保護制度のほか「行旅病人及行旅死亡人取扱法」（1899年）にもとづく保護も公的扶助の範疇に含められるであろう。

社会手当　社会手当は，児童手当，児童扶養手当，特別児童扶養手当，特別障害者手当など，無拠出制で定額の金銭給付を行う制度である。給付対象者を生活困窮者に限定しないで普遍的に，かつ定型的な金銭給付を行うという点で社会保険に近いといえるが，無拠出制（児童手当の財源は事業主の拠出金と国・地方公共団体の公費負担）であるから社会保険の範疇には属さない。一方，無拠出制という点で公的扶助に近いといえるが，支給要件として所得制限はあっても厳密な資力調査を伴わないから公的扶助にも属さない。その意味で社会手当は第3の保障方法である。

無拠出制で定額の金銭給付という形式は，上記の児童手当等のほかに，障害認定日が20歳未満である障害者の障害基礎年金などにもみられる。児童手当等は主として児童養育のための出費増に対する手当であり，障害児福祉手当，特別障害者手当は障害に基づく特別の出費増に対する手当であって，本来，社会保険になじまないと考えられてきた。これに対して，後者の障害基礎年金は障害による所得喪失に対する年金給付であって，社会保険の範疇に含めつつ例外的に拠出期間を要しないとされてきたものである。したがって，両者の形式は類似していても，その形式が採用される理由・趣旨は異なることに留意する必要がある。

社　会　福　祉

社会福祉の中心となる制度は，身体上または精神上の機能障害と社会的障壁との相互作用により，日常生活または社会生活を営むのに制限を受けている人々が地域社会において自立した日常生活または社会生活を営むことができるように支援する制度である。自立支援のための福祉サービスは，障害者等が福祉サービス利用に要する費用の金銭給付（介護給付費，訓練等給付費等）を受けて，サービスを利用するという方式（実際には，給付費相当額をサービス事業者が利用者に代り，代理受領することにより，利用者は現物給付として福祉サービスを受けるという方式）が主として採られる。その費用はサービス利用者による応能負担または応益負担と国・地方公共団体による公費負担によって賄われる。

福祉サービスの提供は，従来，行政庁（市町村）の行政処分（措置決定）によって福祉サービスの対象者およびサービスの種類･程度を決定するという方式（**措置方式**）がとられてきた。しかし介護保険制度の導入以降しだいに，サービス利用者とサービス提供事業者との**直接契約による利用方式**へ転換されてきている。

社会福祉は，上記の福祉サービスの提供を行う制度のほか，認定こども園，保育所等による子ども・子育て支援，親のない児童・親の監護を受けられない児童に対する児童養護施設，非行児童に対する児童自立支援施設，直接契約によるサービス利用が困難な障害者，高齢者等に対する福祉の措置，生活困窮者のための自立支援事業，生活困難者のために無料または低額で診療を行う事業，宿泊所その他の施設を利用させる事業，無利子または低利で資金を融通する事業など，他の社会保障制度部門では取り扱うことができないさまざまなサービスや事業を広く包含している。

2　社会保障法の体系

（1）社会保障法の定義

社会保障制度の発展に伴い社会保障の各分野に関する法律が多数制定されてきた。しかし社会保障法という名称の法律が存在するわけではなく，それらの法律はモザイク的な寄せ集めの感をぬぐえない。そこで社会保障制度に関する法律の総体を社会保障法と呼んで，これが統一的な原理と法理に貫かれた法領域となるよう研究する必要が生じてきたわけである。

社会保障法関係を構成する諸要素に分解してみれば，社会保障法は，①一定の法目的理念にもとづいて（目的理念），②国の最終的な責任の下で社会保障管理運営機関により（責任主体），③すべての社会構成員に対して（権利主体），④社会的な生活事故またはニーズの発生に際して（保障事由），⑤個人の尊厳と自立の支援に値する給付を（給付の範囲と程度），⑥本人および事業主による保険料拠出と公費負担を主たる財源として（費用負担），⑦一定の資格要件のもとに権利として保障する（権利性），という法制の総称である。

ここには権利義務の関係として，たとえば①給付をめぐる国等（国，地方公共団体のほか保険者等の社会保障の管理運営機関を含む）と受給資格者の間の権利義務関係をはじめ，②費用負担をめぐる国等と社会構成員の間の権利義務関係，さらに③医療や福祉サービスのような現物給付の提供においては，国等，医療機関や福祉施設等のサービス提供者，およびサービス利用者という少なくとも三者間の権利義務関係，といった諸関係が存在する。法をこのような権利義務関係の総体として捉えると，社会保障法は社会保障給付，費用負担，サービス提供体制ならびにそれらの管理運営をめぐる，社会構成員，サービス提供機関，管理運営機関および公権力としての国等の間の権利義務を基本とする法の体系であるということができるであろう。

（2）社会保障法の体系

社会保障を法的観点からみるとき，社会保障法の体系の捉え方は学説によりやや異なっている。これを整理すれば制度別区分説，給付別区分説，保障方法別区分説および目的別区分説に分けられる。

制度別区分説　社会保障制度を構成する社会保険，生活保護等の各種制度は，それぞれが給付の制度設計，給付・役務の提供機関のあり方，財源方式等の面で制度としての完結性を有している。こうした点を捨象して社会保障法の体系化をすることは適切ではないとする立場から，社会保障制度を構成する各制度に沿って，社会保障法は，社会保険法，公的扶助法，児童手当関係法（社会手当法），社会福祉サービス法から構成される法体系として捉えられる（岩村正彦『社会保障法Ⅰ』2001年，西村健一郎『社会保障法』2003年）。

給付別区分説　社会保障法は一定の社会的な要保障事由に対する社会的給付の法であるから，財源調達の手段などの技術的選択の問題から離れて，要保障事由のもつ保障ニーズの内容・性質と，これに対応すべき保障給付の内容・性質とを法的に分析し，そこから社会保障の法体系を理論的に導き出すべきである。この視点から社会保障の法体系は，生活をおびやかす各種の所得喪失事由にそなえて一定の所得を補う生活危険給付法と，貧窮状態に陥った者に最低生活水準を営むに必要な限度で所得を与える生活不能給付法から成る所得保障給付の法，および傷病，障害，年少，老齢など心身の機能の喪失または不完全によって生ずる生活上のハンディキャップに対して社会サービスを給付する生活障害給付の法の二大系統に分けられる（荒木誠之『社会保障の法的構造』1983年）。

保障方法別区分説　保険方式を採るか，または無拠出給付とするかは保障方法上の区分を意味するもので，いずれの方法でも目的を達しうる単なる技術的選択の問題ではなく，いずれかによって給付請求権の発生要件等に違いが生まれると考えるべきである。この観点から保障方法の区分は，まず財源調達の方法の違い，すなわち保険の技術を用いる拠出制（社会保険）であるか無拠出制（社会扶助）であるかにより二分され，次に無拠出制（社会扶助）は給付方法の違い，すなわち資力調査（ミーンズテスト）付きであるか否かということと金銭給付方式か現物給付方式かということ等を総合考慮して細分化され，その結果として，社会保障法は社会保険法，公的扶助法，社会扶助手当法，社会福祉事業法の4部門に分けられる（籾井常喜『労働法実務体系18　社会保障法』1972年）。または無拠出制の方法を採る後者の3部門を一括して，社会保険法と社会扶助法に分けられる（堀勝洋『社会保障法総論〔第2版〕』2004年）。この説は制度別区分説をリファインしたものということができる。

目的別区分説　社会保険制度が前提としてきた労使関係像，家族像および人口構造は，1980年代以降，大きく様変わりしてきた。このため社会保険の機能は低下し，社会保険において用いられてきた人的適用範囲，保障事由，給付方法，費用負担方法のいずれも問題点をあらわしはじめた。こうした問題点を克服するとともに，社会保障の権利をすべての社会構成員に保障するという本来の理念に沿ったものにするには，社会保険と公的扶助の峻別を基礎とした制度別区分や保障方法別区分を法体系の基本とせずに，また要保障事由と保障給付の類型だけに依拠せずに，給付や規制的手段によって実現すべき価値や目標を明示することが必要と考えられる。このような観点から，社会保障法は，目的理念に沿って体系化され，①人間の尊厳に沿った最低所得の保障を目的とする最低所得保障法，②所得の継続的な安定の保障を目的とする所得維持保障法，③健康の増進，疾病の予防，治療，リハビリテーションの保障を目的とする健康保障法，および④自立支援と社会参加促進の保障を目的とする自立支援保障法に分けられる（河野正輝『社会福祉法の新展開』2006年）。

3　社会保障法の法源

法の存在形式すなわち法の解釈・適用にさいして援用できる規範を法源とい

う。社会保障法の法源には，成分法（制定法）と不文法（判例法）がある。

成分法としては，最高法規である日本国憲法を頂点として健康保険法，国民年金法，生活保護法，児童手当法，障害者総合支援法（「障害者の日常生活及び社会生活を総合的に支援するための法律」2005年）などの社会保障にかかわる法律，その施行のための政令（内閣が制定。施行令と呼ばれる），省（府）令（各省大臣が制定。施行規則と呼ばれる）がある。このほか各省大臣や各庁長官がその所掌事務にかんする決定や指示を一般に公示する告示（行組14条1項にもとづく）も法源をなす。社会保障法の分野では健康保険法にもとづく診療報酬の算定方法（平成20厚労省告示59），障害者総合支援法にもとづく障害福祉サービスに要する費用の算定基準（平成18厚労省告示523），生活保護法にもとづく保護の基準（昭和38厚生省告示158）などがその例である。

地方分権化が進むにつれ，とくに福祉サービス法の分野は地方公共団体の自治事務として実施されている。地方公共団体がその議会の議決によって制定する条例および地方公共団体の長が制定する規則も法源である。

なお社会保障法の分野では**予算措置にもとづく社会保障施策**が通達の形で示されることが少なくない。通達は，行政庁内部のまたは行政庁相互間のものであり，行政庁を拘束するが，国民に対して拘束力を有する法規ではなく，裁判所もそれに拘束されないとされる（最判昭43・12・24民集22巻13号5147頁）。ただし通達によるものでも社会保障にかんする取扱いが行政庁によって一般的かつ反復継続して行われ，国民の間で定着した場合には平等取扱いの原則から通達の外部的効力を認めるという考え方にたち，裁判所が通達に依拠する場合もある。この場合通達は行政庁を拘束するとともに国民に向けて拘束力を有する一種の行政先例法というべきものと考えられる。

またわが国が批准した社会保障に関する条約も誠実に遵守しなければならないのであって（憲98条2項），社会保障法の法源となることはいうまでもない。そのような条約として，たとえば社会保障の最低基準に関する条約（ILO第102号）（昭和51条4），経済的，社会的及び文化的権利に関する国際規約（昭和54条6），難民の地位に関する条約（昭和56条21），児童の権利に関する条約（平成6条2)，障害者の権利に関する条約（平成26条1）などがある。

4　基本的人権と社会保障

わが国の憲法は基本的人権のひとつとして25条1項に「すべて国民は健康で文化的な最低限度の生活を営む権利を有する」と定め，同条2項に国は「社会福祉，社会保障及び公衆衛生の向上及び増進に努めなければならない」責務を定める。社会保障の権利の憲法上の根拠規定をなすものである。

ヨーロッパ諸国の憲法では社会保障はどのように規定されているかについて，大別すれば，①一般的に国の基本的性格を，たとえば「社会国家」のように，宣言する規定のタイプ，②憲法で社会保障制度の存在を確認するが，制度の内容まで踏み込んで規定せず，いわゆる制度的保障を意図したものとみられる規定のタイプ，③さらに踏み込んで社会的基本権を規定するタイプ，④社会保障に関する権限を，たとえば中央ないし連邦レベルの立法機関とその下位レベルの立法機関に分けて帰属させる規定のタイプ，の4つに分けられる（ダニー・ピーテルス著，河野正輝監訳『社会保障の基本原則』2011年）。この分類に従えば，わが国の憲法25条1項は上記③のタイプに属するとともに，同条2項は上記②の趣旨を含むとみることができるであろう。

（1）憲法25条の規範的性格

この規定の規範的性格（法的効力）をどう解するかについて，学説は従来からプログラム説，抽象的権利説および具体的権利説の3つに大別されてきた。今日では，このうち**抽象的権利説**すなわち憲法25条1項の文言が抽象的で権利の発生要件，権利の内容・水準等を具体的に規定していないこと等を理由に，直接個々の国民に具体的な法的権利を賦与するものではなく，抽象的権利を定めたにとどまると解し，同条にもとづき社会保障立法が制定された場合に，その法律の解釈基準として裁判規範となると解する説（代表的な文献として中村睦男「憲法25条」樋口陽一ほか『憲法Ⅱ（注解法律学全集2)』1997年）が多数説であ

❖コラム 1-1　プログラム説と具体的権利説

プログラム説によれば，憲法 25 条は国に対して生存権を立法によって具体化する政治的道徳的義務を課したにすぎないもので，裁判上請求できる具体的権利を国民に与えたわけではないとされる（我妻栄「基本的人権」『国家学会雑誌』60 巻 1 号）。ただし，我妻説でも，25 条の自由権的側面については法的効力を肯定していたことに留意する必要がある。

これに対し具体的権利説によれば，憲法 25 条はその規範内容の保障を請求できる具体的な権利を個々の国民に与えているとされる。必ずしも直接的な給付請求まで憲法 25 条にもとづいて認めるわけではないが，少なくとも国民は裁判所に対して憲法 25 条の趣旨を実現する立法の不作為の違憲確認訴訟を提起できるとされる（大須賀明『生存権論』1984 年，高田敏「生存権保障規定の法的性格」『公法研究』26 号，1963 年，近年の研究については棟居快行『憲法学再論』2001 年，尾形健「『ナショナルミニマム』の憲法的基礎をめぐって」日本社会保障法学会編『新・講座社会保障法第 3 巻　ナショナルミニマムの再構築』所収，2012 年等）。

ると考えられる（コラム 1-1 参照）。

判例の立場は，憲法 25 条をプログラム規定であると判示した食糧管理法違反事件上告審大法廷判決（昭 23・9・29 刑集 2 巻 10 号 1235 頁）を先例として，その後の朝日訴訟および堀木訴訟の上告審判決でも，「この規定は，すべての国民が健康で文化的な最低限度の生活を営み得るように国政を運営すべきことを国の責務として宣言したにとどまり，直接個々の国民に対して具体的権利を賦与したものではない」（朝日訴訟最大判昭 42・5・24 民集 21 巻 5 号 1043 頁），「憲法 25 条の規定は，国権の作用に対し，一定の目的を設定しその実現のための積極的な発動を期待するという性質のものである」（堀木訴訟最大判昭 57・7・7 民集 36 巻 7 号 1235 頁）と述べて，宣言的規定としての性質にとどまるとする。しかし，後者の 2 判決は，立法により定められた給付の要件・水準等が憲法 25 条の趣旨に照らして「著しく合理性を欠き明らかに裁量の逸脱・濫用と見ざるを得ないような場合」には，裁判所が審査判断するという**裁判規範としての効力**については否定していないから，現在では憲法 25 条に何らの法的効力をも認めない純粋のプログラム説は採られていないといってよい。

(2) 憲法25条の規範的意味

それでは上記の，憲法25条に照らして「著しく合理性を欠き明らかに裁量の逸脱・濫用と見ざるを得ない場合」とは，いかなる場合であろうか。

生活保護法の保護基準について判断を示した上記の朝日訴訟最高裁判決によれば，憲法25条にいう「健康で文化的な最低限度の生活」の意味するところは抽象的・相対的であり，同条にもとづいて制定された生活保護法により厚生大臣（当時）に，多数の不確定要素を総合考慮してその基準を設定するよう委ねられているものである。そして，厚生大臣が総合考慮すべき多数の不確定要素には，「国民所得ないしその反映である国の財政状態，国民の一般的生活水準，都市と農村における生活の格差，低所得者の生活程度とこの層に属する者の全人口に占める割合，生活保護を受けている者の生活が保護を受けていない多数貧困者の生活より優遇されているのは不当であるとの一部の国民感情および予算配分の事情」が含まれており，以上の諸要素を考慮することは，厚生大臣の裁量に属することであって，生活保護法の趣旨・目的を逸脱しないかぎり違法の問題を生ずることはない，とされた。

以上の解釈に対して，「健康で文化的な最低限度の生活」の水準を法的に一義的に確定しようとしても，そこには自ずから無理があることを認めた上で，それにもかかわらず保護基準がそれ以下に下回った場合には，**裁量の逸脱・濫用と評価される何らかの指標・要素**が存在することを肯定し，裁量の逸脱・濫用を上記の最高裁判決に比してより厳格に審査しようとする解釈も成り立ちうると考えられる。このことは朝日訴訟の東京地裁判決（昭35・10・19行集11巻10号2921頁）と最高裁判決との間において，低所得者の生活程度と全人口に占める割合，保護受給者が保護を受けていない多数貧困者の生活より優遇されているのは不当であるとの一部の国民感情および予算配分の事情などの諸要素の評価において顕著な差異がみられたことに示されている。

裁量の逸脱・濫用を厳格に審査する後者の解釈からみれば，たとえば諸要素・指標のうち少なくとも「生活保護を受けている者の生活が保護を受けていない多数貧困者の生活より優遇されているのは不当であるとの一部の国民感情」という指標については,「保護を受けていない多数貧困者の生活」とはむしろ保護受給権により保護され最低限度まで回復されるべき生活なのであって，これらの生活実態と一部の国民感情があることを理由に生活保護基準をこれらの生活実態より低く設定することは許されないこととなろう。

なお，憲法25条2項には社会福祉，社会保障及び公衆衛生の向上増進に努めるべき国の責務が定められている。この規定の意味については，地裁の裁判例の中に，行政庁による処分の根拠である立法または処分自体が，25条2項にいう**向上増進の責務**に反して,「ひとたび国民に与えられた権利・利益を合理的な理由なく奪う立法・処分，または合理的理由がないのに右権利・利益の実現の障害となる立法・処分」である場合，裁量の逸脱・濫用にあたり，許されないとした事例がある（宮訴訟東京地判昭49・4・24行集25巻4号274頁)。

（3）憲法25条1項・2項の分離解釈論

従来，25条1項と2項は前者が国民の生存権を後者がそれに対応する国の責務を定めるものとして一体的に解されてきたが，堀木訴訟大阪高裁判決（昭50・11・10民集36巻7号1452頁）で1項と2項を分離して解釈する判断が示されて以来，1項と2項の関係が種々の角度から検討されるようになった。

堀木訴訟大阪高裁判決や松本訴訟大阪高裁判決（昭51・12・17行集27巻11/12号1836頁）などで示された分離解釈論では，社会保障制度を救貧施策と防貧施策とに二分する一種の社会保障制度体系論と25条1項･2項とをリンクさせて，1項にもとづく救貧施策（すなわち資産調査を伴う生活保護制度）と，2項にもとづく防貧施策（すなわち資産調査を伴わない年金・手当等の生活保護以外の制度）に分ける考え方が採用され，この考え方をもとに後者の防貧施策については，25条1項の「健康で文化的な最低限度」の基準は適用されない上,防貧施策の「向上増進」をどの程度まで図るべきかについて25条2項に何ら基準が示されていないことから，広く立法府の裁量に委ねられているというべきであり，したがって防貧施策に関しては25条違反という問題の生ずる余地がない，とされた。

この高裁段階での分離解釈論は前掲の堀木訴訟最高裁判決では採用されるに至らなかったが，学説ではこのような判例の動向と軌を一にしてあるいはこれと異なる問題関心から25条1項・2項の関係について種々の検討が加えられるに至っている（中野妙子「色あせない社会保障法の『青写真』――籾井常喜『社会保障法』の今日的検討」社会保障法研究1号，2011年）。

ただ，25条1項にいう「健康で文化的な最低限度の生活」の保障は，生活保護法のみに適用されて，それ以外の社会保障立法たとえば障害者総合支援法には及ばず，また25条2項にいう「向上増進」の責務は年金・手当等の防貧施策のみに適用され，生活保護法には及ばないといった機械的な分離解釈については，明らかに論理整合性に欠けるところから，今日ではもはや維持されえないといってよいであろう。

（4）憲法25条以外の基本権

社会保障に直接的にまたは間接的にかかわる憲法上の基本権条項は25条のみではない。社会保障は人間として生きることの保障をめざすものであるから，一定の給付を受けることと引き換えに個人の尊厳を害されたり，その他基本的自由を制限されたりしてはならず，むしろ個人のプライバシー，自己決定権を尊重し，市民としての自由の維持･回復に寄与するものでなければならない（憲13条，個人の尊重・幸福追求権）。そして，社会保障の取扱いにおいて合理的な理由なく差別されてはならず，また一定の給付を受けることと引き換えに隔離･差別されてはならず，むしろ社会参加と実質的平等を推し進めるものでなければならない（同14条，法の下の平等）。その他，奴隷的拘束および苦役からの自由（憲18条），家族生活における個人の尊厳と両性の平等（同24条），教育を受ける権利（同26条），財産権（同29条），租税法定主義（同84条）等も社会保障の権利と重要な関連を有する基本権条項であることに留意が必要である。かくして障害者も等しく基本的人権を享有する個人として自由権と一定の給付を請求する社会権を，不可分のもの，相互に依存し相互に関連を有するものとして保障されねばならない（障害者の権利に関する条約前文（c），19条等）。

5　社会保障の権利と義務——通則的事項

憲法25条の基本権規定を受けて，具体的な給付請求権は法律等において個別の給付ごとに定められている。以下，具体的な給付請求権の資格要件，発生要件，権利の制限および消滅等，法律等に定められている通則的事項について説明しよう。

（1）給付請求権の資格要件

社会保障立法は，給付の具体的請求権を保障するため，給付の受給資格要件を客観的・具体的に定めていることが多い。現行法においていくつかの給付に共通して採られている主な受給資格要件として次のものがある。

要保障事由の発生　社会保険立法においては傷病，老齢，障害，失業等の法定の保険事故（リスク）が現に発生していることが第1の要件である。同様に，生活保護法においては「生活に困窮する者」（生保4条1項）に該当すること，障害者総合支援法においては法定の障害支援区分に該当すること（障総22条1項）というように，まず要保障状態が発生していることが第1に必要な要件である。法律によっては要保障事由の発生の認定手続きを明文で定める例がある（雇保15条，生保28条等）。

保険料の納付または被保険者期間の充足　比較的長期に及ぶ所得喪失事故を対象とする年金保険法等では，一定期間の保険料納付または被保険者期間の充足を要件とすることが多い（国年26条，厚年42条，雇保13条等）。一方，比較的短期的なリスクを対象とする医療保険法では，被保険者またはその被扶養者であればよく，一定期間の保険料納付または期間の充足を必要としない。例外として，労災補償保険法は事業主の一種の責任保険法としての性格から労働者の保険料納付または被保険者期間の充足を要件としない。

待期期間の充足　要保障事由の発生後，一定の待期期間の充足を経てはじめて給付を開始する場合がある（雇保21条，健保99条1

項等)。短期間で回復する些細な保険事故まで社会保障法でカバーすべき必要性は小さいこと，むしろ仮病防止・社会保障への依存防止をある程度考慮する必要があること等から設けられたとされる。

親族関係および生計・世帯の要件　被扶養者にかかわる給付は，一定の親族関係にあることを受給資格要件のひとつとする（国年37条，37条の2にもとづく遺族基礎年金，健保3条7項，110条にもとづく家族療養費等)。この親族関係は基本的には民法の規定および解釈によることとなるが，社会保障法独自の取扱いとして，届出の有無より生活実態に着目することから，配偶者については事実上婚姻関係と同様の事情にあるものが含まれ（国年5条8項，厚年3条2項等)，子については事実上の養子は養子とみなされ（国年39条3項3号，厚年63条1項3号等)，胎児は子とみなされる（国年37条の2第2項，厚年44条3項等)。

このように一定の親族関係にあることを受給要件のひとつとする場合，被保険者等との間に生計維持，生計同一または世帯同一にあることが求められることが多い（たとえば上記の遺族基礎年金，家族療養費がそうである)。この場合，生計維持とはその生計の基礎を被保険者等におくことであり，生計の同一性とは原則として消費生活上家計を同一にすることであり，世帯の同一性とは原則として被保険者等と住居および生計を共同にすることとされる。

住所および国籍要件　児童手当は日本国内に住所を有する者に支給され（児手4条1項)，20歳未満の障害にもとづき20歳から支給される障害基礎年金は日本国内に住所を有するときに支給される（国年30条の4，36条の2第1項4号)。このように社会保険方式によらない給付は被保険者期間の要件の代わりに住所が要件となる場合がある。生活保護は原則として福祉事務所の所轄区域内に居住地を有する要保護者に対して行われる(生保19条1項)。ただし生活保護法19条に規定されている居住地は受給資格要件としてのそれではなく，行政庁の管轄を要保護者の居住地によって決めるにすぎないことに留意する必要がある。

国籍要件については，「難民の地位に関する条約」および「難民の地位に関する議定書」にわが国も留保をつけず加入することを決定し（1981年3月13日

❖コラム 1-2　給付請求権の発生要件

社会保険立法においては，法律に定める上記の受給資格要件を満たすことによって，給付請求権が当然に発生し，行政庁の行為（たとえば年金権の裁定）はそれを確認する行為にすぎないとされるものが多い（国年 16 条，厚年 33 条等）。医療保険法にもとづく「療養の給付」請求権の場合は，原則として行政庁の行為は必要とされず，被保険者等が被保険者証を提示し保険医が何らかの治療の必要を認めることによって保険診療契約（準委任契約）が成立し，療養の給付を受けることとなると解される。

他方，社会保険方式によらない無拠出給付においては，法律上の受給資格を満たすだけでは給付請求権はいまだ発生せず，給付を受給するためには行政庁による一定の行為を要する，換言すれば受給権は行政庁による形成的処分によって発生するとされるものが少なくない（児手，児扶手，特児扶手，生保，障総および各福祉法にもとづく措置等）。この場合でも，給付の開始は行政庁が処分を行ったときからではなく，請求したときまでさかのぼるとされる（ただし福祉施設への入所のような現物給付であって，遡及が不可能な場合を除く）。

以上のいずれの方式とも異なって，行政庁による何らの処分も介さず契約によって提供されると考えられる給付もある。軽費老人ホーム（老福 20 条の 6），母子休養ホーム（母福 39 条 3 項）等によるサービスがそうである。

閣議決定），上記の条約に定める内国民待遇を実現するため，国民年金法等に残されていた国籍要件をすべて撤廃することとした（「難民の地位に関する条約等への加入に伴う出入国管理令その他関係法律の整備に関する法律」1981 年法 86）。しかし生活保護法においては引き続き，受給資格者が「国民」（生保 1 条，2 条）と定められていること等を根拠に，行政解釈上，国籍要件を必要とするとされており，困窮外国人については国の通知（「生活に困窮する外国人に対する生活保護の措置について」昭 29・5・8 厚生省社会局長通知社発 382）にもとづいて一方的・恩恵的な事実上の措置として行われるにとどまっている（コラム 1-2 参照）。

（2）給付請求権の制限と消滅

給付請求権の制限　社会保障の給付を受ける権利が発生しても，その後に一定の給付制限事由が生じた場合，給付は制限される。すなわち，①偽りその他の不正手段によって給付を受け，または受けようとした場合は給付の全部または一部が支給されないか（健保 120 条），もしくは受給額の全部または一部が不正利得として徴収される（国年 23 条，生保 78 条等）。②故意に障害や死亡の事故を生じさせ，または故意の犯罪行為もしくは重大な過失によって事故を生じさせた場合は，その事故にかかわる給付が行われないか（国年 69 条～ 71 条 1 項，国保 60 条，61 条等）あるいは障害給付の額が改定されない（厚年 74 条等）。以上のほか，③受給権者が正当な理由なく命令に従わなかった，または必要な届出等をしなかった場合の不支給，支給停止または支払の一時差止め（国年 72 条，73 条，児手 10 条，11 条等），④保険料滞納の場合の一時差し止めまたは不支給（国保 63 条の 2，厚年 75 条等），⑤日本国内に住所を有しなくなったときの支給停止（国年 36 条の 2 第 1 項 4 号）などがある。

給付請求権の消滅　社会保障の給付を受ける権利は一身専属のものであり，受給権者の死亡によって将来に向かって消滅する（国年 29 条，厚年 45 条）。例外的に，労働者災害補償保険法にもとづく遺族（補償）年金は，受給権者が死亡した場合，次順位者に転給される（労災 16 条の 4 第 1 項，22 条の 4 第 3 項）。

また，社会保障の給付を受ける権利は時効によって消滅する。社会保障法の定める消滅時効期間は民法の定める消滅時効期間より一般的に短い。長期給付である年金については 5 年の消滅時効期間が定められ（国年 102 条 1 項，厚年 92 条 1 項等），その他の短期給付は 2 年の消滅時効期間が定められている（健保 193 条 1 項，雇保 74 条，児手 23 条 1 項等）。なお，保険料その他の徴収金を徴収する権利は 2 年を経過したとき消滅するとされている（国年 102 条 4 項，健保 193 条 1 項）。民法の消滅時効期間より短いのは，とくに社会保険や社会手当については事務を大量に処理する必要上，会計処理も早期に決着させる必要があるためとされている。

その他，社会保障給付の支給要件に該当しなくなれば，原則として給付請求権は消滅する。

(3) 併給の調整

若年の障害年金の受給者がやがて老齢年金の受給資格を得たり，会社員が定年退職後に失業給付と老齢年金の両方の受給資格を得たりというように，同一人に複数の受給権が発生する場合がある。リスクやニーズに応じて給付メニューが整備されてくるにつれて，また給付に要する費用の効率化・適性化が求められてくるにつれて，こうした給付の重複にしだいに細かな調整規定が設けられるようになった。それらの調整規定は，併給調整の方法，併給調整の対象・範囲および併給調整の程度について一定の準則を形成するに至っている。

年金の支給事由が同一人に複数生じた場合

障害年金と老齢年金の重複，または障害年金と遺族年金の重複のように，年金の支給事由が同一人に複数発生する場合は，原則として複数の年金の併給を行わない（国年20条，厚年38条）。年金は老齢・障害・死亡（遺族）という稼得能力の喪失事由に対して所得を保障するものであるが，支給事由が複数発生しても稼得能力の喪失の程度ないし所得保障の必要性の程度が倍加するわけではなく，いずれかひとつの年金給付によって所得はカバーされるという考え方による。これがこの準則の基本的な根拠である。ただし老齢厚生年金と遺族厚生年金の重複には一部併給が認められている。

老齢年金と失業給付の重複の場合

60歳以上65歳未満の者について老齢厚生年金と基本手当（雇用保険）が重複する場合，基本手当を受け終わるまで老齢厚生年金の支給は停止される（厚年附則7条の4第1項）。老齢厚生年金は職業生活からの引退に対する所得保障であり，他方基本手当は働き続けようとする者に対する所得保障であるから，同時に受けることは合理性がないこと等を理由とする。

労災補償給付と国民年金等との重複の場合

業務上・通勤上の障害・死亡に対する労災（補償）年金と国民年金・厚生年金給付との重複については，被災者の二重保障および使用者側の保険料の二重負担を避ける等を理由に，労災（補償）年金の額に一定の調整率を乗じて減額した額が労災（補償）年金として支給される。

児童手当と年金給付との重複の場合　児童手当法にもとづく児童手当と国民年金法・厚生年金保険法等にもとづく年金給付との重複については，前者は児童養育のための特別の支出増に対する所得保障であるのに対して，後者は稼得能力の喪失にもとづく所得の喪失に対する給付であることから，調整の対象とせず併給が認められる。ただし児童扶養手当については，老齢福祉年金を除いて公的年金給付との併給が認められていない（児扶手4条3項2号）。

生活保護と他法による給付との重複の場合　生活保護法にもとづく扶助と他の年金給付・手当との重複については，生活保護が最終の最低生活保障手段として位置づけられていることから，国民年金法，児童扶養手当法等他法による給付を優先して行うこととして，他法による給付によってもなお健康で文化的な最低生活水準（具体的には保護基準）を満たしえない場合に，その不足を補足する程度において年金給付・手当と生活保護との併給が認められる。

医療・福祉サービス（現物給付）における併給の調整　健康保険法の療養の給付と労災補償保険法の療養（補償）給付が重複する場合については，医療の現物給付は，同一の傷病について二重に給付する必要がないことから，受給権者に有利と考えられる給付のみが支給される（健保55条1項，国保56条1項）。介護保険法の介護給付と労災補償保険法，消防法，警察援助者の災害給付法等による療養補償給付等とが重複する場合については，一般法に対する特別法の優先という考え方から，要保障事由を引き起こした要因（因果関係）の特質に沿う補償給付の方を，政令で定める限度において優先させることとされている（介保20条，介保令11条）。

一方，障害者総合支援法の自立支援給付と介護保険法の介護給付が重複する場合については，介護保険法の介護給付を政令で定める限度において優先させる（障総7条，障総令2条）とされているが，この場合は，介護保険サービスに自立支援給付に相当するものがないとき，またはあっても介護保険サービスのみで必要支給量を確保できないときは，自立支援給付の併給を認めることとすべきである。

(4) 損害賠償との調整

社会保障法，なかんずく社会保険法の対象とする傷病，障害，死亡等の社会的リスクは不慮の事故というべきものであるが，ときにはその原因者を特定できる場合がある。その原因者が誤って，もしくは違法に行動していなければ，リスクは生じなかったであろうことが明らかな場合である。このような場合，民法の不法行為規定によれば，「故意又は過失によって他人の権利又は法律上保護される利益を侵害した者は，これによって生じた損害を賠償する責任を負う」(民709条) とされている。このような場合にも社会保障給付がもっぱら行われるとなれば，社会保障制度が加害者に代わって損害を賠償するという不合理な結果を招いてしまう。

そこで，社会保障法は多くの場合調整規定をおいている (国年22条，健保57条等)。すなわち，

①政府（保険者）は，障害もしくは死亡またはこれらの直接の原因となった事故が第三者の行為によって生じた場合において，給付をしたときは，その給付の価額の限度で，受給者が第三者に対して有する損害賠償の請求権を取得する (**求償権の代位取得**)。

②前項の場合において，受給権者が第三者から同一の事由について損害賠償を受けたときは，政府（保険者）は，その価額の限度で，給付を行う責を免れる (**給付義務の免責**)。

調整の方式としては，上記のほかに，受給権者に求償させ，その賠償額から政府（保険者）に給付額相当分を返納させるという方式も考えられるが，この方式はほとんどの国で採られていない。

損害賠償との調整の対象となるのは，療養の給付，傷病手当金，障害年金，遺族年金等である。調整される範囲・程度にかんして「価額の限度で」と定められているのは，損害賠償と社会保障給付の性格・趣旨が同一とみられる部分に限るとする趣旨である。したがって，損害賠償の一部に含まれるものであって，社会保障給付に含まれることのない精神的慰謝料に相当する部分は調整の範囲に入らない。受給権者は，社会保障給付によってはカバーされない損害部

分については当然に第三者に請求しうる。

なお第三者に対して代位求償することは，政府（保険者）等の管理運営機関にとって，必ずしも容易なケースばかりではなく，求償に相当の費用を要し，コストが引き合わない場合もないわけではない。

（5）社会保障法における義務と罰則

社会保障の適正な運営を確保するため，社会保障法において一定の義務を課し，罰則を定めている。この義務は大別して，費用負担義務と届出・報告等の義務に分けられる。

負担の設計　費用負担義務には，社会保険の被保険者等に課せられる保険料の負担義務と給付（医療・福祉サービス等）の受給時に受給権者に課せられる利用者負担の義務とがある。

保険料の負担義務は被用者を対象とする社会保険では原則として被保険者本人およびその事業主に課せられ（厚年82条1項，健保161条1項等），自営業者その他の非被用者等を対象とする社会保険では被保険者本人（世帯主）に課せられる（国保76条1項等）。ただし労災補償保険では原則として事業主のみに課せられる。

保険料の納付義務は負担義務と区別して定められており，被用者を対象とする社会保険においては事業主に（厚年82条2項等），自営業者等を対象とする社会保険においては被保険者の世帯主や配偶者に納付義務が課せられている（国年88条2項・3項，国保76条1項等）。

ただし保険料の負担義務は，所得がないとき，その他保険料を納付することが著しく困難であると認められるとき等，納付することを要しない（法定免除・国年89条），もしくは要しないとすることができる（申請免除・国年90条），または保険料を減免し，もしくはその徴収を猶予することができるとされている（国保77条）。

もうひとつの費用負担義務である利用者負担は，医療保険，介護保険および障害者総合支援において現物給付を受ける際に課せられる「一部負担金」（国保42条1項，健保74条1項）もしくは利用者負担（介保41条4項等，障総29条3項2号等），および措置方式により福祉サービスを受け，もしくは社会福祉施設等に入所した場合に，利用者またはその扶養義務者から，その負担能力に応じて徴収される「費用徴収」である（児福56条，老福28条，身障38条等）。

届出等の協力義務および指示等に従う義務

社会保障法は社会保障事務の円滑かつ適正な執行を確保するために，届出・文書提出等の協力義務および指示・命令等に従う受忍義務を定めている。

まず届出・報告・文書提出等の協力義務として，被保険者資格の取得・喪失，住所，氏名，報酬月額・賞与額，生計の変動等に関する事項の届出義務（国年12条，105条，厚年27条，98条，健保48条，生保61条等）が，被用者保険の場合その事業主に，そうでない場合は被保険者本人またはその世帯主，被保護者等に課されている。

次に指示・命令等に従う受忍義務として，給付にかんして必要な診断命令や被保護者に対する生活の指導指示に従う義務（国年107条2項，生保28条，62条1項等）などがある。

これらの協力義務および受忍義務に違反した場合，給付の全部または一部の停止，廃止等（国年72条，73条，生保28条4項，62条3項等）や罰則（健保208条，生保86条等）が加えられる。

（6）社会保障の権利をめぐるこれからの課題

社会保障の権利は上述のとおり給付を請求する権利を中核とするが，それに限られるわけではない。給付請求権とともに受給者のためのいくつかの法的保護も重要である。すなわち，

①社会保障の給付は個人の尊厳の保障を理念とするものであって，保護の名のもとに拘束，虐待，差別が許されてはならないから，被保護者の自由の尊重（生保27条2項），介護過程における身体拘束等の禁止（「指定介護老人福祉施設の人員，設備および運営に関する基準」平11厚令39，第11条），虐待の早期発見・防止（介保115条の38第1項4号，障総2条1項3号および高齢者虐待の防止，高

齢者の養護者に対する支援等に関する法律），および差別の禁止（障基4条，**障害差別解消**7条，8条）等による**自由権の保障**を伴わなければならない。

②給付の手続において十分に説明を受けた上で選択（自己決定）できることがとくに医療，福祉サービスの水準･質の維持向上にとって不可欠であるから，医療におけるインフォームド・コンセント（医療1条の4第2項），保険医療機関等の選択（健保63条3項），およびどこで誰と生活するかについての選択の機会（障基3条2号，障総1条の2）等における一定の**自己決定（権能）の保障**が必要である。

③受給資格者が事実上，費用負担，保険料拠出能力のある人に限定されるなら要保障性の高い低所得の人々は取り残されることとなるから，保険料の減免等（国年90条～90条の3，国保77条等）という一定の**免除の保障**を伴う必要がある。

④給付請求権や給付額が，担保，差押え，公課の対象とされるなら，社会保障給付は生活費に充当されえなくなるから，担保・差押え・公課の禁止（国年24条，25条）等という免除の保障も欠かすことはできない。

このように社会保障の権利は給付請求権の実現とともに，給付請求権以外のこうした法的保護を伴ってはじめて本来の実効性を保ち，種々の権利侵害に対抗できると考えられる。したがって社会保障の権利は**給付請求権を中核としつつ一定の自由，免除および権能としての権利を伴う複合的な権利**から成るといえるであろう。

以上の権利のなかでも，とりわけ自己決定（権能）の権利は医療，福祉サービス等の現物給付において，これからますます重要性を増すと考えられる。これが法的権利として確立されるためには少なくとも，自己決定にあたって十分な説明を関係当事者に求めることができること，判断能力が不十分であるときは意思決定支援を含む権利擁護サービスを受けることができること等の要素が必要不可欠である。

現行の医療保障法および措置方式から契約方式へ改められた福祉サービス法において，これらの要素がどの程度確立されているかといえば，事実上，サービスの選択者は本人でなく家族，ケアマネジャー，あるいはサービス事業者であったり，サービスの範囲は地域におけるサービス基盤の制約や本人の費用負担能力の限界から著しく狭められたり，福祉サービス利用援助事業（社福80条，81条）による権利擁護サービスもその費用を負担できない人には無縁であるなど，**社会保障における自己決定権の確立**にはまだ多くの課題が残されている。

〔参考文献〕

堀勝洋『社会保障法総論〔第2版〕』（東京大学出版会，2004年）

社会保障法の法律関係における通則的な事項を詳解した最初の総論書。社会保障法判例も豊富に取り上げられている。

岩村正彦『社会保障法Ⅰ』（弘文堂，2001年）

社会保障法とりわけ社会保険法の諸規定の背後にある基本的な考え方や理論を明らかにすることに主眼がおかれている。

西村健一郎『社会保障法』（有斐閣，2003年）

社会保障法の全分野を網羅した最新の体系書。とくに社会保障給付と損害賠償との調整が詳細に論じられている。

河野正輝『社会福祉法の新展開』（有斐閣，2006年）

本章の項目のうち，「社会保障法の体系」および「社会保障の権利をめぐるこれからの課題」の項目が詳しく説明されている。

菊池馨実『社会保障法〔第2版〕』（有斐閣，2018年）

社会保障法の全分野が著者の一貫した視点で描かれた最新の体系書。法制度の解説，裁判例の動向，法理論の展開を織り交ぜながら，社会保障法の到達点が明らかにされている。

笠木映里・嵩さやか・中野妙子・渡邊絹子『社会保障法』（有斐閣，2018年）

社会保障法の基本的な概説にとどまらず，さらに社会保障法をめぐる現代的問題や論点等を取り上げ，社会保障法に関する多様な考え方や視点を提示する。研究者や実務家にも興味深い概説書となっている。

第2章

社会保障の組織と財政

1 社会保障の組織

社会保障にかかわる組織は，歴史的経緯や施策の幅広さ，企画立案から金銭・サービスの提供に至る重層性を反映して，きわめて複雑な様相を呈している。以下では，基本的な構造に絞って概説する。

（1）保障主体としての国と地方公共団体

日本国憲法は25条1項において最低生活権を，2項において生活向上権を保障している（1項2項分離論）。その保障客体は国民であり，保障主体は**憲法上の統治団体**たる国および地方公共団体である。国および地方公共団体は，憲法上課せられた責務を果たすため，立法をはじめとする企画および管理を行うとともに，自らまたは他の法主体を用いて，実施，規制・監督など，国民の生活保障に必要な諸機能を果たしている。

（2）企画・管理

国および地方公共団体は，立法機関（国会，議会）において法律や条例を定立し，行政機関においてより具体的な企画および管理を行う。

国の行政機関としては，おもに**厚生労働省**が事務を所掌するが，共済組合などの特殊な制度に関しては，財務省，総務省，文部科学省なども事務を所掌する。地方公共団体においては，厚生部，保健福祉部などさまざまな名称を有する内部部局が，企画・管理に携わる。

また，これら行政機関における企画・管理の過程において建議や答申を行う組織として，社会保障審議会（厚生労働省設置法7条），地方社会福祉審議会（社福7条）などの**審議会**が，国や地方公共団体に設置されている。

（3）規制・監督

とくに医療保険，介護保険および社会福祉など，対人サービスを提供する施策においては，サービスを提供する事業者や，サービス提供の場である施設の質の確保と適正な運営が必要となる。このため，国は医療法，社会福祉法，老人福祉法，介護保険法等にもとづいて，施設・事業の構造設備や運営に関する基準を定め，国，都道府県，市町村は，施設や事業者に対する監督を行っている。かつては，市町村がサービスの実施に関する事務を担い，広域自治体である都道府県が監督を行うという役割分担が存在していたが，1990年代以降の地方分権の流れのなかで，従来都道府県の所掌とされてきた監督事務の多くが，中核市，さらには一般の市町村に移譲されたため，その役割分担が不分明になっており，地域によっては適正な監督の実施に支障が生じることも懸念される。

（4）実施（社会保険）

金銭やサービスの提供，費用の徴収など，施策の実施のあり方は，社会保険と社会扶助（公的扶助，社会福祉等）で，大きく異なっている。

保　険　者

社会保険料を徴収し，保険給付を行う**保険者**は，社会保険制度の運営の要となる組織である。わが国最初の社会保険制度である健康保険制度は，労使の代表からなる健康保険組合が保険者となる組合管掌と，政府（国）が保険者となる政府管掌の二本建ての方式を採用した。国民健康保険制度における国民健康保険組合は，健康保険組合に類似する自治的な組織であるが，市町村国民健康保険，介護保険，国民年金，厚生年金保険，雇用保険など大半の制度は政府（国，地方公共団体）の管掌となっている。国家公務員等の共済組合は，これら2形態の中間的な存在といえよう。

かつて，政府管掌健康保険，国民年金，厚生年金保険の保険者事務を行っていた社会保険庁が，全国健康保険協会と日本年金機構という２つの公法人に再編されたが，とくに全国健康保険協会については，保険料徴収の権限が国に留保されるなど，保険者としてはきわめていびつな形となっており，立法論上改めるべき課題が多い。

施設・事業　金銭給付を行う公的年金や雇用保険とは異なり，対人サービスを行う健康保険，国民健康保険，介護保険等においては，サービスを提供する医療機関や福祉施設，ホームヘルプ等の事業が重要な役割を担っている。これらの施設・事業は，政府（とくに地方公共団体）が運営する場合と，**医療法人**，**社会福祉法人**その他の民間主体が運営する場合とがある。社会保険制度におけるこれらの施設・事業の利用は，サービス利用者とサービス提供者（医療機関，施設等）の間の準委任契約（民656条）という法形式をとる。

（５）実施（社会扶助）

生活保護　金銭給付が中心となる生活保護制度については，市部においては市（長）が，町村部においてはおおむね都道府県（知事）が，**福祉事務所**を設置して，その実施事務を担う。

社会福祉　障害者総合支援制度においては，**市町村**が障害支援区分の認定や自立支援給付の支給決定を行い，**事業者**がサービス提供を行う。地方公共団体が施設・事業を運営することがあるのは，医療保険，介護保険における場合と同様である。

「措置から契約へ」の流れのなかで，なお残っている措置制度（児童養護施設への入所など）においては，行政処分としてサービス提供が行われる。この場合も，地方公共団体が自らの施設・事業によってサービスを提供する場合と，民間事業者にサービス提供を委託する場合とがある。

社会福祉法人 社会福祉協議会　福祉サービスを提供する主体として中心的な役割を果たしているのが**社会福祉法人**である（社福22～59条）。社会福祉法人は，都道府県知事等による定款の認可を得て設立される公益法人の一種であり，監査や業務停止命令，解散命令などの厳重な規制・監督を受ける一方，補助金交付や減免税などの点で多くの恩恵を受ける。

このほか，社会福祉事業を営む者等の団体として**社会福祉協議会**がある（社福109～111条）。社会福祉協議会は，社会福祉に関する調査研究や人材養成，ボランティア活動の支援など，地域福祉のために重要な役割を果たしている。

（6）今後の課題――地方公共団体の責務の性格

(1)で，憲法25条が規定する国民の生存権（最低生活権，生活向上権）の保障主体は，国および地方公共団体であると述べたが，地方公共団体が保障主体となることは，憲法の諸規定の文理上，必ずしも明確ではない。25条2項の「国」に地方公共団体が含まれるとして，同項を根拠とする説が通説と思われるが，説明不足の感を拭えない。他方，地方自治の保障に関する憲法学説のひとつである新固有権説の立場から憲法92条をその根拠とする説もあるが，新固有権説が憲法学において少数説にとどまっているとの指摘がある。このほか25条2項の文言から，かかる憲法上の責務は国＝中央政府のみが負い，地方公共団体の責務は憲法上のものではなく，国（国会）が立法によって創設するものである，という立場もありえよう。社会保障に関して，そもそも地方公共団体は憲法上の責務を負っているのか，また国と地方公共団体，都道府県と市町村の関係について，憲法は何らかの要請をしているのか，これらはまだ社会保障法学が本格的に取り組んでいない課題である。

2　社会保障の財政

（1）「所得移転」としての社会保障

社会保障給付費は，2017年度で120.2兆円，同年の農業生産額の約13倍，対GDP比で4分の1弱に達する規模となっている。これは，日本国内での生産活動（労働や投資）によって1年間に産み出された経済的な価値（547.4兆円）

のうち4分の1弱を，社会保険料や租税の形式で家計や企業から吸い上げ，金銭やサービスとして受給者に移転させている，ということを意味している。社会保障とは，かくも巨大な**所得移転**を引き起こす一大システムなのである。

給付費の規模やその対GDP比が小さかった時代，社会保障はもっぱら（受給者の）**権利としての社会保障**として捉えられてきた。このことは1940年代から60年代にかけて制定された内外の基本的な諸規範（日本国憲法，社会保障の最低基準に関する条約〔ILO102号条約〕，経済的，社会的及び文化的権利に関する国際規約〔社会権規約〕など）が，もっぱら，または主として受給（権）の側面に注視していることに端的にあらわれている。しかし，給付の充実や高齢人口の増大に伴う負担総額の増大，そして少子化に伴う1人あたりの負担水準の上昇は，**所得移転としての社会保障**という社会保障に本来的に随伴していた側面を顕在化させることとなった。

この「所得移転としての社会保障」は，決して経済学や財政学だけの問題ではない。ある給付に必要な費用を，誰が負担すべきなのか，なぜ負担すべきなのか，そしてどのように負担を分配するのが公正にかなうのか…これらはすぐれて，法律学が取り組むべき課題なのである。このように社会保障法は，受給権を保障する法であるとともに，所得移転を公正に規律するための法でもある。

以下では，社会保障給付の主要な財源である社会保険料，公費（一般財源）および利用者負担について概説する。

（2）社会保険料

負　担　者

社会保険制度においては，社会保険料がそのおもな財源となっている。社会保険料の負担者は，**被保険者**および**事業主**である。ただし，被保険者を使用する事業主が存在しない国民健康保険および介護保険（第1号被保険者）においては，被保険者が全額を負担し，逆に使用者の災害補償責任の履行確保の制度として出発した労働者災害補償保険においては，事業主が全額を負担する。

図 2-1　部門別社会保障給付費の推移

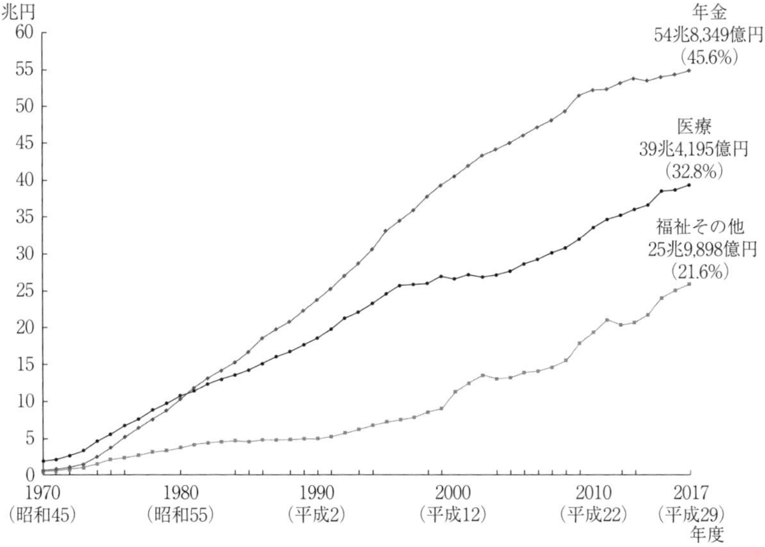

出典：国立社会保障・人口問題研究所「平成 28 年度社会保障費用統計」38 頁「第 8 表　社会保障給付費の部門別推移」より作成

負担の設計

保険料負担の設計の考え方には，大きく分けて，①負担能力に応じる**応能負担**と，②制度から受ける利益に応じる**応益負担**の 2 つがある。前者は，賃金や収入・所得，資産に比例した設計となるのに対し，後者は被保険者 1 人あたりの保険料を同額にしたり，制度の恩恵を受ける世帯員の数を反映させた設計となる。

賃金に比例して負担する健康保険料や厚生年金保険料，雇用保険料などは応能負担の例である（ただし前二者においては，保険料額に上限が設けられている）。所得段階別保険料方式をとる介護保険料（第 1 号被保険者）や，定額制に細かな保険料免除制度を加味する国民年金保険料（第 1 号被保険者）は，応能負担と応益負担の中間的な形態といってよいであろう。国民健康保険料は，応能負担たる所得割と資産割，応益負担たる平等割と均等割のうち 2 種ないし 4 種を併用するという複雑な構造をとっている。しかしながら，医療保険においては，給付時点で受益の度合いを正確に反映する利用者負担が存在することから，保険料負担の段階で応益負担を課すことには疑問がある。

社会保険料の性格

たとえば，賃金に比例する一方で，健康状態や扶養家族の有無・多寡を問わない健康保険料の被保険者負担分は，概念上，①傷病リスクに応じた危険保険料相当分，②事務費に対応する部分，③高リスク層への移転分，④低所得層への移転分，⑤被扶養者の多い世帯への移転分，⑥後述の財政調整による他保険者への移転分の6つの要素に分解できる。このうち，私保険と共通するものは①および②のみである。このことから，この負担は，被保険者間で共同の危険に備える**保険的要素**と，高リスク層や低所得層，多子世帯などを支える**扶助的要素**が混在したものであることがわかる。

事業主負担分は，主として**原因者負担説**と**受益者負担説**によって説明されている。前者は，事業主の活動が労働者の傷病などを発生させていることの補償と捉える考え方であり，後者は，労働能率の増進や福利厚生費用の低減など，社会保険制度の存在によって結果的に事業主が享受する利益の回収と捉える考え方である。しかし，使用者の災害補償責任をベースとする労働者災害補償保険は別として，原因者負担説では老齢年金や業務外の傷病に対する給付を説明することが難しく，基本的には**受益者負担**として理解すべきであると考えられる。

財　政　調　整

社会保険制度においては，職域ごとや地域ごとに保険者が分立していることから，それぞれの年齢構成や所得水準の違いにより，保険者の財政力に格差が生じる。この格差を是正するため，財政力のある保険者から財政力のない保険者へ，基礎年金拠出金などを通じて保険料財源の移転が行われている。

この**財政調整**には，独立した法主体また経済主体である保険者の財政責任をあいまいにするとの指摘もあるが，その性格や負担の根拠についての法学的研究は緒についたばかりである。

(3) 公費 (一般財源)

社会保険における公費　わが国の社会保険制度においては，租税または公債を財源とする公費が大規模に投入されている。これは，①国および地方公共団体が生存権の保障主体として積極的に財政責任を果たすこと，②保険料の水準を抑制すること，③財政基盤の脆弱な保険者への重点的な投入により制度間，保険者間の実質的な公平を確保すること，などを目的としている。基礎年金国庫負担金は①および②の例であり，国民健康保険や介護保険における調整交付金は③の例である。

社会扶助における公費　社会扶助は，もとより公費を財源とすることが予定されているが，これを国と地方公共団体の間で（さらには，都道府県と市町村の間で）どのように分担するかが大きな問題となる（国民健康保険や介護保険における公費負担の分担においても，同じ問題が存在する)。この費用分担については，①それぞれの主体の制度に対する責務の重さ，②制度の存在により生じる受益の程度，③負担能力がその決定の要素となるが，現実の負担割合は，その時々の財政状況等により場当り的に定められている感を否めない。

(4) 利用者負担

医療保険における患者，障害者福祉における障害者やその扶養義務者などによる利用者負担も，実質的には社会保障財政の一部を構成している。この利用者負担の趣旨として，濫給の抑制による資源配分の効率化，受益者負担，社会保障財政の安定などさまざまなものがあげられているが，必ずしも法学の観点からの理論的な整理はなされていないのが実情である。

この利用者負担については，伝統的には，医療保険において給付に応じた**応益（定率負担）的設計**が，社会福祉において所得等に応じた**応能的設計**がなされてきたが，近年では，医療保険において応能的要素が，社会福祉において応益的要素が導入されつつある。対人サービス全般を通じて利用者負担の制度設計を導く規範的なガイドラインの構築が，今後の課題である。

（5）今後の課題——憲法 89 条と社会福祉法人制度

憲法 89 条後段は，「公の支配に属しない慈善，教育若しくは博愛の事業」に対する公金の支出を禁じている。これは連合国軍最高司令官総司令部（GHQ）の起草により，慈善等の事業への公権力の介入や公費の濫費を防止することを目的として規定されたものであるが，傷痍（戦傷）軍人や戦災孤児があふれていた戦後の荒廃期において，公的な助成なくして社会福祉事業を運営すること

❖コラム 2-1　社会保険料と租税法律（地方税条例）主義

社会保険料と租税法律（地方税条例）主義の関係については，個々の保険料負担ごとに，その性格に照らした検討が必要である。ここでは，①国民健康保険料および健康保険料（被保険者負担分），②健康保険料（事業主負担分），③国民健康保険税について概説しよう。

まず国民健康保険料および健康保険料（被保険者負担分）は，「保険給付を受け得る地位」との間の総体的な対価性（旭川市国民健康保険条例事件上告審判決最大判平 18･3･1 民集 60 巻 2 号 587 頁）の存在が認められることから，給付との間の非対価性を条件とする租税には該当せず，憲法 84 条の適用はない。しかし，租税と同様，賦課徴収が強制的に行われるものであることから，財産権の制約に関する法治主義から派生した，租税法律主義に準ずる不文の法原理が存在しており，この不文の法原理の規律を受けることとなろう。そして，この原理の規律内容は，租税法律主義に比してやや緩やかなものとなろう（上記上告審判決は，「憲法 84 条の規定が直接に適用されることはない」が，「趣旨が及ぶ」とする）。

健康保険料（事業主負担分）は，（2）で説明したように社会保険制度から事業主が享受する利益を回収する受益者負担である。この負担は，とくに組合管掌健康保険においては統治団体（政府）が賦課徴収するものではないことから，憲法 84 条の適用を受ける租税には該当しないものの，法治主義から派生した不文の法原理の規律を受けることは被保険者負担分と同様である。しかし，被保険者負担分と異なって対価性がまったくないことから，たとえば賦課要件法律主義，賦課要件明確主義などの点で租税法律主義に近い厳格な規律を受けることとなろう。

地方税法の規定により賦課徴収される国民健康保険税について，上記上告審判決は「形式が税である以上は，憲法 84 条の規定が適用されることとなる」とするが，形式（名称）が「税」ならば実質も租税である，というのは論理が転倒している。むしろ，国民健康保険税は対価性のある国民健康保険料と本質を同じくしており，徴収の便宜上地方税の仕組みを借用したにすぎないと考えるべきである。したがって，国民健康保険税に対する法的規律は，憲法 84 条によるものではなく，法治主義から派生した不文の法原理によるもの，および国（国会）が立法によって政策的に創設したものと考えるべきであろう。

は不可能であった。そこで,「公の支配に属する事業ならば，公金の支出は可能である」との, 立法趣旨を覆す強引な反対解釈により, 特別な監督（公の支配）を受ける**社会福祉法人制度**が創設されるに至った。ひるがえってみれば，この 89 条後段は「政府による国民の生存権保障」という日本国憲法の基本的な文脈との間に，制定時より緊張をはらんでいた規定であったといえよう。最終的には，憲法改正による明確な立法的解決が望まれるところである。

〔参考文献〕

江口隆裕「社会保障の財政」日本社会保障法学会編『講座社会保障法第 1 巻　21 世紀の社会保障法』（法律文化社，2001 年）

第3章

社会保障の権利擁護と救済

1　社会保障における権利保障の手続と権利擁護・権利救済

生存権保障のための給付およびこれを支える所得移転が大規模に行われる社会保障制度においては，受給者や費用負担者等の法的な権利を守るために，給付と負担の両面にかかわるさまざまなプロセスにおいて，諸権利の行使を保障するとともに，行政庁や保険者の過誤ある行為によって権利・利益が侵害された場合には，それを除去したり損害を賠償したりする仕組みが必要となる。具体的には，①立法や制度運営における参加，②制度の内容に関する情報の提供，③申請の拒否や負担の賦課にあたっての理由説明や意見聴取，④受給者等の判断能力が不十分な場合における権利行使の援助，⑤サービス等に関する苦情の申出と解決，⑥行政庁や保険者の行為に対する不服申立，⑦訴訟といった一連の権利保障の手続が必要となる。以下では，とくに④および⑤を**権利擁護**，⑥および⑦を**権利救済**と定義し，その概要を説明する。

2　権利擁護

(1) 成年後見制度・福祉サービス利用援助事業

成年後見制度

福祉サービスの提供の方式が，行政庁による行政処分（措置）から私人間の契約に移行したことをひとつの契機とする民事法上の対応として，認知症などにより判断能力が低下した高齢者・障害者の権利行使を支援する成年後見制度が創設された（民法7～21条，任意後見契約に関する法律)。家庭裁判所の審判により開始される**法定後見**（判断能力の程度に応じ，**後見**，**保佐**，**補助**の3種がある）と，後見人候補者と締結した事前の委任契約にもとづいて行われる**任意後見**とがある。後見人，保佐人，補助人，任意後見人は，それぞれにかかわる規定に応じ，本人のために代理権や同意権などを行使する（詳細は，民法総則〔行為能力〕のテキストを参照)。

福祉サービス利用援助事業　成年後見制度を補完する社会福祉サイドの対応として**福祉サービス利用援助事業**が実施されている（社福2条3項12号，80条，81条)。これは，判断能力が十分でない高齢者や障害者の福祉サービスの利用を支援するため，利用援助（情報提供や助言，手続の代行など）や日常的な金銭管理（年金の受領，医療費の支払いなど）を行うものである。

（2）苦情解決

訴訟などの正式の争訟に至る前の簡易で柔軟なプロセスとして，とくに福祉サービスの分野において，苦情解決手続が導入されている。

まず社会福祉法は，利用者からの苦情を適切に解決する努力義務を社会福祉事業の経営者に課すとともに（社福82条)，都道府県社会福祉協議会に設置される**運営適正化委員会**において，苦情に関する調査や相談・助言，当事者間の同意の下でのあっせんを行うこととしている（同85条)。さらに，介護保険制度においては，**国民健康保険団体連合会**が苦情の解決にあたっている（介保176条1項3号)。

（3）今後の課題――権利擁護システムの拡充

権利擁護のシステムについては，とくに認知症高齢者や知的障害者など福祉サービスの対象者にとってニーズが強かったこと，また，介護保険制度や障害者総合支援制度の導入により，「措置から契約へ」の転換が行われ，契約の一方当事者たる障害者等の権利擁護を図る必要がいっそう強まったことから，介護保険や社会福祉の分野において，その整備が先行して行われた。しかし，権利擁護の必要性は，これらの分野に限られるわけではない。同じ対人サービスである保健医療の分野においても，患者等の権利擁護は必要であるし，社会保険の分野においても，被保険者の権利を早い段階から保全する仕組みが求められる。

また，先行して整備が進められた福祉サービスの分野においても，運営適正化委員会による，強制力のない「あっせん」にさえ事業者の同意が必要とされるなど，権利擁護のレベルは決して十分なものとはいえず，さらにその充実を図っていく必要がある。

3　権利救済

（1）不服申立制度

社会保険における保険料の賦課徴収や給付に関する処分，障害者総合支援制度における自立支援給付の支給決定，生活保護における保護の決定や申請却下など，行政庁の行為とされているものについては，裁判よりも簡易な権利救済手続として，**不服申立制度**が設けられている。またこれらの行為の中には，大量に行われる処分であって統一を図る必要があり，かつ専門技術的性質を有することから，不服申立を経なければ裁判所に取消訴訟を提起することができない，とされているものがある（**不服申立前置主義**）。

社会保障制度の複雑さを反映して不服申立の仕組みも多様なものとなっているが，ここでは社会保険，社会扶助それぞれの代表的な制度として，健康保険および生活保護における不服申立について説明する。

社会保険（健康保険）　健康保険における被保険者の資格，標準報酬，保険給付に関する保険者の処分に対する不服申立については，地方厚生局におかれる**社会保険審査官**に審査請求を行い，社会保険審査官の決定に不服がある場合は，**社会保険審査会**に対して再審査請求を行うことができる。保険料等の徴収金の賦課，徴収の処分，滞納処分に対する不服申立は，社会保険審査会に審査請求を行うことができる（健保189，190条）。社会保険審査官は，厚生労働省の職員のうちから厚生労働大臣が任命する独任制の機関であるのに対し，社会保険審査会は，衆参両院の同意を得て厚生労働大臣が任命する6名の有識者（委員長および委員）によって構成される合議体である。社会保険審査会の委員長および委員には，その身分および独立した職権の行使が保障されている。審査請求の手続は，行政不服審査法の特別法たる**社会保険審査官及び社会保険審査会法**に規定されている。

社会扶助（生活保護）　生活保護における行政庁の処分については，**行政不服審査法**の規定による不服申立が可能であるが，生活保護法はこれについていくつかの例外を設けている（生保64～66条）。第1に，保護の申請却下等の処分については，審査の公正を図る観点から，処分庁への再調査の請求ではなく，都道府県知事，厚生労働大臣への審査請求，再審査請求によることとしている。第2に，迅速な救済を図る観点から，審査請求，再審査請求について，事案により50日または70日という裁決期間を設けている。

（2）訴訟

社会保障に関する法的紛争の最終的な解決手段は，いうまでもなく訴訟である。とくに医療保険制度や介護保険制度，障害者自立支援制度のように，保険者・行政主体，受給者・利用者，サービス提供主体による三面的関係が生じる分野においては，保険者・行政主体と私人の間，および私人間（利用者対サービス提供主体）の訴訟が生じうる。

保険者・行政主体―私人間における訴訟　保険者・行政主体 - 私人間における訴訟には，①行政事件訴訟法3条1項にいう「公権力の行使」に該当する保険者・行政庁の行為の取消や無効確認などを求める**抗告訴訟**（とくに**取消訴訟**），②行政事件訴訟法3条1項にいう「公権力の行使」に該当しない行為に関し，権利義務関係の確認などを求める**民事訴訟**および**公法上の実質的当事者訴訟**，③国家賠償法1条にいう「公権力の行使」にあたる公務員等が違法に損害を与えた場合に，その賠償を求める**国家賠償請求訴訟**，④国家賠償法1条にいう「公権力の行使」に該当しない場合の民事訴訟（**債務不履行**または**不法行為**による損害賠償請求訴訟）がある。これらの訴訟手続の具体的な内容については，行政救済法や民事訴訟法のテキストに譲るが，とくに①については，2004年に行われた行政事件訴訟法改正において，行政庁に一定の処分等をすべき旨を命ずることを求める**義務付け訴訟**と，これに付随する仮の救済制度である**仮の義務付け**が導入されたことが注目される（行訴3条6項，37条の3，37条の5）。これらは社会保障給付などを念頭に規定されたものであり，社会保障における権利救済の充実という点で，大きな進歩が遂げられたものと評価することができる。今後は，たとえば仮の義務付けの要件とされる「償うことのできない損害を避けるため緊急の必要」といった不確定概念についての，学説および実務における解釈論の構築が課題となろう。

私人間における訴訟　医療保険制度，介護保険制度などにおける私人間，すなわち利用者－サービス提供者間の紛争が，当事者間の協議や苦情解決制度によって解決されない場合には，最終的に民事訴訟によって解決されることとなる。「措置から契約へ」という流れのなか，今後はこの種の紛争が増大するとともに，利用者が訴訟を提起するケースのみならず，サービス提供者が提起するケースも生じるものと思われる。

（3）今後の課題――「権利救済」から「紛争解決」へ

現行の社会保険審査官及び社会保険審査会法や行政事件訴訟法の下では，社会保険審査官の決定や社会保険審査会の裁決に不服がある場合，請求人たる被保険者が再審査請求や取消訴訟を提起することはできるが，保険者側の請求や出訴は認められないと解されている。これは，保険者－被保険者間の争訟を「行政庁対私人」の関係における**権利救済**という視角から取り扱うことに由来するものであるが，保険料を拠出する全被保険者および事業主の利害を代表する立場にもある保険者にとって，これはまったく公平な取扱いであるといいきることができるであろうか。また，先に述べたように，介護保険制度や障害者総合支援制度といった領域においては，サービス提供者が自らの権利を主張して，利用者を訴えるということも予想される。これらのことは，権利救済という伝統的な視角が，社会保障法にかかわる争訟の全体を捉えるには十分な広さを備えていなかったということを示唆している。今後は，当事者双方の権利義務に目を配った**紛争解決**という視角から，社会保障争訟を再構成する努力が求められることとなろう。

〔参考文献〕

西田和弘「社会保障の権利擁護・救済手続」日本社会保障法学会編『講座社会保障法第 1 巻　21 世紀の社会保障法』（法律文化社，2001 年）

第Ⅱ編

社会保障法の諸相

第4章

医療保障法

1　医療保障の概要

疾病や負傷は，個人の生活能力を低下させ，ときにはその生命を脅かすことさえある。そこで，国民に必要な医療を受ける機会を確保するために，社会的な費用負担の仕組みが整備されるようになった。その手段としてわが国で採用されたのが公的医療保険制度である。

本章では，公的医療保険制度を中心に医療保障にかかわる法制度について解説する（以下，本章では，公的医療保険制度の意味で「医療保険」と記す）。広く国民に受診の機会を確保するためには，医療保険による費用保障の仕組みだけでなく，医療提供体制にかかわる法制度や，難病患者などを対象とした公費負担医療制度の役割も重要である。医療保障の概要を理解するため，本節では，(1) 医療保険の基本的な仕組み，(2) 医療提供体制，(3) 医療保険と医療提供体制の関係，(4) 公費負担医療制度について述べる。

(1) 医療保険の基本的な仕組み

医療保険の特徴

医療保険は，社会保険の仕組みにより，必要な医療サービスを提供する制度である。医療保険の加入者（被保険者とその扶養家族）は，疾病や負傷といった事態が生じた際に，保険給付として医療サービスの提供を受け，その生活能力や労働能力の回復を図ることになる。医療保険には，次のような特徴がみられる。

第1に，わが国では**国民皆保険体制**がとられており，ほぼすべての国民が医療保険に加入していることである。民間企業で働くサラリーマンは健康保険の被保険者となり，自営業者や農林漁業従事者は，都道府県と市町村が共同で運営する国民健康保険の被保険者となる。このように，個人の働き方や住所にもとづいて加入すべき制度が決まる。

第2に，医療保険は**強制加入**の社会保険制度であり，被保険者には保険料の負担や納付が義務づけられている。自らが健康であると考え，保険料を支払う必要がないと考える者であってもその負担を免れることはできない。国民健康保険への強制加入と保険料の強制徴収を定めた条例が，憲法で保障された財産権（憲29条1項）の侵害にあたるとして争われた事件において，最高裁は，国民健康保険の「目的とするところは，国民の健康を保持，増進しその生活を安定せしめて以て公共の福祉に資せんとするもの明白であるから，その被保険者はなるべく保険事故を生ずべき者の全部とすべきことむしろ当然であり，相扶共済の保険の性質上保険事故により生じる個人の経済的損害を加入者相互において分担すべきものであることも論を待たない」として，国民健康保険条例は財産権の侵害にあたらないとした（最大判昭33・2・12民集12巻2号190頁）。

第3に，保険料の負担や保険給付において，医療保険には民間保険にみられない特徴がある。被用者保険では，被保険者の所得に比例して保険料が算定されるが，その際に被保険者の既往症や扶養家族の有無といった要素は考慮されない。また，国民健康保険では，災害時などに保険料の免除や減額が認められる（国保77条）。他方で保険給付が支給される際には，被保険者が支払った保険料の額にかかわりなく，医師が必要と判断した医療が提供される。このように，医療保険は，保険料の納付にもとづいて保険給付として医療が提供される制度であるが，保険料と保険給付の対応関係はかなり緩やかなものとなっている。

第4に，医療保険の財政運営には，複雑な公費負担や財政調整の仕組みが導入されている。一般に保険制度では，保険料を財源にした保険者単位での自律的な運営が原則となっている。しかし，医療保険では，被用者保険と国民健康

図4-1　医療保険の基本的な仕組み

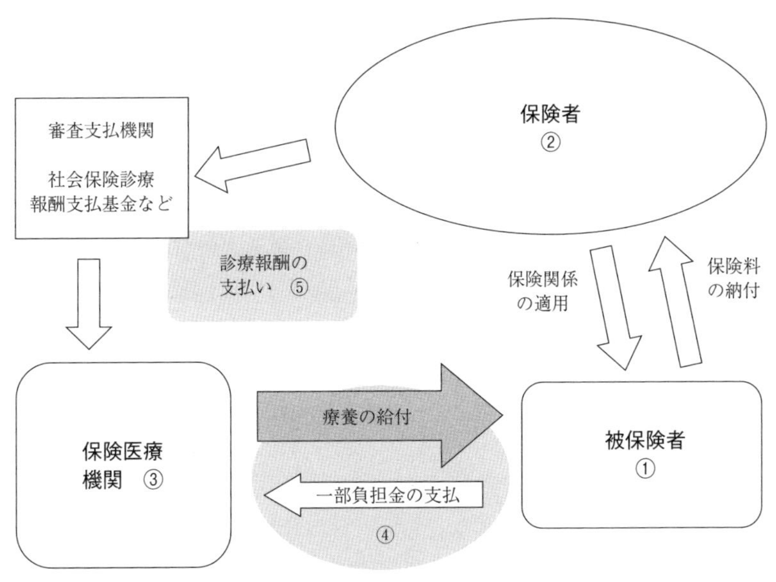

保険の間での保険料負担や給付率の格差が際立ったものとなったために，その是正を目的として多額の公費負担が行われてきた。さらに最近では，高齢者医療制度や国民健康保険において各種の財政調整が実施されるようになっている。

医療保険の法律関係　医療保険において，被保険者に療養の給付が提供される際には，次のような法律関係が生じている（**図4-1**）。

①被保険者は，自らの所得などに応じて保険者に保険料を支払い，疾病や負傷などの保険事故が生じた場合に，保険給付として医療サービス（主に療養の給付）の提供を受ける（健保63条1項）。

②保険者は，被保険者から保険料を徴収し，医療保険の管理・運営（管掌という）を行う組織である（同4条など）。さまざまな規模の約3400の保険者（健康保険組合，全国健康保険協会，都道府県および市町村，各種共済組合など）が医療保険を管掌している。

③被保険者に対する療養の給付の提供は，保険医および保険医療機関が担当する。保険医療機関は，療養担当規則などの診療方針に従って，保険医を診療にあたらせるとともに，療養の給付を担当する（同70条）。保険医療機関はその対価として保険者から療養の給付に関する費用（診療報酬）の支払いを受ける（同76条）。

④被保険者は，自らが選択した保険医療機関において療養の給付を受ける（同63条3項）。その際，原則として療養の給付に要する費用の3割を一部負担金として保険医療機関に支払う（同74条）。

⑤保険医療機関は診療報酬明細書（レセプト）を作成し，審査支払機関（社会保険診療報酬支払基金または国民健康保険団体連合会）に対して療養の給付に関する費用（診療報酬）を請求する（同76条）。保険者は審査支払機関を通じて診療報酬の支払いを行う。

（2）医療提供体制

病院と診療所

医療を提供する組織には，病院と診療所がある。医療法は，これらの医療組織の開設に関して各種の基準を定めている。

病院とは，20人以上の患者を入院させる施設を有するものをいう（医療1条の5第1項）。病院を開設するには，都道府県知事の許可を受けなければならない（同7条1項）。病院には，一般病院，特定機能病院（同4条の2），地域医療支援病院（同4条），精神病院（精神病床のみを有する病院），結核病院（結核病床のみを有する病院）の種別がある。このうち，特定機能病院と地域医療支援病院については，人員配置基準，構造設備基準，管理者の責務などに関して独自の要件が定められており，名称独占が認められている。また，一定の疾病（精神疾患および結核）に罹患した患者が利用する病床についても，独自の人員配置基準や構造設備基準が設けられている（医療則16条，19条）。

診療所は，医師が診療を行うための場所であり，患者を入院させるための施設を有しないもの，または19人以下の患者を入院させるための施設を有するものをいう（医療1条の5第2項）。医師が診療所を開設する場合には，都道府県知事に届出を行うことになっている（同8条）。

医療法人

病院や診療所を開設しようとする社団または財団は，都道府県知事の認可を受けて**医療法人**を設立することができる（医療39条，44条）。医療法人は医療機関の経営の永続性を確保するために設けられた制度であり，民間の病院や診療所の多くが医療法人として法人格を取得している。医療法人では，社員に対する剰余金の配当が禁止されており（同54条），このことによって**非営利性**の確保が図られてきた。医療法人は自主的に運営基盤の強化を図り，地域医療における重要な担い手としての役割を積極的に果たすことが求められる（同40条の2）。

2006年の医療法改正により創設された**社会医療法人**は，医療法人の非営利性を徹底し，透明性・公益性の高い医療提供組織の創設を目的とした制度である。社会医療法人として都道府県知事の認定を受けるためには，医療計画に記載された救急医療や災害医療，へき地医療，周産期医療，小児医療などを提供するとともに，理事会の構成や残余財産の帰属についての一定の要件を満たす必要がある（同42条の2）。公益性の高い事業を実施するため，社会医療法人には，社会医療法人債（同54条の2）を発行し独自の資金調達を行うことや，一定の収益業務を行い，その収益を経営にあてることが認められる。また，医療保健業に対する法人税，固定資産税が非課税とされるなど税制上の優遇措置がとられている。

病院と診療所

第1次医療法改正（1985年）により導入された**医療計画**は，医療機関の体系的な整備とともに，病院病床数の制御を目的としている。医療分野では通常の市場原理が働きにくく，供給が需要を生む傾向があるため，人口あたりの病床数が増加すると1人あたりの入院医療費も増加するという相関関係があると考えられた。そこで，医療計画において2次医療圏単位で基準病床数（当初は必要病床数と呼ばれた）を定め，病床数の制御が図られることとなった（**病床規制**。医療30条の4第2項12号）。医療計画を達成するために，都道府県知事は，都道府県医療審議会の意見を聴いた上で，病院または診療所の開設者などに対して病床数の増加や病床の種別の変更に関して勧告することができる（同30条の11）。

第5次医療法改正（2006年）により，都道府県の医療計画には，5疾病（がん，脳卒中，急性心筋梗塞，糖尿病，精神疾患），5事業（救急医療，災害時における医療，へき地の医療，周産期医療，小児医療）及び在宅医療に係る目標，医療連携体制に関する事項が定められ，これをもとに地域における医療提供体制の構築が図られている（同30条の4第2項）。また2018年からは，地域医療構想を盛り込んだ医療計画が策定されており（同30条の4第2項7号），2025年の医療需要に対応した医療提供体制の整備が推進されている。

（3）医療保険と医療提供体制

保険医療機関の指定　医療保険制度の下で，病院や診療所，薬局が，療養の給付を担当するためには，厚生労働大臣の指定を受け，それぞれ保険医療機関，保険薬局となる必要がある（健保65条）。国民皆保険体制が整備された今日では，医療保険を利用せずに受診する患者はほとんど存在しないため，ほぼすべての病院や診療所が**保険医療機関の指定**を受けている。

二重指定制　1957年まで医療保険は，個々の医師や歯科医師を保険医として指定する方式をとっていた。しかし，診療内容の高度化・細分化とともに保険診療には各種の設備が不可欠となり，複数の医師や看護師などが協力して医療を提供することが一般的となった。そこで，医療にかかわる人員および設備を管理する医療機関を指定の対象とするとともに（健保63条3項1号），診療を担当する医師についても保険医としての登録を行う，二重指定制と呼ばれる仕組みが採用されている（同71条）。

指定の法的性格　医療機関の申請にもとづいて厚生労働大臣が指定を行うと（健保65条1項），保険医療機関には療養担当規則などに従って療養の給付を担当する義務が生じ（健保70条，国保40条），その対価として診療報酬の支払いを受ける権利を有することになる。このため，裁判例では，指定の法的性格を公法上の双務的付従的契約としてきた（大阪地判昭

56・3・23訟月27巻9号1607頁など)。しかし，他方で，指定拒否（健保65条3項）や指定の取消し（同80条）は行政処分と理解されており（東京高判平3・9・25判自96号44頁など)，指定を契約締結行為と捉えると，これらの理解との間で不整合が生じることになる。このため，保険医療機関の指定自体は行政処分であり，指定の結果，保険者と保険医療機関の間に契約関係が形成されるという理解が有力となっている（東京地判平24・11・1判時2225号47頁など)。

医療計画と保険医療機関の指定　基準を上回る病床が存在する2次医療圏において，新規の病院開設や病床数の増加に関する申請がなされた場合には，都道府県知事は，病院や診療所の開設者などに対して病床数の削減や開設計画の見直しを求める勧告を行うことになっている（医療30条の11)。しかし，この勧告は行政指導であり，強制力をもつものではない。このため，健康保険法には，勧告に従わない医療機関が新たに設置する病床の全部または一部について指定を行わないという規定が置かれた（健保65条4項2号)。国民皆保険体制の下で，保険医療機関の指定を受けることができないと経営に重大な影響が生じるため，医療機関は都道府県知事の勧告に従わざるをえない。最高裁は，勧告不服従を理由とした保険医療機関の指定の拒否について，公共の福祉に適合する目的のために行われる必要かつ合理的な措置であり，憲法22条が保障する職業の自由に対する不当な制約であるとはいえないとしている（最判平17・9・8判時1920号29頁)。

（4）公費負担医療制度

公費負担医療は，国や地方自治体が公費を財源に医療の提供や費用負担を行う制度である。公費負担医療には，原爆被爆者に対する医療のように国家補償的性格にもとづいて実施されるものや，低所得者や障害者の医療費負担の軽減を目的とするものなどさまざまな性格の給付がある。

医療等の現物給付　現物給付により医療を提供するおもな制度として，生活保護法による医療扶助（生保15条)，被爆者援護法にもとづく認定疾病に対する医療（原子爆弾被爆者に対する援護に関する法律10条)，戦傷病者特別援護法による療養の給付・更正医療（戦傷病者特別援護法 10 条，20 条），国立ハンセン病療養所における療養（らい予防法の廃止に関する法律 2 条）がある。

医療保険の患者負担に対する公費負担　**障害者総合支援法**にもとづく自立支援医療では，医療保険の自己負担分の一部または全部について公費負担を行い，患者負担の軽減を図っている。近年は，公費負担医療としてこの方式をとるものが多い。このような制度として，障害者総合支援法による自立支援医療費（障総 58 条 1 項，原則として医療費の 1 割分は患者が負担する）および療養介護医療費（同 70 条 1 項），児童福祉法による療育の給付（児福 20 条 2 項）・障害児施設医療費（同 24 条の 20 第 1 項），母子保健法による養育医療（母保 20 条），精神保健福祉法による措置入院（精神 30 条），予防接種被害に対する救済措置（予

図 4-2　医療保険制度の体系

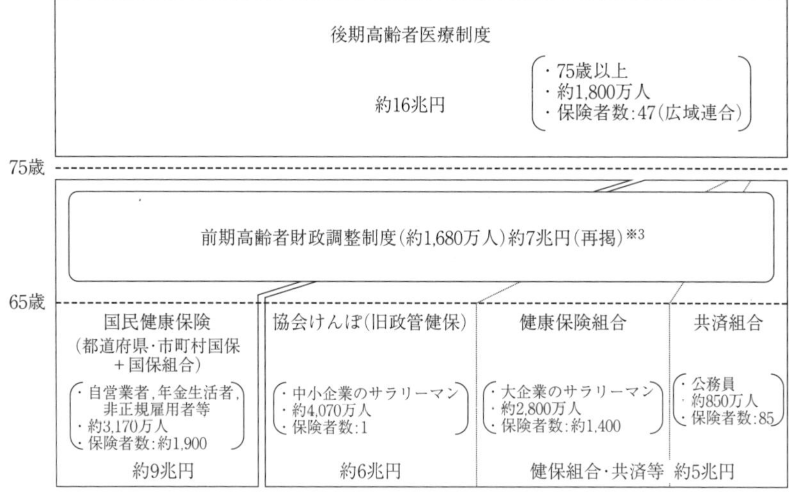

※1　加入者数･保険者数，金額は，令和元年度予算ベースの数値。

※2　上記のほか，法第 3 条第 2 項被保険者（対象者約 2 万人），船員保険（対象者約10万人），経過措置として退職者医療（対象者約 4 万人）がある。

※3　前期高齢者数（約1,680万人）の内訳は，国保約1,250万人，協会けんぽ約320万人，健保組合約90万人，共済組合約10万人。

出典：厚生労働省ホームページ

防接種法12条)，感染症による入院患者の医療費（感染症の予防及び感染症の患者に対する医療に関する法律37条，39条)，石綿（アスベスト）による健康被害に対する救済給付（石綿による健康被害の救済に関する法律11条，12条）などがある。

このほか，「難病の患者に対する医療等に関する法律」（**難病医療法**）および児童福祉法にもとづいて，指定難病や小児慢性特定疾病に対して医療費助成が行われており，医療保険の自己負担相当分に対して一定の割合で金銭給付が支給されている。

2　医療保険の体系——被用者保険と地域保険

医療保険制度は，**被用者保険**（健康保険や共済組合など）と地域保険（国民健康保険）から成り立っており，これらの制度により国民皆保険体制が実現している。被用者保険と地域保険では，被保険者の範囲や保険料負担などにおいて相違がみられる。ここでは，代表的な被用者保険である健康保険と，地域保険である国民健康保険を取り上げる。

（1）健康保険法

健康保険は，民間企業などで働く者に適用される被用者保険制度であり，労働者又はその被扶養者の業務災害以外の疾病，負傷，死亡，出産に対して保険給付を行う（健保1条)。その他の被用者保険制度として，国家公務員共済組合，地方公務員共済組合，私学教職員共済制度などがある。

健康保険は，被保険者に対する療養の給付のほかに，被保険者の所得保障を目的とした傷病手当金などの金銭給付や，被保険者の被扶養者に対する保険給付（家族療養費）を支給する。また，健保組合は規約にもとづいて一定の範囲で独自の付加給付を提供することができる（同53条)。

健康保険組合と全国健康保険協会　健康保険の保険者は，全国健康保険協会と健康保険組合である（健保4条)。

健康保険組合（健保組合）は，同一の企業で働く被保険者と事業主を組合員として設立されることが一般的である。常時700人以上の被保険者を使用する事業主は，健保組合を設立することができる（同11条1項）。健保組合の設立を通じて，同様の立場におかれた被保険者はひとつの保険集団を形成することが可能となる。健保組合の設立にあたって，事業主は被保険者の2分の1以上の同意を得て規約を作成し，厚生労働大臣の認可を受けなければならない（同12条1項）。同業種の複数の企業が共同で総合健保組合を設立することや，都道府県単位で複数の健保組合が合併して地域型健康保険組合を設立することも可能である（同11条2項，健保附則3条の2）。

健保組合には，議決機関である組合会がおかれる（同18条）。組合会は事業主や被保険者を代表する議員によって構成される。保険料率などの事項を定めた規約を変更する場合には，組合会の議決を経なければならない（同19条）。

全国健康保険協会（協会けんぽ）は，健保組合の組合員ではない被保険者のために健康保険事業を行う公法人であり（同7条の2），政府管掌健康保険の運営を引き継いで2008年10月に設立された。全国健康保険協会は単一の組織であるが，保険料率の設定などは都道府県に設置された支部単位で行われる（同160条）。

保険関係の適用

健康保険では労働関係を基盤に保険関係が成立する。常時従業員を使用する法人の事業所や常時5人以上の従業員を使用する事業所に「使用される」者は，健康保険の被保険者となる（健保3条1項）。使用関係の判断にあたっては，実質的に労務の対価として給料や賃金が支払われる関係があればよく，法律上の雇用契約の有無は必ずしも問題とされない（名古屋地判昭60・9・4判時1176号79頁）。このため，会社の取締役など法人の代表者も法人との間で使用関係があるとされ，被保険者となることができる（広島高岡山支判昭38・9・23行集14巻9号1684頁）。

短時間労働者に対する健康保険の適用については，事業所と常用的な使用関係にあるかを基に判断されることになっている。この判断にあたっては，長らく1週間の所定労働時間が30時間以上の者を適用対象とする取扱いがなされてきたが，増加する非正規労働者に対するセーフティネットを拡充し，働き方に中立的な社会保険制度とするために，被用者保険の適用拡大が図られた。2012年8月に成立した「公的年金制度の財政基盤及び最低保障機能の強化等のための国民年金法等の一部を改正する法律」（年金機能強化法）により，次の①から④のすべての要件を満たし，従業員501人以上の企業に雇用されている短時間労働者は，健康保険の被保険者となる（健保3条1項9号）。

①1週間の所定労働時間が20時間以上であること

②月額賃金が8.8万円以上（年収106万円以上）であること

③当該事業所に継続して1年以上使用されることが見込まれること

④学校教育法に規定する高等学校の生徒，大学の学生等でないこと

なお，従業員500人以下の企業においても，上記①から④の条件を満たす短時間労働者について，労使合意がなされた場合，企業単位で健康保険の適用拡大を行うことが可能である（年金機能強化附則17条）。

会社などを退職して被保険者資格を失う場合であっても，一定の条件（2ヶ月以上継続して被保険者であることなど）を満たしていれば，任意継続被保険者として，最大2年間，それまで加入していた健康保険の被保険者になることができる（健保37条）。

健康保険の保険料

保険料の額は，被保険者の**標準報酬月額**（被保険者の報酬月額を50等級に区分したもの。健保40条）と標準賞与額（同45条）に保険者が定めた一般保険料率（基本保険料率と特定保険料率を合算した率）を掛けて算出される（同156条）。このような計算方法にもとづいて，被保険者は所得に応じて保険料を負担することになる。ただし，標準報酬月額表には上限と下限が設定されており，高所得の被保険者が（期待可能な）保険給付を大幅に上回る保険料負担を求められることはない。

事業主は，被保険者と折半で保険料を負担し，保険者に保険料を納付する義務を負う（同161条1項2項）。これらの義務は，労働者を使用して事業を遂行することに対する事業主の社会的責任が具体化されたものと理解されている。

健保組合と健康保険協会は，1000分の30から1000分の130までの範囲内において一般保険料率を決定する（同160条1項・13項）。健保組合では，組合

会の議決にもとづいて保険料率を規約で定める。全国健康保険協会が管掌する健康保険では，都道府県支部評議会において審議がなされた後，本部に設置された運営委員会が支部単位での保険料率を決定する。

（2）国民健康保険法

国民健康保険は，被用者保険の適用を受けない者を被保険者として，疾病，負傷，出産または死亡に関する保険給付を行う制度である（国保2条）。国民健康保険には，都道府県と市町村が共同で管掌するものと**国民健康保険組合**（国保組合）が管掌するものがある。地域保険としての国民健康保険の運営は，制度の創設以来，市町村が担ってきたが，2015年の国民健康保険法等の改正により，市町村とともに，都道府県が保険者となり，その運営を担うこととなった（同3条1項）。国保組合は理容業や医師など同業の自営業者が設立する職域保険制度である（同13条，ただし市町村公営を優先させる方針にもとづき，1972年以降，新たな国保組合の設立は認められていない）。ここでは，地域保険としての国民健康保険について述べる。

都道府県と市町村の役割　市町村が運営する国民健康保険は，①高齢者の割合が高く医療費水準が高い，②加入者の所得水準が低く財政基盤がぜい弱である，③小規模の保険者が多く，財政運営が不安定になるリスクが高いなどの構造的問題を抱えていた。2015年の国民健康保険法等の改正により，都道府県は，財政運営上の責任主体として，当該都道府県内の市町村とともに，国民健康保険の運営を担うこととなった（国保4条2項）。

都道府県は，都道府県内の医療給付費等の見込みを立てた上で，市町村ごとの医療費水準や所得水準を考慮し，各市町村の国民健康保険事業費納付金の額を決定するとともに（同75条の7），医療給付費に必要な費用を市町村に対して全額交付する（同75条の2）。市町村は，住民に身近な組織として，保険料の賦課・徴収，被保険者資格の管理，保険給付の決定，保健事業などの事務を担当する（同76条，9条，54条，82条等）。

なお，国民健康保険の財政基盤を強化するため，2015年の国民健康保険法

❖コラム4-1　旭川市国保条例事件

強制的に金銭の納付が求められるという点で，社会保険料は租税に近い側面を有している。このため，保険料の賦課徴収に対する**租税法律主義**（憲84条）の適用が問題となる。旭川市国保条例事件上告審判決において，最高裁は「市町村が行う国民健康保険の保険料は，……被保険者において保険給付を受け得ることに対する反対給付として徴収されるものである」ため，租税とは異なると述べ，国民健康保険料に憲法84条が直接適用されることはないとした（最大判平18・3・1民集60巻2号587頁）。

もっとも，強制加入により保険料の強制徴収が行われることから，国民健康保険には憲法84条の趣旨が及ぶとしている。本件で問題となった旭川市国保条例（保険料率の決定と告示を市長に委任していた）については，保険料の賦課総額の算定基準が明確に規定されており，議会による民主的統制が及ぶことから，憲法84条の趣旨に反するとはいえないとした。

なお，市町村の中には国民健康保険税として地方税の形式によって保険料相当の費用を徴収するところもある。上記の最高裁判決によれば，国民健康保険税の場合には，形式が税である以上，憲法84条が直接適用されるとしている（コラム2-1を参照）。

改正により，保険者努力支援制度が創設された（同72条3項）。糖尿病の重症化予防や後発医薬品の使用促進などに関する市町村および都道府県の取組状況に応じて，財政支援が行われる。

保険関係の適用　都道府県の住民を適用対象とする国民健康保険では，居住関係を基盤に保険関係が成立することになる（国保5条，7条，8条）。都道府県の区域内に転入し住所を有した場合には，当該都道府県が管掌する国民健康保険の適用を受ける。都道府県の区域内に住所を有する者のうち，被用者保険制度の被保険者とその扶養家族，生活保護の受給者，後期高齢者医療制度の被保険者以外の者が国民健康保険の被保険者である（同6条）。国民健康保険には被扶養者というカテゴリーはなく，子どもを含めてすべての者が被保険者となる。

国民健康保険料の賦課　市町村は，都道府県の示す標準保険料率等を参考に，当該市町村が定める保険料算定方式や予定収納率にもとづいて保険料率を定め，当該市町村に住所を有する被保険者から保険料を徴収する。**国民健康保険料の賦課**は世帯を単位として行われ，世帯主に保険料の納付義務が課せられる（国保76条）。国民健康保険料の具体的な算定方法は各市町村の条例で定められることになっており，市町村の中には国民健康保険税として地方税の形式によって保険料に相当する費用を徴収するところもある。

保険料の減免　国民健康保険では，特別の理由がある被保険者の保険料を減免することができる（国保77条）。このため，市町村が定める国保条例では，災害等により一時的に保険料負担能力を失った者を保険料減免の対象としている。しかし，これらの条例では，恒常的な生活困窮者は保険料免除の対象としていない。最高裁は，旭川市国保条例事件判決（最大判平18・3・1民集60巻2号587頁）において，国民健康保険では恒常的な生活困窮者に関して生活保護による医療扶助を予定し，保護受給者を適用除外としていること（同6条6号），旭川市の国保条例が保険料の減額賦課を規定していることなどから，問題とされた条例の規定が国保法77条の委任の範囲を超えているとはいえず，また，著しく合理性を欠いたものではないことから，経済的弱者を合理的な理由なく差別したものではないとして憲法14条，25条に違反しないとした。

被保険者資格証明書と特別療養費　国民健康保険料の納期限から厚生労働省令で定める期間（1年）の間に，被保険者が国民健康保険料を納付しない場合，原則として市町村は被保険者から被保険者証の返還を求めることになっている（国保9条3項・4項）。被保険者証を返還した被保険者に対しては，**被保険者資格証明書**が交付される（資格証明書世帯に属する高校生世代以下の被保険者に対しては，有効期間6ヶ月の短期被保険者証が交付される）。

被保険者資格証明書の交付を受けた被保険者が医療機関で受診する場合には医療費を全額負担しなければならず，後に保険者から特別療養費の支給を受けることになる（同54条の3）。保険者は，保険料を滞納した被保険者に対する保険給付の全部または一部を差し止め，保険料滞納分に充当する（同63条の2）。

3　医療保険の給付

(1) 療養の給付

療養の給付は，被保険者の疾病や負傷に対して**現物給付**の医療サービスを提供する保険給付である（健保63条，国保36条）。医療保険では被保険者が受診時に多額の費用を用意する手間を解消するとともに，一定水準の給付内容を確保し，療養費の不正受給を防止するといった目的から，おもな保険給付の方法として現物給付の仕組みが採用された。療養の給付の内容は，①診察，②薬剤または治療材料の支給，③処置，手術その他の治療，④居宅における療養上の管理およびその療養に伴う世話その他の看護，⑤病院または診療所への入院およびその療養に伴う世話その他の看護，と列挙されているが（健保63条1項，国保36条1項），具体的な給付内容は，個々の患者の症状に応じて，保険医が判断することになる。

ただし，療養の給付には，医師が提供可能なすべての医療行為が含まれるわけではなく，その給付内容は一定の範囲に限定されている。社会保障給付にふさわしい一定水準の医療が求められる一方で，すべての国民が利用可能とはいえない高度先進医療は，社会保険給付の内容として適当といえないため，療養の給付の範囲から除外されている。また，疾病や負傷の治癒といった目的になじまない医療行為，たとえば，美容を目的とした医療や一般的な健康診断なども保険給付の対象から除外されている。4節で後述するように，このような給付内容の統制はおもに療養担当規則と診療報酬点数表を用いて行われている。

一部負担金

保険医療機関において療養の給付を受けた被保険者は一部負担金（医療費の3割）を支払わなければならない（健保74条，国保42条）。**一部負担金**は，①療養の給付を受けた者と受けていない者との公平性を確保する，②過剰な受診行動を抑制する，③保険財政の負担を軽減するなどの目的を有すると考えられている。義務教育就学前の児童については2割の負担，70歳以上75歳未満の被保険者（高齢受給者証が交付される）

図 4-3　保険外併用療養費の概念図

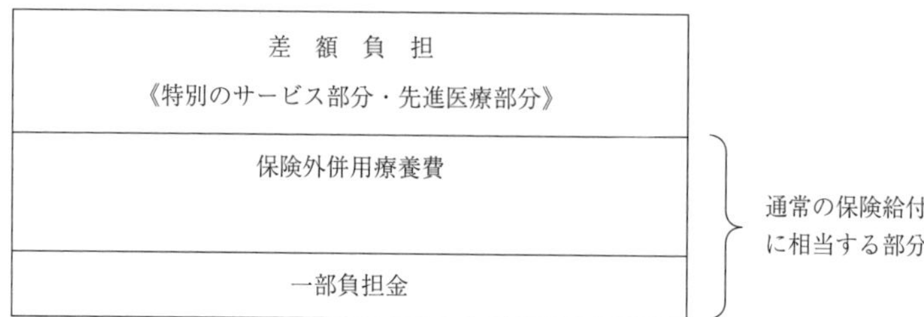

出典：社会保険大学校テキストをもとに作成

表 4-1　保険外併用療養費の対象

選定療養	評価療養
・特別の療養環境（差額ベッド） ・歯科の金合金等 ・金属床総義歯 ・予約診療 ・時間外診療 ・大病院の初診 ・大病院の再診 ・小児う蝕の指導管理 ・180 日以上の入院 ・制限回数を超える医療行為	・先進医療 ・医薬品，医療機器，再生医療等製品の治験に係る診療 ・薬事法承認後で保険収載前の医薬品，医療機器，再生医療等製品の使用 ・薬価基準収載医薬品の適応外使用（用法・用量・効能・効果の一部変更の承認申請がなされたもの） ・保険適用医療機器，再生医療等製品の適応外使用（使用目的・効能・効果等の一部変更の承認申請がなされたもの）
	患者申出療養

については現役並みの所得者のみ 3 割負担であり，それ以外の者は 2 割負担である（経過措置として，2014 年 3 月末までに 70 歳に達した者は 1 割負担である）。

（2）保険外併用療養費と混合診療の禁止

現在の医療保険制度では，保険医療機関が，療養の給付を提供する際に保険の適用されない治療や薬剤を組み合わせて提供することを認めていない（いわゆる「**混合診療**の禁止」）。保険診療と保険外診療との組み合わせを無制限に認めると，有効性や安全性に問題のある医療が提供されるおそれがあり，患者の負担を不当に増大させると懸念されるためである。

このため，保険適用外の治療や薬剤が使用された場合には，保険診療の部分も含めて保険給付の対象としないという取扱いがとられてきた（この結果，診療に要したすべての費用を患者が負担しなければならないことになる）。1984 年の健保法改正において，一定の差額負担を制度化した特定療養費制度（健保旧 86 条）が創設されたことにより，この方針は明確化されることとなった。

2006 年の健保法改正で導入された**保険外併用療養費**は，特定療養費の仕組みをほぼ引き継いだものである。被保険者が保険外併用療養費の対象となる医療を受けた場合には，保険診療の対象となる医療行為について保険外併用療養費が支給される（健保 86 条，国保 53 条）。この場合，被保険者は，一部負担金に加えて保険適用外の治療や薬剤などに関する費用を負担することになる（**図 4-3**）。

保険外併用療養費の対象は**評価療養**，患者申出療養，**選定療養**である（**表 4-1**）。評価療養とは，将来の保険適用のために有効性や安全性の検証・評価が必要とされる先進医療である。これらの医療を提供する場合には，保険医療機関は一定の施設基準を満たし，厚生労働大臣への届出を行う必要がある。患者申出療養は，2015 年の国民健康保険法等の改正により創設されたものである。先進的な医療について，患者の申出にもとづいて，安全性･有効性等を検討し，厚生労働大臣が必要と認めると，保険外併用療養費を利用して当該療養の実施が可能となる。選定療養は，特別の療養環境（いわゆる差額ベッド）など患者の選択にもとづいた追加的な費用負担が適当と考えられる医療およびサービスである。

混合診療の解禁は，政府の規制改革の検討課題としてたびたび議論の対象となっており，健康保険法上，混合診療が禁止されているとの行政解釈は裁判においても争われた。原告（上告人）が評価療養の対象でない医療（活性化自己リンパ球移入療法を併用した治療）について療養の給付を受ける権利の確認を求めた事件において，最高裁は，保険外併用療養費制度の趣旨等を踏まえて，当該先進医療が評価療養の要件に該当せず，混合診療が保険外併用療養費の支給要件を満たさない場合には，保険診療に相当する部分（インターフェロン療法）についても保険給付を行うことができないと解するのが相当であるとした（最判平23・10・25民集65巻7号2923頁）。

（3）診療に関連したその他の保険給付

療養の給付以外に診療に関連した保険給付として，家族療養費や訪問看護療養費，入院時食事療養費などの給付がある。これらの給付は金銭給付の形式がとられているが，**代理受領**の仕組みにより現物給付化される（健保110条4項，国保85条5項など）。したがって，被保険者や被扶養者は，保険医療機関に一部負担金に相当する費用を支払うことで，現物給付と同様の方法で医療サービスの提供を受けることができる。

家族療養費

健康保険などの被用者保険制度では，被保険者の配偶者や子など被扶養者が医療機関に受診した際には**家族療養費**が支給される（健保110条）。被扶養者が，被保険者の配偶者や子，直系尊属（父母など）の場合には生計維持関係があればよく，同一世帯に属している必要はない（同3条7項）。

2013年の法改正まで健康保険法は，業務外の事由による傷病等に対して保険給付を行うと定めていた（改正前の健保1条）。このため，被保険者の被扶養者がインターンシップやシルバー人材センターの会員として業務を行い，負傷したような場合，健康保険から保険給付が支給されず，また（労働者性を欠くため）労働者災害補償保険からも保険給付が支給されないという事態が生じていた。

そこで，健康保険法第1条の規定を改め，労働者災害補償保険法に規定する**業務災害**以外の被扶養者の疾病，負傷若しくは死亡又は出産に対して健康保険から保険給付が行われることとなった（健保1条）。なお，被保険者又はその被扶養者が法人の役員である場合（被保険者の数が5人未満である適用事業所に使用される法人の役員を除く），その法人の役員としての業務に起因する疾病，負傷若しくは死亡に関して，健康保険の保険給付は行われない（健保53条の2）。

訪問看護療養費　自宅で継続して療養を受ける被保険者や被扶養者が指定訪問看護を受けた場合には，それぞれ訪問看護療養費，家族訪問看護療養費が支給される（健保88条，111条，国保54条の2）。

入院時食事療養費・入院時生活療養費　**入院時食事療養費**は，入院時の食事の質の向上や，在宅患者との負担の公平性を確保するために導入された給付である。入院時の食事療養に要した費用から，被保険者の標準負担額（原則として1食につき460円）を控除した額が入院時食事療養費として医療機関に支払われる（健保85条，国保52条）。このため，被保険者は，入院期間中，標準負担額に相当する料金を支払うことになる（特別なメニューの提供を受ける場合には，さらに特別料金を負担する）。

療養病床に入院する65歳以上の被保険者（特定長期入院被保険者）には，入院時生活療養費が医療機関に支払われる。この場合には，被保険者は食費と居住費の標準負担額を負担する（健保85条の2，国保52条の2）。

療　養　費　療養費は，被保険者証を提示できずに被保険者が医療費を自費で支払った場合などに費用の償還払いを行うための保険給付である（健保87条，国保54条）。はり，あんま，柔道整復師による施術などを受けた場合にも療養費の支給がなされる。

移　送　費　被保険者が必要な医療を受けるために緊急で移送された場合に，移送に要した実費が移送費として支給される（健保97条，国保54条の4）。

高額療養費・高額介護合算療養費　高額療養費は，1ヶ月の一部負担金の合計額が一定額を超えた場合に超過した費用を償還する金銭給付である。この給付により，長期の入院などによる経済的負担の軽減が図られる。70歳未満の一般的な所得の被保険者の場合，1ヶ月に支払った一部負担金の合計額から26万7000円を引いた額の1%に8万100円を加えた額が自己負担限度額となり，これを上回る費用が**高額療養費**として償還払いの対象となる（健保115条，国保57条の2）。所得区分に応じてそれぞれ異なった限度額が設定されている（**表4-2**）。病院に入院する場合，70歳未満の被保険者が「限度額適用

表 4-2　70 歳未満の被保険者の高額療養費における自己負担限度額

ア	年収約 1,160 万円～	252,600 円＋（医療費－842,000 円）× 1%
イ	年収約 770 ～約 1,160 万円	167,400 円＋（医療費－558,000 円）× 1%
ウ	年収約 370 ～約 770 万円	80,100 円＋（医療費－267,000 円）× 1%
エ	～年収約 370 万円	57,600 円
オ	住民税非課税者	35,400 円

認定証」を提示すると，高額療養費は現物給付化され，自己負担限度額を超えると一部負担金を支払う必要はなくなる（健保則 103 条の 2，国保則 27 条の 14 の 2）。

また，医療保険各制度の被保険者の世帯に介護保険の受給者が存在する場合には，医療と介護の自己負担額を合算し，自己負担限度額を超える額について高額介護合算療養費が支給される（健保 115 条の 2，国保 57 条の 3）。

（4）傷病手当金・出産手当金

被用者保険制度では被保険者が傷病や出産により休業している間，所得保障給付が支給される。**傷病手当金**は，被保険者が傷病の療養のために労務不能となり，事業主から報酬を受けられなくなった場合に休業 4 日目から支給される（健保 99 条）。1 日あたりの支給額は標準報酬日額の 3 分の 2 であり，支給開始日から 1 年 6 ヶ月を超えない範囲で支給される。被保険者が出産・育児により休業する場合には，**出産手当金**（1 日につき標準報酬日額の 3 分の 2）が支給される。

地域保険としての国民健康保険では，このような所得保障給付は支給されていないが，国民健康保険組合の中には傷病手当金，出産手当金を支給するものがある。

（5）その他の金銭給付

被保険者（または被用者保険の被扶養者）の正常な分娩は療養の給付の対象とされないが，出産育児一時金（または家族出産育児一時金）が支給されることにより，出産に要する経済的負担の軽減が図られる（健保 101 条，114 条，国保 58 条 1 項）。被保険者が死亡した場合には，埋葬料（健保 100 条）または葬祭費（国保 58 条）が支給される。

4　保険診療の仕組み

医療保険各法にもとづき保険医療機関において行われる診療行為は保険診療と呼ばれる。保険診療では，療養を担当する保険医が個々の患者の症状に応じて具体的な診療内容を決定する。保険医療機関は，診療に従事する保険医を療養担当規則に従って診療に当たらせるとともに，自らも療養担当規則に従って療養の給付を担当しなければならない（健保70条1項，72条1項など）。また，保険医療機関および保険医は診療報酬点数表に定められた各種の基準に従う必要がある。これらの規範を通じて保険診療には一定の統制がなされている。

（1）療養担当規則

療養担当規則（「保険医療機関及び保険医療養担当規則」昭32・4・30厚生労働省令15号）は，保険給付として適切な医療を確保するために，医療機関や医師の診療方針を定めたものである（健保72条）。療養担当規則では，保険医療機関が従うべき事項として，療養の給付の担当の範囲（療担則1条）および担当方針（同2条），費用の請求に関する適正な手続の確保（同2条の3），特定の保険薬局への誘導の禁止（同2条の5），被保険者の受給資格の確認（同3条），適切な療養環境の提供（同11条）などの事項を定めている。また，保険医の診療方針として，適確な診断にもとづく患者の健康の増進（同12条），懇切丁寧な診療（同13条），適切な転医（同6条），特殊療法の禁止（同18条），診療（診察・投薬・注射・手術など）の具体的方針（同20条・21条）などを定めている。

療養担当規則は，審査支払機関による診療報酬の支払いの際に，保険診療の適切性を審査する基準として機能する。療養担当規則に照らして不適切と判断された医療行為は減点査定の対象となるため，保険診療を行う時点でそのような可能性の高い医療の提供は差し控えられることになる。

（2）診療報酬点数表

診療報酬とは，保険者から保険医療機関に支払われる診療行為の対価であり，各診療行為の保険点数やその算定方法を定めたものが**診療報酬点数表**である（「診療報酬の算定方法」平20・3・5厚生労働省告示第59号の別表）。診療報酬点数表は，厚生労働大臣が定めることになっており（健保76条2項），医科・歯科・調剤の分野に分かれている。

医科診療報酬点数表は個々の診療項目の保険点数を定めており，これらの点数を積み上げて保険医療機関に支払われる診療報酬の額が算出される。診療報酬点数表に収載された診療項目が算定の対象となるため，診療報酬点数表は医療サービスの価格表であると同時に，医療保険の給付範囲を画定するという機能を有している。

また，診療報酬点数表の診療項目の中には，算定の条件として一定の要件や施設基準を設けたものがある。施設基準が設けられている場合，保険医療機関は必要な基準を満たし，地方厚生局に届出を行う必要がある。このような基準を通じて保険診療の質の確保が図られているといえる。

診療報酬の改定　診療報酬点数表は2年ごとに改定される。一般財源からも医療保険財政に支出がなされているため，改定の際には，まず診療報酬全体の改定率を内閣が決定することになる。

診療報酬改定の基本方針は，社会保障審議会（医療保険部会・医療部会）が策定することになっており，これにもとづいて，厚生労働大臣の諮問機関である中央社会保険医療協議会（中医協）が診療報酬の改定に関する審議を行う（健保76条2項，社会保険医療協議会法2条1項）。中医協の委員は，支払側委員（保険者，被保険者，事業主などの代表7名），診療側委員（医師，歯科医師，薬剤師，病院の代表など7名），公益委員（6名）から構成されている（社会保険医療協議会法3条）。

診療報酬の改定時には，保険給付の内容が標準的な医療水準を反映したものとなるように診療項目の見直しが行われる。一般に普及することが適切と判断された検査や手術などは新たに保険適用の対象となる。また，小児医療のように経済的に手厚い評価が必要とされる診療分野については保険点数を引き上げるといった調整が行われる。

診療報酬点数表の各保険点数は，医療保険財政全体の規模を決める要因となるため，個々の保険点数が全体の改定率に及ぼす影響を考慮しながら，診療報酬の改定作業は進められることになる。審議の結果をもとに中医協は厚生労働大臣に答申を行い，新しい診療報酬点数表が決定される。

（3）診療報酬の審査と支払い

療養の給付を提供した保険医療機関は，診療に要した費用から一部負担金を除いた額を保険者に対して請求する（健保76条1項）。その際，保険医療機関は，**診療報酬明細書**（レセプト）と呼ばれる書類を作成することになっている。保険医療機関が提供した診療行為が算定対象とされるためには，レセプトに記載された診療内容が診療報酬点数表に収載された診療項目に合致している必要がある。

診療報酬点数表は診療項目ごとに保険点数を定めており，出来高払い方式を基本とした報酬体系となっている。出来高払い方式では，患者に提供された診療行為に応じて診療報酬が支払われるため，保険医療機関で提供された医療サービスをきめ細かく評価できるという長所をもつ一方で，検査や投薬などによる過剰診療を生み出す危険性がある。保険医療機関が提出したレセプトの審査は，事後的にこれをチェックするという役割を担っている。

なお，最近では，病院における急性期の入院医療を対象に**DPC**（Diagnosis Procedure Combination）と呼ばれる包括払い方式が普及している。この支払方式では，診断群分類点数表と呼ばれる診療報酬点数表が用いられており，診断群分類（傷病などにもとづいて決定される）ごとに設定された1日あたりの保険点数に「医療機関別係数」と「入院日数」を乗じて算出された包括評価の部分と一定の出来高払い部分（手術・麻酔，リハビリテーションなど）との合計により診療報酬が算出される。このような支払方式を通じて長期入院や過剰な検査，投薬などを抑制することが期待されている。

審査支払機関への委託

診療報酬の支払いにあたっては，保険医療機関が提出した診療報酬請求書に添付された診療報酬明細書（レセプト）の審査が行われる。適正かつ迅速にレセプトの審査を行うために，保険者は都道府県単位で設置された**社会保険診療報酬支払基金**（基金1条）または**国民健康保険団体連合会**（国保83条）に診療報酬の審査，支払に関する事務を委託することができるとされており（健保76条5項，国保45条5項），実際には，これらの組織が診療報酬の支払業務を担当している。

社会保険診療報酬支払基金および国民健康保険団体連合会には，医師・薬剤師などを代表する委員，保険者を代表する委員，中立的立場から公益を代表する委員から組織された審査委員会が設置され，診療報酬請求書の審査にあたる（基金16条，国保87条）。

審査支払機関によるレセプトの審査

保険者による診療報酬の審査では，診療報酬明細書に記載された内容にもとづいて，保険医療機関が提供した診療行為が療養担当規則に適合したものであるか，診療報酬点数表に合致したものであるかといった観点から審査がなされる（健保76条4項，国保45条4項，**図4-4**）。審査支払機関は，保険者との契約にもとづいて（基金15条4項），こうした審査権限を有すると理解されている（最判昭48・12・20民集27巻11号1594頁）。このため，審査支払機関における審査は，請求点数の誤算などの形式的事項の審査にとどまらず，療養担当規則への適合性といった実質的審査にまで及ぶことになる（東京地判昭58・12・16判時1126号56頁）。

保険診療として適切性を欠くと判断された診療行為は，いわゆる減点査定の対象とされ，保険医療機関には請求額を減額した支払いがなされる。診療報酬点数表に収載された診療行為であっても，その回数や用法により，適切な保険診療の範囲から逸脱していると判断されることがある（京都地判平12・1・20判時1730号68頁など）。審査を終了したレセプトは保険者に渡されることになっており，最近ではこのレセプトを独自に点検する保険者も存在する。

図4-4　審査支払機関によるレセプトの審査

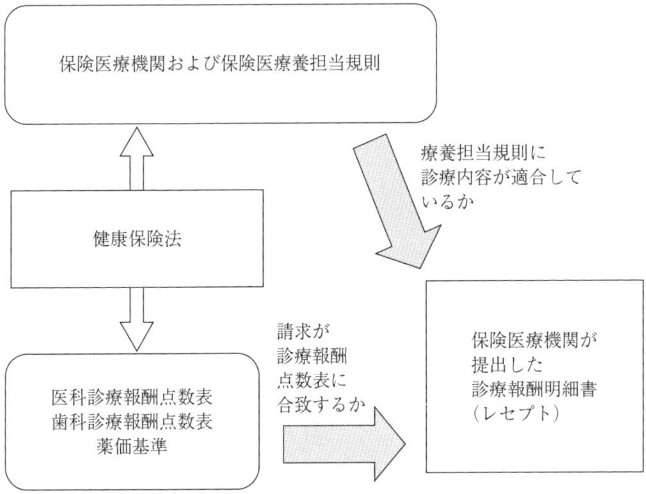

5　高齢者医療制度

（1）高齢者医療制度の創設

1982年に創設された**老人保健制度**は，国民健康保険に偏在していた高齢者の医療費負担を解消するために，老人医療の費用を公費や保険者からの拠出金により国民全体で負担しようとするものであった。しかし，老人保健拠出金の増大に伴い，老人医療のための財政負担に関しては，①老人保健拠出金では，現役世代の保険料と高齢者の保険料が区分されておらず，現役世代と高齢世代の費用負担関係が不明確である，②老人医療は市町村の事業として提供される一方で，老人医療に要した費用はそのまま公費や保険者の負担となっており，財政運営に関する責任の所在が明確でないなどの問題点が指摘されるようになっていた。

高齢者医療のあり方をめぐる長い議論の末，2006年6月に**医療制度改革関連法**の一部として「高齢者の医療の確保に関する法律」が成立し，2008年4

図 4-5　高齢者医療制度の概要

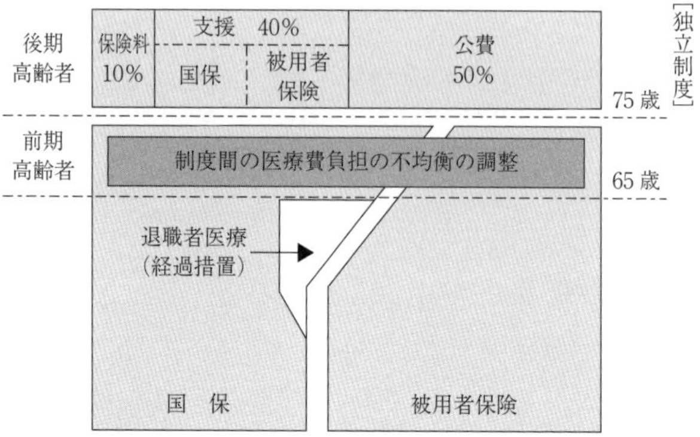

出典：厚生労働省ホームページ

月から高齢者医療制度の運営が開始された。

高齢者医療制度では「前期高齢者」と「後期高齢者」が区別され，それぞれ異なった制度によって対応されている（**図 4-5**）。65 歳以上 75 歳未満の前期高齢者は，64 歳以下の医療保険加入者と同様に，住所や雇用関係にもとづいて各医療保険制度に加入する。その上で，前期高齢者の医療費に関しては保険者間での財政調整が実施されている。

75 歳以上の後期高齢者は，**後期高齢者医療制度**に被保険者として加入する。75 歳以上の高齢者のみが加入する独立した制度を創設した理由として，①後期高齢者は雇用関係から引退した者が圧倒的に多く，地域を基盤に生活していること，②前期高齢者の所得は 65 歳未満とあまり変わらないのに対して，後期高齢者になると所得が大きく低下すること，③後期高齢者の時期に受療行動に変化が生じ，医療費が増加することがあげられている。

（2）後期高齢者医療制度

後期高齢者医療制度は，医療給付費の約 9 割が公費や各医療保険制度からの支援金によって賄われる制度である。しかし，75 歳以上の高齢者は被保険者として保険料を負担し，市町村から構成される広域連合は保険者として財政責任を担う。このため，後期高齢者医療制度は社会保険制度であると理解されている。

後期高齢者医療制度の被保険者

後期高齢者医療制度の被保険者は，75歳以上の高齢者と寝たきりなど一定の状態にある65歳から75歳未満の高齢者である（高齢医療50条）。74歳まで被用者保険の被扶養者であった高齢者も，75歳を境に後期高齢者医療制度の被保険者として保険料負担が求められることになる（ただし，生活保護受給者は適用除外となる。同51条）。

後期高齢者医療制度の保険料率は，広域連合の区域である都道府県単位で設定される。各広域連合の2年間の医療給付費などの見込み額から，国庫負担金，支援金，普通調整交付金などの収入の見込み額を差し引いた額をもとに保険料率は算定される（同104条）。

被保険者に賦課される保険料の額は，所得割額（応能割）と被保険者均等割額（応益割）を組み合わせて決定される。後期高齢者医療制度の財政運営は2年を単位とすることになっており，これに対応して2年ごとに保険料の改定がなされる。

被保険者の約8割は特別徴収の対象であり，年金からの天引きで保険料が徴収される（国保に加入する65歳以上の前期高齢者についても特別徴収制度が導入されている，同107条）。残りの約2割の被保険者の保険料は市町村が直接徴収する。

広域連合

後期高齢者医療制度の運営のために設立される**広域連合**は，都道府県内のすべての市町村が参加する特別地方公共団体である（高齢医療48条）。広域連合は，保険者として，保険料の賦課決定や給付に要する費用の支払いなどの事務を担当し制度の運営にあたる。運営組織である広域連合議会には，都道府県の市町村の長・助役・市町村議会議員などが議員として参加し，保険料などの事項について条例を定める。

後期高齢者医療制度の財政

後期高齢者医療制度による医療給付費の約5割は公費によって賄われる。残りの約4割は保険者が負担する後期高齢者支援金（各医療保険制度の65歳以下の被保険者が負担する特別保険料を財源とする），1割については被保険者である75歳以上の高齢者の保険料によって賄われる。世代間の負担の公平を維持するために，人口構成に占める後期高齢者と現役世代の比率に応じて，この負担割合は変化することになっている。

公費負担の部分については，国，都道府県，市町村がそれぞれ4：1：1の割合で負担する（高齢医療93条，96条，98条）。ただし，高額な医療費（レセプト1件あたり80万円を超えるもの）に関しては，公費による特別な支援がなされることになっており，国，都道府県，広域連合（保険料による負担）がそれぞれ1：1：2の割合で負担する（同117条）。

後期高齢者支援金　各医療保険制度の保険者が負担する**後期高齢者支援金**は，被保険者が支払う特定保険料を財源としている（高齢医療120条，121条）。この特定保険料は，各医療保険制度の被保険者に対する保険給付を予定したものではないため，一般の社会保険料よりも税に近い性質をもった負担金であるといえる。特定保険料は，一般の保険料とは異なる独自の保険料率にもとづいて徴収される（健保160条14項）。社会保険診療報酬基金は，各保険者から後期高齢者支援金を徴収し，各都道府県の高齢者数に応じて広域連合に交付する（高齢医療139条）。

被保険者の一部負担金　被保険者が受診した際に支払う一部負担金は，医療費の1割である（高齢医療67条）。ただし，現役並みの所得を有する者（課税所得145万円以上または年収520万円以上）の場合には3割の負担となる。後期高齢者医療制度では，高齢者の負担についていくつかの負担軽減策が講じられている。一部負担金については世帯単位で自己負担限度額が設定されており，一般所得者の場合，1ヶ月の負担額が5万7600円（外来＋入院の場合）を上回ると高額療養費が支給される（同84条，現役並所得の場合はこれより高い限度額，低所得者の場合には低い限度額が設定される）。また，介護保険による自己負担分との合算を行い，一定額を超過した場合には高額介護合算療養費が支給される（同85条）。

(3) 前期高齢者に関する財政調整

前期高齢者は退職を契機に市町村国保に加入する者が多く，約8割が国民健

図 4-6　前期高齢者の財政調整の概念図

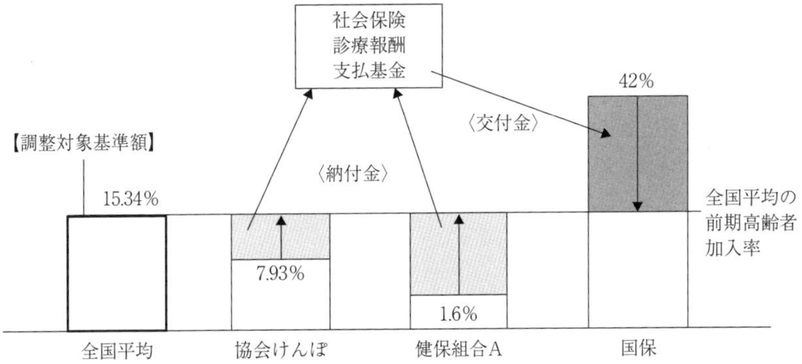

注：数字は前期高齢者加入率（令和元年度予算案）
出典：厚生労働省資料をもとに作成

康保険の被保険者である。このため，被用者保険と国民健康保険の間で前期高齢者の加入率に相当な偏りが生じることになる。そこで，保険者間での財政調整の仕組みを通じて，負担の平準化が図られている（**図 4-6**）。

各保険制度（健保組合など）に加入する前期高齢者の加入率が全国平均を下回る場合，保険者は**前期高齢者納付金**を拠出する（高齢医療 37 条，38 条，39 条）。他方，市町村国保のように，前期高齢者の加入率が平均を上回る場合には，加入率に応じて**前期高齢者交付金**の交付を受ける（同 33 条，34 条，35 条）。社会保険診療報酬支払基金がこうした財政調整の事務を行う。

6　医療保障法の課題

2006 年に成立した医療制度改革関連法では，高齢者医療制度以外にも医療費適正化計画や保険者による特定健診・特定保健指導など今後の医療保障法制のあり方に大きな影響を与える施策が導入された。さらにその後も，法改正や各種の施策を通じて新たな取り組みが行われている。以下では，そのおもな内容と課題についてみていく。

（1）医療費適正化計画

従来，わが国では診療報酬の改定や一部負担金の引き上げ，医療計画における病床規制などの施策を通じて医療費のコントロールが図られてきた。医療費適正化計画は，各種の数値目標の設定という新たな仕組みを通じて，医療費の伸びの適正化を図るものである。

医療費適正化を計画的に推進するため，国と都道府県は6年ごとに医療費適正化計画を定める（高齢医療8条，9条）。医療費は都道府県ごとに大きな地域差があり，これは地域の医療提供体制のあり方と関係している。そこで，医療行政上の各種の権限を有する都道府県が医療費適正化に関して一定の役割と責任を担うことになっている。

都道府県が定める医療費適正化計画は，厚生労働大臣が定める医療費適正化に関する施策についての基本的な方針（「医療費適正化基本方針」）に即して定められる。第3期都道府県医療費適正化計画（2018年度～2023年度）では，①住民の健康の保持の推進および②医療の効率的な提供の推進に関して都道府県において達成すべき目標が定められている（同8条4項，9条3項）。①については，保険者による特定健康診査・特定保健指導の推進などの施策がとられており（次の（2）を参照），都道府県医療費適正化計画において，特定健康診査の実施率に関する数値目標，特定保健指導の実施率に関する数値目標，メタボリックシンドロームの該当者及び予備群の減少率に関する数値目標，たばこ対策に関する目標，予防接種に関する目標，生活習慣病等の重症化予防の推進に関する目標などが設定されている。②については，後発医薬品の使用促進に関する数値目標，医薬品の適正使用の推進に関する目標などが設定されている。

医療費適正化計画は，計画期間の終了時に目標の達成状況が評価され，結果が公表される（同12条）。都道府県医療費適正化計画の数値目標の達成状況に応じて，厚生労働大臣は都道府県の区域内において診療報酬の特例を実施することができる（同14条）。

（2）保険者による特定健診・特定保健指導

疾病構造の変化により，糖尿病などの生活習慣病は成人の主要な疾病となり，医療費を増大させる要因となった。生活習慣病は，内臓脂肪の蓄積に起因することが多く，肥満，高血糖，高血圧などの状態が重複すると，脳血管疾患などの発症の危険性が高まることになる。こうした状態を予防するためには，健康診査を実施し，発症の危険性が高いと判断された者に対して適切な保健指導を行うことが効果的であるとされている。このため，各医療保険制度の保険者は40歳以上74歳以下の医療保険加入者を対象に**特定健康診査**と**特定保健指導**を実施している（高齢医療20条，24条）。

また，これらの事業を促進するために，健保組合と共済組合における特定健診等の実施状況等を後期高齢者支援金の額に反映させる仕組みが採用されている。特定健診等の実施率に応じて，保険者が負担する後期高齢者支援金の額が－10%から＋10%の範囲で増減される（同120条2項，121条2項）。

特定健診情報・医療情報の電子化の進展により，保険者は，健診データとレセプト情報を集約し，両者を突合して分析することが可能となった。2015年より開始されたデータヘルス計画では，特定健診データ，レセプトデータの分析に基づいて，特定健診等の対象者を健康状態や受診状況によって分類し，それぞれの分類において効果が高いと予測される保健指導や重症化防止策などを実施することが予定されている。

（3）これからの医療提供体制

2014年に成立した「地域における医療及び介護の総合的な確保を推進するための関係法律の整備等に関する法律」（**医療介護総合確保推進法**）にもとづいて，医療提供体制の整備に向けて次のような施策が実施されている。第1に，都道府県は，地域の医療需要の将来推計や，医療機関からの病床の医療機能（高度急性期，急性期，回復期，慢性期）に関する報告（病床機能報告）をもとに検討を行い（医療30条の12），地域医療構想を策定した（同30条の4第2項7号）。**地域医療構想**では，二次医療圏等を単位として地域の医療提供体制の将来目標が示されている。第2に，在宅医療の提供体制を整備し，介護保険との連携を推進することによって，**地域包括ケアシステム**の構築が図られている。第3に，上記の施策を進める上で必要な財政支援を行うために，都道府県ごとに基金制度が創設された（地域医療介護総合確保基金）。

また2015年の医療法の改正により，地域医療連携推進法人制度が創設された（同70条）。この制度は，地域医療構想を達成する手段のひとつとして創設されたものである。地域の複数の医療機関等がひとつの法人に参画し，機能分担や業務連携を円滑に進めることで，良質で効率的な医療提供体制を確保することが期待されている。地域連携推進法人は，統一的な医療連携推進方針をもつ一般社団法人として設立され，都道府県知事の認定を受ける必要がある（同70条の3）。

以上のような医療提供体制の改革とともに，医師偏在の解消に向けた取組みが導入されている。わが国では，都市部に比べて山間部・へき地の医師数が少ないという地域的偏在の解消や，産科・小児科等の医師不足といった診療科間での偏在の解消が長年の課題となっていた。これらの課題に対応するため，2018年の医療法および医師法の改正により，次のような枠組みが構築された。まず地域ごとの医師の偏在状況を客観的に評価するため，国は「医師偏在指標」を作成し，これにもとづいて都道府県は，医療計画に医師の確保に関する事項を記載する（「医師確保計画」）（医療30条の4第2項11号）。2020年度より実施される医師確保計画には，①都道府県内の二次医療圏ごとの医師の確保の方針，②二次医療圏ごとに確保すべき医師数の目標，③目標達成のために必要な施策を記載することとなっており，原則として「医師多数区域」（全国的にみて医師が多い二次医療圏）から「医師少数区域」（全国的にみて医師が少ない二次医療圏）に医師の移動を促すことで，医師の偏在の是正が図られる。なお外来医療についても同様の仕組みにより偏在を是正することとなっている（医療30条の18の2）。このほか，都道府県知事が，大学の医学部に対して，地域枠・地元出身者枠の設置・増員を要請する権限が新設されるとともに（同30条の24），医師の専門研修について，国が，日本専門医機構に対して，地域医療の観点から必要な措置の実施について意見を述べることができる旨の権限が新設された（医師16条の8）。

〔参考文献〕

『健康保険法の解釈と運用（平成29年版）』（法研，2007年）
『国保担当者ハンドブック2019』（社会保険出版社，2019年）
健康保険法と国民健康保険法の各規定について詳しい説明がなされている。
加藤智章・西田和弘編『世界の医療保障』（法律文化社，2013年）
加藤智章編『世界の診療報酬』（法律文化社，2016年）
加藤智章編『世界の病院・介護施設』（法律文化社，2020年）
各国の医療保障制度の内容を法制面から解説している。
島崎謙治『日本の医療―制度と政策』（東京大学出版会，2011年）
詳細な国際比較と歴史分析を通じて日本の医療制度の特質を理解することができる。
池上直己『日本の医療と介護―歴史と構造，そして改革の方向性』（日本経済新聞社，2017年）
わが国の医療制度の歴史と方向性がわかりやすく解説されている。

第5章

介護保険法

1　介護保険法制定の背景と沿革

(1) 介護保険法の制定（措置から契約へ）

介護保険法は，1997年12月に制定され，2000年4月より施行された。それまでは，老人福祉法にもとづく「**措置**」により介護サービスが提供されていた。なお，老人福祉法は廃止されたわけではなく，現在も例外的に措置は用いられる。介護保険制度の導入の背景には，高齢化の進展に伴う寝たきりや認知症の高齢者の急速な増加，介護期間の長期化（当時，65歳以上高齢者への平均介護期間は8.5ヶ月）や介護する家族の高齢化（当時，介護者の2人に1人は60歳以上）などによる家族介護の限界など，介護問題が国民の老後生活最大の不安要因となっていたことがある。

また，高齢者介護に関する従前の制度は，医療と福祉の縦割りの制度となっていたため，サービス選択不可，サービス利用時の負担の不公平，介護を理由とする医療機関への長期入院（いわゆる**社会的入院**）等医療サービスの不適切利用，といった問題が指摘されていた。こうした不安や問題を解消し，増加する介護費用の公平な分担，サービス資源の充実や権利性の確保などのため，社会保険の仕組みを使った契約方式に変更された（社会保険によらねば権利性が確保できないというわけではないことに注意）。

(2) 介護保険法の見直し

図 5-1　介護保険制度の改正の経緯

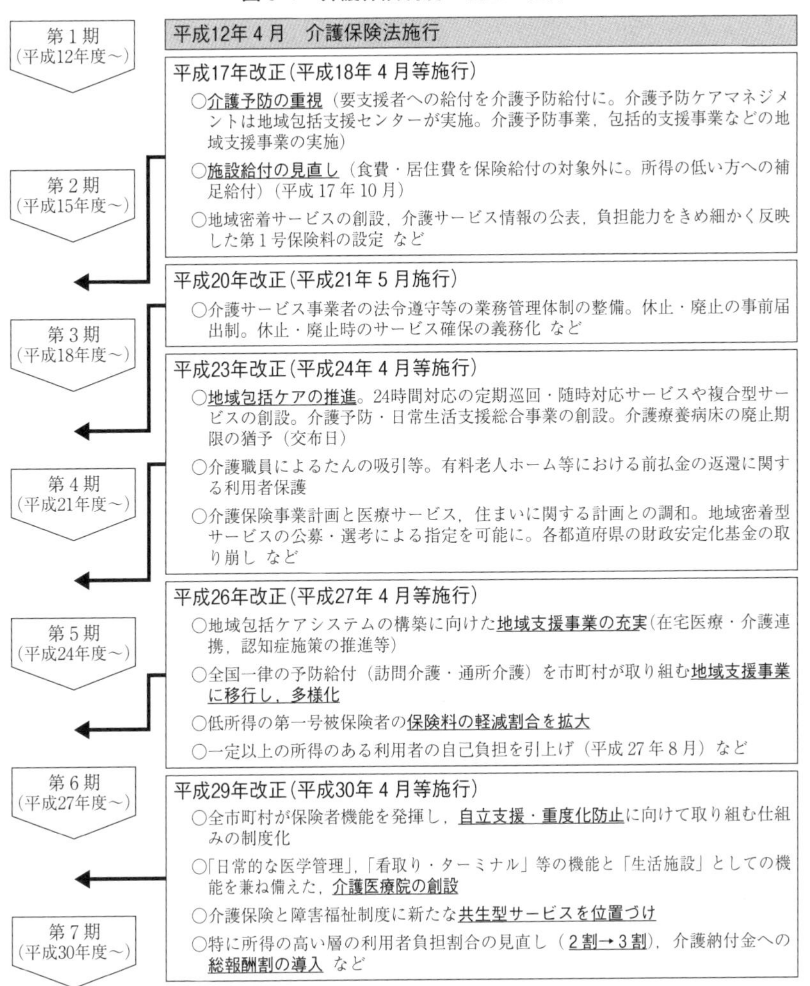

出典：厚生労働省資料

介護保険法は附則にもとづき，5年ごとに検討し，必要な見直しを行っていくこととされている。まず，最初の見直しとして，受給者と介護費用の増加を受けて，2005（平成17）年6月に大幅な改正が行われた。この改正は，「明るく活力ある超高齢化社会の構築」「制度の持続可能性」「社会保障の総合化」を基本的視点として行われ，同年10月から，室料・光熱水費などの居住費と食費の徴収が始まり，翌年4月には，新予防給付や地域支援事業の創設といった予防重視型システムの導入，地域密着型サービスの創設といった新サービス体系の確立，**地域包括支援センター**の設置，介護サービス情報の公表や事業者規制の厳格化（立ち入り権限の強化や連財政の導入）といったサービスの質の確保・向上，負担や運営の見直しが行われた。

2008（平成20）年には，介護サービス事業者の不正事案の再発防止と運営の適正化のための法改正が行われ，法令遵守等の業務管理体制整備の義務付け，事業者の本部に対する立入検査権の創設，不正事業者による処分逃れ対策が取られた。なお，先述の連座制については一律連座ではなく，指定権者が指定・更新の可否を判断する仕組みに改められた（**コラム5-1**参照）。

2011（平成23）年改正（一部を除き翌年4月施行）では，定期巡回・随時対応型訪問介護看護や複合型サービス，介護予防・日常生活支援総合事業の創設，介護福祉士等による**たんの吸引等一部医療行為**の緩和などが行われたほか，地域包括ケアシステムの構築に向けた取組みを推進することとされた。また，いわゆる社会的入院の温床となっているとの批判が強かった**介護療養型施設**について，同年度末に廃止予定とされていた介護保険適用型の療養病床の廃止は，老人保健施設等への転換が進んでいないため，2017（平成29）年度末まで猶予されることとなり，新設は認めないこととされた。

2014（平成26）年の「地域における医療及び介護の総合的な確保を推進するための関係法律の整備等に関する法律（**地域医療介護総合確保推進法**）」成立により，**地域包括ケアシステム**の構築と費用負担の公平化を図る観点から，介護保険法も以下のような改正が行われた。

①在宅医療・介護連携の推進などの地域支援事業の充実とあわせ，全国一律の

予防給付（訪問介護・通所介護）を地域支援事業に移行し，多様化する。

②特別養護老人ホームについて，在宅での生活が困難な中重度の要介護者を支える機能に重点化する（原則として要介護3以上）。

③低所得者の保険料軽減を拡充する。

④一定以上の所得のある利用者（年金収入等280万円以上）の自己負担を2割へ引き上げる（ただし，月額上限あり）。

⑤低所得の施設利用者の食費・居住費を補填する「補足給付」の要件に資産などを追加する。

このほか，**地域介護施設整備促進法**等により，新たな基金の創設と医療・介護の連携強化を図るため，①都道府県の事業計画に記載した医療・介護の事業（病床の機能分化・連携，在宅医療・介護の推進等）のため，消費税増収分を活用した新たな基金を都道府県に設置し，②医療と介護の連携を強化するため，厚生労働大臣が基本的な方針を策定することとされた。

これまで別個の制度の上での連携が図られてきた医療と介護を一体的かつ効率的に見直す視点は，高齢者のニーズからすれば非常に有益であるが，要支援者に対する予防給付を地域支援事業とすることは地域間格差を拡大させ，特養について要介護度3以上を原則とすることは，介護難民を生み出すおそれもある。また，補足給付に資産要件を設けると，その捕捉や基準をどのように設定するかが問題となる。

2017（平成29）年改正では，高齢者の自立支援と要介護状態の重度化防止，地域共生社会の実現を図るとともに，制度の持続可能性を確保することを目的として，保険者機能の抜本強化，介護医療院の創設，共生型サービスの導入，高所得者の自己負担増（年金収入等340万円以上は3割）などが行われた。

2　介護保険法

（1）目的と基本原則

介護保険法の目的は，加齢に伴う要介護状態および要支援状態の者に（以下，区別の必要な場合を除き，状態については両者を併せて「要介護状態等」とし，その状態にある者を「要介護者等」とする)，その介護ニーズに応じて保健医療サービスおよび福祉サービスを提供することにある。ここにいう**要介護状態**とは，身体上または精神上の障害のため，日常生活における基本的な動作について継続的な介護を要する状態であって，厚生労働省令で定める区分（要介護状態区分）のいずれかに該当するもの（介保7条1項)，**要支援状態**とは，そのような継続的介護を要する状態の軽減または悪化の防止に役立つ支援が必要と見込まれるか，または日常生活に支障があると見込まれる状態であって，厚生労働省令で定める区分（要支援状態区分）のいずれかに該当するものと定義されている（同2項)。

サービス提供にあたっては，要介護者の尊厳を保持し，その有する能力に応じ自立した日常生活を営むことができるように留意しなければならない（同1条)。また，諸サービスの提供のために，国民の共同連帯の理念にもとづき，保険制度によることが明示されている。

介護保険給付は，要介護状態等の軽減または悪化の防止を重視し，被保険者の選択を尊重し，できる限り居宅において自立した生活を送ることができるような給付の内容・水準でなければならない（同2条)。また，国民は，要介護状態の予防のため，常に健康の保持増進に努め，要介護状態になった場合も適切なサービス利用により，残存能力の維持向上に努めることとされている。ここにいう予防の観点は先述のように改正法により，いっそう強化されたといえる。介護保険事業に要する費用は，共同連帯の理念にもとづき，国民が公平に負担することとされている（同4条2項)。

（2）基本構造

保険者および被保険者

保険者は市町村および特別区とされ（介保3条)，被保険者の資格管理，認定審査，保険料の算定と徴収，保険給付，財政運営などの責任を負う。住民に最も身近な行政主体の方が住民の実態を把握しやすく，かつ，保健医療・福祉の連携を含めた総合的な調整を行いやすいという観点からである。また，要介護認定に係るマンパワーの確保や費用の軽減，要介護認定のバラツキ防止，市町村の認定能力の補完のため，地方自治法上の一部事務組合，広域連合の設立，**介護認定審査会**の共同設置（地自252条の7），都道府県への審査判定事務の委託が可能である（同252条の14）。介護保険法上も，都道府県に財政安定化基金の設立を義務づけ，市町村に対する財政支援を行わせるほか（介保147条），市町村相互間でも市町村相互財政安定化事業を行うことができる（同148条）。

被保険者は，市区町村の区域内に住所を有する65歳以上の者（**第1号被保険者**）と市区町村の区域内に住所を有する40歳以上65歳未満の医療保険加入者（**第2号被保険者**）である（同9条）。そのため，生活保護受給者は第2号被保険者から排除されるが（なお，被用者医療保険の対象となる場合は適用されるが，ごくわずかである），65歳になれば第1号被保険者となる。被保険者資格は住所地要件と年齢要件だが（第2号被保険者については医療保険加入の要件が加わる），住所地要件をめぐっては，いわゆるホームレスが適用もれになる危険があり，適法居住外国人であっても外国人登録の不備からもれが生ずるおそれがある。1年以上にわたって福祉施設に入所することが見込まれる場合は，その住所は施設所在地となるとされているが，介護保険施設のある市町村に高齢者が集中することになり，当該市町村の財政負担や保険料の増加につながるため，施設入所前市町村を住所地とする**住所地特例**がある（同13条）。この住所地特例は2005年改正により拡大され，ケアハウスや有料老人ホームなどの介護専用型特定施設，養護老人ホームも対象となった。2017（平成29）年改正において，介護保険適用除外施設の住所地特例が見直された。

被保険者資格を取得すると，市区町村から被保険者証の交付を受け，要介護認定等の申請やサービス利用の際にこれを提示する。

サービス提供者（指定事業者）

(1)指定　介護保険制度により，サービス種類の一部に営利事業者の参入が認められ，サービス基盤の拡充が図られた。施設サービスは，地方自治体，社会福祉法人，医療法人等に限られているが，居宅（在宅）サービスおよび居宅介護支援については**営利法人**の参入も認められている。ただし，営利追求のためにサービスの質がおろそかになることがあってはならない。保険給付は，先述の目的や基本原則に沿って提供されねばならない。それらを担保するために，介護保険法や関連規則は事業者に一定の水準を要求し，**指定**を受けることを介護保険給付を担う前提条件としている（介保70条ほか。なお，介護老人保健施設と介護医療院は指定ではなく，介保94条・107条にもとづく許可）。

⑵指定手続と指定要件　指定を受けようとするサービス事業者は，都道府県知事，政令指定都市・中核市の長（地域密着型介護サービスにあっては市町村長）（以下，あわせて「都道府県知事等」）にサービス種類，事業所ごとに指定の申請を行う。ただし，法人でない場合，厚生労働省令で定める人員に関する基準を満たしていない場合，設備および運営に関する基準を遵守しえないと判断される場合など欠格要件に該当する場合は指定を受けることはできない（介保70条2項ほか）。地域密着型サービスにつき，市長の不指定処分が取消された事例がある（福井地判平20・12・24判自324号56頁）。指定は6年間ごとの**更新制**となっている。

⑶指定取消　指定申請者本人のみならず，その法人の役員等まで含めて，禁固以上の刑を受けた場合や介護保険法または政令の定める保健医療・福祉関係法で罰金刑を受けた場合，厚生労働省令で定める人員，設備および運営に関する基準を満たすことができなくなった場合，サービス費用の不正請求があった場合などは，その態様に応じて指定の取消，あるいは一定期間の指定の全部または一部の効力が停止されることがある（介保77条1項など）。市町村は，事業者が取消等の事由に該当すると認めるときは，都道府県知事に通知することが義務づけられている（同2項など）。

なお，2011年改正では，事業所指定の欠格要件および取消・効力停止要件に労働関係法規違反者が明記されたが，「罰金の刑に処せられ，その執行を終わり，又は執行を受けることがなくなるまでの者」が対象であるため，厳罰化というよりは，**労働法規遵守**を強く求める意図を明確にしたものといえる（介保70条2項5号の2・77条1項1項1号など）。

⑷サービス提供者の義務（公法上の義務，契約上の義務）　指定事業者は，介護

図 5-2　介護保険制度の仕組み

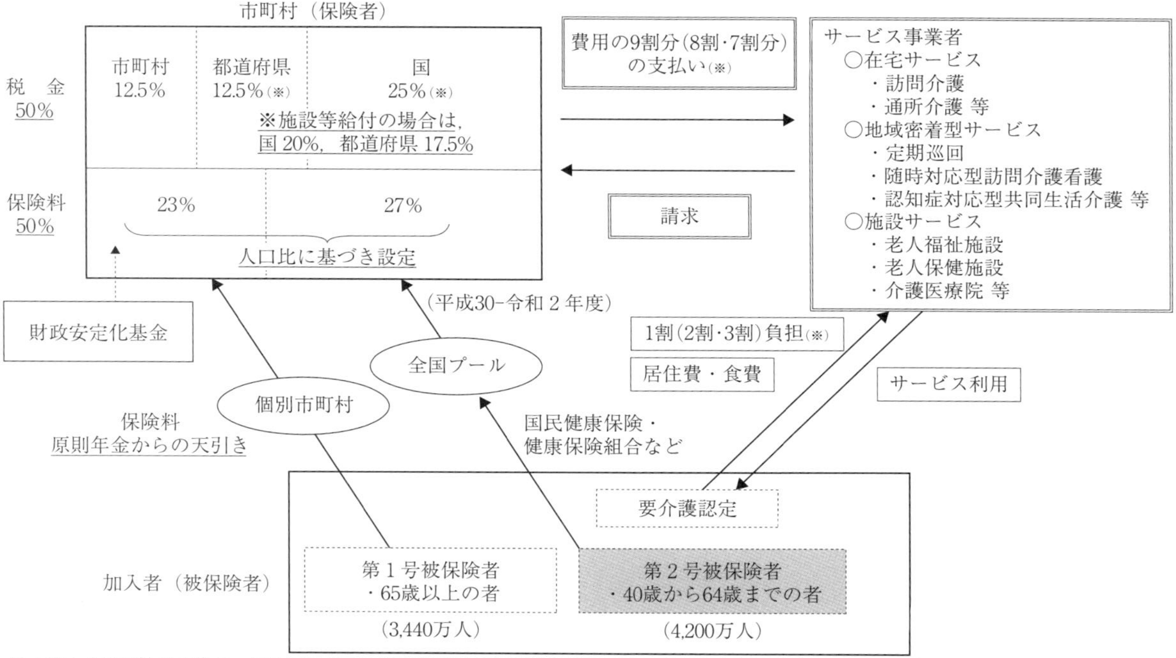

市町村（保険者）

	市町村	都道府県	国
税　金 50%	12.5%	12.5%（※）	25%（※）
保険料 50%	23%		27%

※施設等給付の場合は，国 20%，都道府県 17.5%

人口比に基づき設定

財政安定化基金

費用の9割分（8割・7割分）の支払い（※）

請求

サービス事業者
○在宅サービス
・訪問介護
・通所介護 等
○地域密着型サービス
・定期巡回
・随時対応型訪問介護看護
・認知症対応型共同生活介護 等
○施設サービス
・老人福祉施設
・老人保健施設
・介護医療院 等

（平成30-令和２年度）

全国プール

個別市町村

保険料
原則年金からの天引き

国民健康保険・
健康保険組合など

1割（2割・3割）負担（※）

居住費・食費

サービス利用

要介護認定

加入者（被保険者）

第１号被保険者
・65歳以上の者
（3,440万人）

第２号被保険者
・40歳から64歳までの者
（4,200万人）

注：第１号被保険者の数は，「平成 29 年度介護保険事業状況報告年報」によるものであり，平成 29 年度末現在の数である。
第２号被保険者の数は，社会保険診療報酬支払基金が介護給付費納付金額を確定するための医療保険者からの報告によるものであり，平成 28 年度内の月平均値である。

※一定以上所得者については，費用の２割負担（平成 27 年８月施行）。特に所得の高い層は３割負担（平成 30 年８月施行）。

出典：厚生労働省資料

保険法にもとづき，さまざまな公法上の義務を負う。その具体的義務内容は，介護保険法のほか，人員・設備・運営に関する基準を定める厚生労働省令に明らかである。この省令基準（「指定居宅サービス等の事業の人員，設備及び運営に関する基準」平11・3・31厚令37など）は，「利用者の意思及び人格の尊重」「利用者の立場に立ったサービス提供」「他の関係事業者との連携」といった一般原則のほか，介護サービス契約締結時の**文書交付**と**説明および同意**を得る義務，正当な理由のない**サービス提供拒否の禁止**，**秘密保持義務**，**苦情解決**のための窓口設置等の義務などを定めており，これらは直接には利用者に対する私法上の義務ではないものの，事業者・利用者関係に大きな影響を及ぼす（公法上の義務違反により権利利益の侵害を受けた場合は，不法行為として損害賠償請求を行うことも可能）。省令基準は最低基準であり，義務違反に対しては，指定の取消等も含めた介護保険法上の制裁が行われる場合がある。

また，従業者が看護師，社会福祉士，介護福祉士など専門職である場合には，それぞれの資格法にもとづく義務および罰則も課せられることとなる（たとえば，社会福祉士及び介護福祉士法46条，50条）。介護保険法上の資格である介護支援専門員（ケアマネジャー）については，要介護者等の人格尊重，業務実施における公正誠実義務（介保69条の34），名義貸しの禁止（同69条の35），信用失墜行為の禁止（同69条の36），秘密保持義務（同69条の37），都道府県知事の求めに対しての報告義務（同69条の38）が課せられている。

指定事業者は，このような公法上の義務のほか，サービス利用者との関係では，契約上の義務を負うことになる。サービス契約内容にそった履行が求められ，義務違反に対しては民事上の責任を負う場合がある。これはもっぱら介護事故に対する損害賠償請求訴訟として争われ，ポータブルトイレの交換を契約どおりに行わなかったことを原因として，利用者が怪我をした事案で，債務不履行責任を認めた事例（福島地白河支判平15・6・3判時1838号116頁）など，債務不履行または不法行為にもとづく損害賠償責任を争う介護事故訴訟が近年増加している。

❖コラム5-1　指定取消の実態と事業者への規制

介護保険がスタートした2000年4月から2006年12月までに指定取消等を受けたのは434事業者，25施設にのぼり，その67%が営利法人であった（介護保険指導室資料）。この間，指定取消を逃れるため事業所を廃止する等の処分逃れの事例などが問題となり，2006年4月に悪質な事業者から利用者を守るために事業者の指定に関する規制が強化された。指定が6年ごとの更新制となり，不正などがあった場合5年間は指定を受けられず，不正のあった事業所以外にも処分が及ぶといういわゆる連座制が導入された。この連座制が初めて適用されたのが，「コムスン」であり，その後事業を全面譲渡して事業を清算した。この連座制については，厳しすぎるとの批判もあり，とくに2007年に指定管理者である社会福祉法人による不正を原因として文京区立特別養護老人ホーム（特養）の指定が取り消され，連座制により文京区のすべての特養および高齢者在宅サービスセンターの運営ができなくなったという事件を受けて，連座制の見直しの声が高まり，2008年5月に改正が行われた。「一律連座」ではなく，不正行為への組織的な関与の有無を確認し，自治体が指定・更新の可否を判断するという裁量が認められ，広域的な事業者の場合は関係機関が十分な情報共有と緊密な連携の下に対応するなどの緩和の一方で，事業者の本部への立入検査権を創設するなど，規制の方法が変化してきている。

指定・監督権者（都道府県知事・市町村長）

サービス事業者の指定権限は，都道府県知事等にある。指定権者は，法の定める要件に合致する事業者を指定するのは当然として，指定後も事業者が適正なサービスを提供することを監督する責任がある。そのため，都道府県知事等は，報告または帳簿書類の提出あるいは提示を命じ，事業者・従業者・元事業者などに対し出張を求め，質問や立ち入り検査をすることができるほか（介保76条），事業者が法定基準を満たしていない場合には，勧告，公表，改善命令の権限が与えられている（同76条の2）。改善が見込めない場合や，悪質な基準違反がある場合には，指定権者はサービス事業者の指定の取消や指定の効力停止の措置をとることができるといった段階的な監督システムが用意されている（同77条）。これらはいずれも指定権者の権限として定められているが，介護保険法上の監督責任を果たすために付与された権限と捉えることができ，仮にその権限を適切に行使しなかった場合には，利用者との関係では不作為の違法にもとづく賠償責任が生ずる場合がある（高松高判平 18・1・27 裁判所ウェブサイト〔一審高松地判平 17・4・20 判時 1897 号 55 頁〕は，認可外保育所での児童虐待死事例について，県の業務停止命令権限不行使の違法を認めた）。

介護報酬の審査支払　サービスを利用した場合には原則 1 割の自己負担が発生するが，残りの費用は事業者が保険者である市町村に請求する。市町村は，介護報酬および設備・運営基準に照らして審査し，支払う（代理受領）（介保 41 条 9 項など）。なお，市町村はサービス費の審査支払事務を**国民健康保険団体連合会**（以下,「国保連」）に委託できるとされ（同 10 項など），実際には審査支払事務は国保連が行っている。介護報酬は，厚生労働大臣の定める公定価格であり，「1 点単価×点数」でその上限が算定される。1 点単価は地域別・サービス種類別で，点数は原則として要介護度とサービス提供時間に応じて決定されているほか，サービスによっては要介護度によっても異なる。また，2005 年度報酬改定では，要支援者への介護予防サービスに月単位の定額払いが導入された。

事業者から国保連に送付される介護報酬の請求書は一般的に**レセプト**と呼ばれ,国保連はレセプトと介護支援計画等との突合により審査を行う。国保連は，都道府県ごとに設置された公法人であり，介護保険の法定第三者苦情解決機関としての役割も担っており，国民健康保険の審査支払業務も行っている。

（3）利用手続

要介護・要支援認定　被保険者であればただちに介護保険のサービスを利用できるわけではなく，サービス利用のためには要介護あるいは要支援のニーズがあることが必要である。このニーズの存否を判定するのが，要介護・要支援認定である。

要介護・要支援認定を受けようとする被保険者は，厚生労働省令の定めに従い，申請書に被保険者証を添付して市町村に申請を行う（介保 27 条 1 項，32 条 1 項）。この申請は，指定居宅支援事業者や介護保険施設あるいは地域包括支援センターなどが代行することができる。

図 5-3　介護サービスの利用の手続き

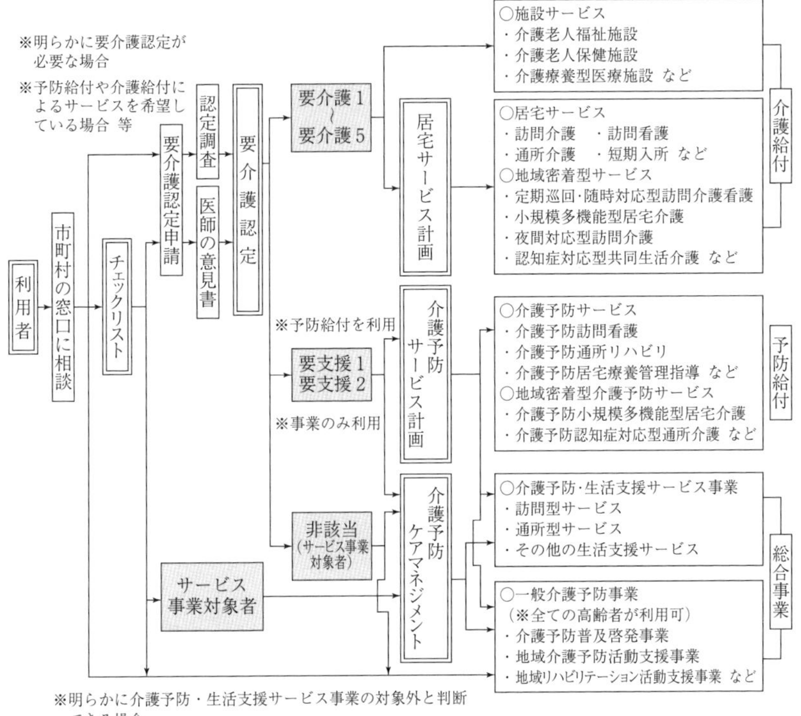

出典：厚生労働省資料

申請を受理した市町村は，認定調査員を申請者のもとに派遣し，面接により心身の状況やおかれている環境などを調査させる。認定調査員は，所定の認定調査票（74項目の基本調査と特記事項からなる）を用いて調査を行い，その結果はコンピュータにより機械的に判定される。これとあわせて，市町村は当該被保険者の主治医に意見書の提出を求める。市町村に設置される**介護認定審査会**は，保健・医療・福祉の学識経験者より構成され，高齢者の心身の状況調査及び主治医意見書記載事項の一部にもとづくコンピュータ判定の結果（一次判定）と主治医の意見書等を総合判断して審査・判定を行う（二次判定）。

認定審査会はその結果を市町村に通知し，市町村は申請から**原則 30 日以内**に申請者に認定結果を通知しなければならない（同 27 条 11 項）。この認定には有効期間があり，新規申請および区分変更申請においては原則 6 ヶ月（3 ～ 12 ヶ月の間で認定可能），更新申請にあっては，原則 12 ヶ月間（要介護→要介護の場合は 3 ～ 36 ヶ月の間で認定可能。ほかは 3 ～ 12 ヶ月）が有効期間となる。判定結果は，介護ニーズの低い順に，要支援 1 ～ 2，要介護 1 ～ 5 で表される。介護ニーズがないと判断された場合には，非該当の判定がなされ，介護保険給付を受けることができない。

要支援・要介護の区分に応じて，居宅サービスでは**支給限度額**が定められている。被保険者はその額の範囲内で介護保険給付を受けることができ，受けた場合には原則その費用の 1 割の自己負担が求められる。区分支給限度額は，要介護度が高いほど必要なサービス量が多いとの考えにもとづき設定されている。ただし，市町村は条例により区分支給限度額を上回る額を当該市町村の基準額とすることができるとされ（介保 43 条 3 項ほか），これは**上乗せサービス**と呼ばれる。このほか，介護保険給付の対象となっていない配食やおむつの支給などのサービスを独自に行う市町村特別給付（介保 62 条）は**横出しサービス**と呼ばれるが，いずれもその財源は第 1 号被保険者の保険料のみで賄うこととされているため，積極的に行う自治体は少ない。

また，介護保険制度では，高齢者が抱える多様なニーズに柔軟に対応できるよう，一定の条件下で，介護保険サービスと保険外サービスを組み合わせて提供することが認められている，すなわち**混合介護**は禁止されていない（医療保険においては一部例外を除き混合診療は認められていない（最判平 23・10・25 民集 65 巻 7 号 2923 頁））。ただし，介護保険サービスと保険外サービスの同時一体的提供や，特定の介護職員の指名料，繁忙期・繁忙時間帯の時間指定料の形で，利用者の自費負担による上乗せ料金を徴収するなど，本人ニーズや介護保険制度における公平性を阻害するような混合は認められない。具体的な運用に自治体間の差異があったため，その取扱いに関する国の通知が発出されている（「介護保険サービスと保険外サービスを組み合わせて提供する場合の取り扱いについて」平

成30年9月28日老推発0928第1号)。

なお，施設サービスには支給限度額という基準はないが，施設への介護報酬は要介護度が高い利用者ほど高く設定されている。

表5-1 居宅サービスの支給限度額

要介護度	支給限度額
要支援1	5,032単位／月
要支援2	10,531単位／月
要介護1	16,765単位／月
要介護2	19,705単位／月
要介護3	27,048単位／月
要介護4	30,938単位／月
要介護5	36,217単位／月

注：1単位は10～11.26円（地域やサービスにより異なる)。

サービスの選択 要介護・要支援認定を受けた後は，被保険者自らが必要なサービスを選択し，個別事業者との契約によりサービスを受けることができる。しかし，現実には被保険者自身が自らに必要なサービスの種類や量を判断することは困難である場合が多く，また，事業者に関する情報収集やその選択を主体的に行いえない者も多い。そこで，居宅サービスの利用にあたっては，**居宅介護支援事業者**に**居宅介護サービス計画**（ケアプラン）の作成を依頼することが一般的である（介護予防サービス計画は地域包括支援センター)。この計画は，当該事業者に配置される**介護支援専門員**（ケアマネジャー）が作成する。介護支援専門員は計画作成だけでなく，事業者との連絡調整や施設の紹介，サービス計画の適正実施のモニタリング等の業務（居宅介護支援）を行う。この計画に要する費用は，居宅介護サービス計画費として，10割が給付され，自己負担はない。サービス選択は被保険者の権利といえるが（介保2条3項)，他方で，市町村は認定審査会の意見にもとづき，サービス種類を指定することができるとされている（介保37条1項)。これは，医学的管理の必要性があるなどの場合に行われる。

契約の締結 サービス開始にあたっては被保険者と事業者との間に契約が締結されることを要し，この契約は準委任契約と解されている。ただし，介護保険法では，**契約自由の原則**は大きく修正されている。正当な理由のないサービス提供拒否の禁止規定は，事業者は原則として利用申込に応じる義務があることを規定したものであり，とくに，要介護度や所得の多寡を理由にサービスの提供を拒否することを禁止する趣旨とされている（締約の自由・相手方選択の自由の修正)。また，サービス提供の開始にあたっては，利用申込者またはその家族に対し，重要事項説明書を交付し，説明の上，同意を得ることを要する（省令基準。なお，社福76条，77条も参照）（方式の自由の修正）。もちろん，介護保険給付である以上，契約内容は関係法令を遵守し，その趣旨を汲んだものでなければならず，介護保険外の任意契約でない限り，自由にサービス内容を決定できるものではない（内容の自由の修正）。

（4）給付の種類・内容

前掲**図5-3**のように，保険給付には，要支援者に対する予防給付と要介護者に対する介護給付があり，居宅サービス，施設サービス，地域密着型サービスに大別される（介保40条，52条）。ただし，予防給付では施設サービスや地域密着型サービスの一部は対象とならない。また，第2号被保険者は要介護状態等だけでなく，その原因が加齢に伴う疾病として政令で定められるもの（**特定疾病**）に該当することを要する（介保7条3項2号・同4項2号）。2005年改正で特定疾病に末期がんが追加され，その数は16になった（介保令2条）。これら給付は，法文上はすべて，居宅介護サービス費の支給などのように金銭による給付の形式をとっている。給付受給権は，被保険者自身にあるため，原則的には，被保険者に対して各費用が支払われ，自己負担分とあわせて，被保険者自身が支払うこととなる。しかし，事業者の徴収事務や被保険者の負担の軽減などから，1割の自己負担分を除く部分について，事業者が保険者（実際には国保連を介在）から直接受領する**代理受領**が行われる（介保41条6項，48条4項ほか）。代理受領には，支払いの確実性の担保，他への流用の防止という効果もある。そこで，社会保障法上の問題となるのが，住宅改修費や高額介護サービス費のように明らかに金銭給付であるもの以外のサービス費の給付をどのように理解するかである。代理受領に着目することで，法文上の定めはともかく，医療保険のように実際は現物給付であるとの理解が可能である。しかし，保険者は現物給付を行う義務を負うものではないとして，これを金銭給付と理解する説もあり，議論のあるところである。

居宅サービス給付　居宅介護サービスは，訪問サービス，通所サービス，短期入所サービス，その他自宅で生活するために必要な福祉用具や住宅改修やサービスを受けるための計画費を支給するものに大別できる。予防給付の場合は，介護予防訪問介護のように以下のサービスの頭に「介護予防」が付く。なお，2011年改正により，従来の介護予防事業は，見守り，配食等のインフォーマルサービスを含む介護予防・日常生活支援事業に拡大・再編され，地域支援事業の一環として，保険者である市町村の判断で総合事業の実施可能となったところ，2015年改正で「介護予防・生活支援サービス事業」と「一般介護予防事業」を柱とする「**総合事業**」に見直された。これにより，地域包括支援センターによる介護予防ケアマネジメントに基づき，総合事業のサービスと，予防給付のサービス（要支援者のみ）を組み合わせての利用が可能になった（**図5-3**参照）。なお，介護予防・生活支援サービス事業によるサービスのみ利用する場合は，要介護認定等を省略して「介護予防・生活支援サービス事業対象者」とし，迅速なサービス利用ができることとなった（介保115条の45～47）。

①訪問サービス

訪問介護…ホームヘルパーが家庭を訪問し，身体介護や家事援助を行う。

訪問入浴介護…浴槽を積んだ入浴車で家庭を訪問し，入浴の介護を行う。

訪問看護…主治医の指示の下で，看護師等が家庭を訪問し，療養上の看護などを行う。

訪問リハビリテーション…理学療法士，作業療法士が家庭を訪問し，リハビリテーション（機能訓練）を行う。

居宅療養管理指導…医師，歯科医師，薬剤師等が家庭を訪問し，療養上の指導・助言などを行う。

②通所サービス

通所介護（デイサービス）…介護施設において日帰りで入浴，食事等のサービスや機能訓練を行う。

通所リハビリテーション（デイケア）…介護老人保健施設，医療機関等において，理学療法士，作業療法士等によるリハビリテーションを行う。

③短期入所サービス

短期入所生活介護（ショートステイ）…特別養護老人ホーム等の施設に短期間入所して，介護や機能訓練等を受ける。

短期入所療養介護（ショートステイ）…介護老人保健施設，介護療養型医療施設に短期間入所して，医学的管理のもとに，介護や機能訓練等を受ける。

④その他

特定施設入居者生活介護…有料老人ホーム等で日常生活上の介護や機能訓練等を行う。

福祉用具貸与…車椅子，特殊寝台，床ずれ防止用具，歩行器などが貸与される。

特定福祉用具販売（福祉用具購入費の支給）…都道府県から指定を受けた販売業者から，すのこや特殊尿器など，入浴や排泄にかかる福祉用具を購入した場合に，10万円を限度として費用の一部が支給される（償還払い）。

住宅改修費の支給…手すりの設置，段差解消等の小規模な住宅改修に対し，20万円を限度として，その費用の一部が支給される（償還払い）。

居宅介護サービス計画費の支給…居宅サービスの利用にあたって要介護者が指定居宅介護支援事業者にケアプランの作成を依頼した場合に自己負担なしで全額が支給される。

施設サービス給付　施設サービスとしては以下の4つがあるが，要支援認定の者は利用できない（**図5-3**参照）。

介護老人福祉施設（特別養護老人ホーム）…常時介護を必要とし，自宅で生活することが困難な寝たきりや認知症の者に対して介護を行う。

介護老人保健施設…症状が安定した状態にあり，リハビリテーションや介護が必要な者に対して，機能訓練や日常生活への支援を行う。

介護療養型医療施設…長期にわたって療養が必要な者に対して，医学的管理の下で，介護や機能訓練，医療を行う。

介護医療院…長期的な医療と介護のニーズを併せ持つ高齢者を対象とし，「日常的な医学管理」や「看取りやターミナルケア」等の医療機能と「生活施設」としての機能とを兼ね備えた施設。

なお，療養型の再編に伴って2008年度に新設された介護療養型老人保健施設（いわゆる新型老健。介護療養型医療施設からの転換に限られることとされたため，転換老健ともいわれる）は介護報酬上の類型で，介護老人保健施設では対応できない医療ニーズに対応するべく，入院するほど症状は重くないが，喀痰吸引や経管栄養など一定の医療が必要な者に対し，**終末期ケア**にも配慮して，医療や介護を行う施設である。療養病床と介護医療院については「3　今後の課題」で詳述する。

地域密着型サービス　地域密着型サービスは，要介護者等が住みなれた地域で可能な限り自立した生活ができるよう，2006年4月に導入された。

小規模多機能型居宅介護…事業所への通所を中心に，必要に応じて訪問や宿泊による介護を行う。

夜間対応型訪問介護…夜間の定期的な巡回による訪問介護に加え，通報による随時訪問介護を行う（介護給付のみ）。

認知症対応型共同生活介護（グループホーム）…比較的安定した認知症高齢者に対し，5～9人での共同生活を通して介護と機能訓練を行う（要支援2以上の者）。

認知症対応型通所介護…比較的安定した認知症高齢者に対し，日帰り介護施設で入浴・食事・機能訓練等を行う。

地域密着型介護老人福祉施設入所者生活介護…定員29人以下の小規模特別養護老人ホーム（介護給付のみ）。

地域密着型特定施設入居者生活介護…定員29人以下の小規模介護専用型特定施設（有料老人ホーム）（介護給付のみ）。

定期巡回・随時対応型訪問介護看護…重度者をはじめとした要介護高齢者の在宅生活を支えるため，日中・夜間を通じて，訪問介護と訪問看護を一体的にまたはそれぞれが密接に連携しながら，定期巡回訪問と随時の対応を行う（介護給付のみ）。

複合型サービス…要介護度が高く，医療ニーズの高い高齢者に対応するため，小規模多機能型居宅介護のサービスに加え，必要に応じて訪問看護を提供する（介護給付のみ）。

（5）地域支援事業

2005年の法改正により，地域支援事業が創設された。これは，要介護状態等になる前からの介護予防を推進するとともに，要介護状態等になっても可能な限り地域で自立した生活を送れるように地域における包括的・継続的なマネジメント機能を強化することを目的とする（介保115条の45）。地域支援事業は，要支援・要介護になるおそれの高い人を対象とする介護予防事業と，介護予防ケアマネジメントや総合相談・支援，**虐待防止**，包括的・継続的ケアマネジメント事業などを含む包括的支援事業，家族介護支援事業や介護給付費適正化事業などの任意事業の３つを柱として，市町村が実施主体となる。これにより，市町村等はおおむね人口２万人から３万人に１箇所の割合で**地域包括支援センター**を設置することとされ，包括的支援事業の拠点として位置づけられている。上記業務を行うため，センターには保健師（看護師），社会福祉士，主任介護支

図 5-4　新しい地域支援事業の全体像（平成 26 年改正前後）

介護保険制度	〈改正前〉		〈改正後〉
【財源構成】国 25%　都道府県 12.5%　市町村 12.5%　1 号保険料 23%　2 号保険料 27%	介護給付（要介護１～５）	改正前と同様 →	介護給付（要介護１～５）
	予防給付（要支援 1～２）　訪問看護，福祉用具等	→	予防給付（要支援１～２）
	予防給付（要支援 1～２）　訪問介護，通所介護	事業に移行 →	介護予防・日常生活支援総合事業（要支援 1～２，それ以外の者）
	地域支援事業：介護予防事業　又は介護予防・日常生活支援総合事業　○二次予防事業　○一次予防事業　介護予防・日常生活支援総合事業の場合は，上記の他，生活支援サービスを含む要支援者向け事業，介護予防支援事業。	全市町村で実施 →　多様化	○介護予防・生活支援サービス事業　・訪問型サービス　・通所型サービス　・生活支援サービス（配食等）　・介護予防支援事業（ケアマネジメント）　○一般介護予防事業
【財源構成】国 38.5%　都道府県 19.25%　市町村 19.25%　1 号保険料 23%	包括的支援事業　○地域包括支援センターの運営　・介護予防ケアマネジメント，総合相談支援業務，権利擁護業務，ケアマネジメント支援	→　充実	包括的支援事業　○地域包括支援センターの運営（左記に加え，地域ケア会議の充実）　○在宅医療・介護連携推進事業　○認知症総合支援事業（認知症初期集中支援事業，認知症地域支援・ケア向上事業等）　○生活支援体制整備事業（コーディネーターの配置，協議体の設置 等）
	任意事業　○介護給付費適正化事業　○家族介護支援事業　○その他の事業	→	任意事業　○介護給付費適正化事業　○家族介護支援事業　○その他の事業

（左右の縦帯：地域支援事業）

出典：厚生労働省

援専門員をおくこととされている。センターは高齢者虐待の対応機関でもある。2012年には，介護予防・配食・見守りなどを総合的に行う介護予防・日常生活支援総合事業が創設され，前述のとおり，2015年に現行の「総合事案」への見直しが行われた（**図5-4**参照）。

（6）給付の制限

要支援・要介護認定を受けた者は，介護保険法に定められた給付を受ける権利を有するのはもちろん，受給権の譲渡・担保・差し押さえの禁止（介保25条），租税その他公課の禁止（介保26条）によって法はより強固にその権利を保護している。同時に，介護保険法は，一定の場合，この保険給付を制限することができる旨規定する。刑事施設等に拘禁された場合は，その期間は保険給付を受けえず（同63条），故意の犯罪行為または重過失，またはサービス利用等に関する指示に従わないことによる要介護事故・状態の発生，悪化の場合は，全部または一部の給付が行われないことがある（同64条）。また，23条に定める文書の提出等に対応しないときも，全部または一部の給付が行われない場合がある（同65条）。介護保険制度では，**保険料滞納**に対しても厳しい処分が行われ，第1号被保険者が保険料を滞納した場合は支払方法変更の記載がなされ（同66条），厚生労働省令で定める期間までに支払わなければ，保険給付の支払いの全部または一部が差し止められる（同67条1項・2項）。さらに，この一時差し止めを受けている者がなお滞納保険料を納付しない場合には，当該一時差止に係る保険給付の額から滞納保険料額を控除することができることとなっている（同67条3項）。第2号被保険者についても，医療保険料未納に対して，保険給付の差し止めが行われうる（同68条）。

（7）介護保険の財源と負担

介護費用

介護保険発足当初の2000年度の**介護給付費**は3.6兆円，サービス利用者は184万人であったが，2018年度は9.6兆円，600万人となっており（厚生労働省「平成30年度　介護給付費等実態統計の概況」)，高齢化がピークを迎える2040年頃には介護給付費は25兆円に達すると推計されている。もっぱら低所得者を中心とする限られた層だけがサービス対象となっていた措置時代に比べれば，介護サービスの普遍化という介護保険の目的は一定程度達成されたといえる一方で，必要な費用をどのように賄うかは重要な問題である。その費用の圧倒的大部分は，公費負担と保険料により賄われており，それ以外に利用者の自己負担分がある。

公　費　負　担

前掲**図5-1**に示すように，介護保険給付に必要な財源は，利用者負担（10％）を控除した残りの費用について，50％を公費で，50％を保険料で賄うこととされている。**公費負担**のうち，国は25％（定率20％＋調整交付金5％），都道府県と市町村はそれぞれ12.5％を負担する。ただし，2006年度から，介護給付費のうち，都道府県知事が指定権限を有する介護保険施設等にかかる給付費部分については，国が20％（定率15％＋調整交付金5％），都道府県17.5％，市町村12.5％となった。第1号被保険者と第2号被保険者の保険料負担割合は人数比によって変更される。第1期（2000年度から2002年度）は，第1号被保険者は18％，第2号被保険者は32％を負担していたが，第7期（2018年度から2020年度）にあたる現在は，それぞれ23％，27％の負担割合となっている。

保　険　料

第1号被保険者の介護**保険料**は，市町村が3年ごとに介護保険事業計画を策定し，それぞれの地域における3年間の保険給付費の見込みにもとづき，具体的な額を定めることとなるが，第1号被保険者の保険料基準月額を簡単にあらわすと次のようになる。

当該市町村で必要なサービスの総費用（3年間の事業年度の平均）の21％÷第1号被保険者（同）の人数÷12ヶ月＝当該市町村の保険料基準月額

第7期の第1号被保険者の保険料の全国月額・加重平均は5869円で，制度施行時の2911円に比べて2倍となっている。保険料は保険者（市町村）により異なるため，大きな地域差がある。第1号被保険者の保険料額は，第1号被保険者の所得水準に応じて9段階に区分した額となる（**表5-2**参照）。なお，市町村は被保険者の負担能力に応じたきめ細かい段階設定をすることができ，課税

表5-2　保険料の算定に関する基準

令和元（'19）年10月～

	対象者	保険料の設定方法
第1段階	生活保護被保護者 世帯全員が市町村民税非課税の老齢福祉年金受給者 世帯全員が市町村民税非課税かつ本人年金収入等80万円以下	基準額×0.3
第2段階	世帯全員が市町村民税非課税かつ本人年金収入等80万円超120万円以下	基準額×0.5
第3段階	世帯全員が市町村民税非課税かつ本人年金収入120万円超	基準額×0.7
第4段階	本人が市町村民税非課税（世帯に課税者がいる）かつ本人年金収入等80万円以下	基準額×0.9
第5段階	本人が市町村民税非課税（世帯に課税者がいる）かつ本人年金収入等80万円超	基準額×1.0
第6段階	市町村民税課税かつ合計所得金額120万円未満	基準額×1.2
第7段階	市町村民税課税かつ合計所得金額120万円以上200万円未満	基準額×1.3
第8段階	市町村民税課税かつ合計所得金額200万円以上300万円未満	基準額×1.5
第9段階	市町村民税課税かつ合計所得金額300万円以上	基準額×1.7

資料　厚生労働省「全国厚生労働関係部局長会議資料」（平成31年1月）より作成
注　具体的軽減幅は各割合の範囲内で市町村が条例で規定。
出典：厚生労働統計協会『保険と年金の動向2019/2020』122頁

層についても段階設定が弾力化されているので，15段階に細分化する市もある。具体的な区分数や保険料率は市町村の条例で定められる。

第1号被保険者は，その所得に応じた保険料を**特別徴収**（年額18万円以上の年金収入がある者）または普通徴収の方法により保険者に支払う。約80%の第1号被保険者が年金からの天引きである特別徴収により保険料を支払っている。市町村は条例で定めるところにより，特別の理由がある者に対し，保険料を減免し，またはその徴収を猶予することができる（介保142条）。第2号被保険者の保険料は標準報酬月額の一定率となるが，協会けんぽの場合，当該月額の1.73%を労使で折半し（2019年度），健康保険の保険料と一体的に徴収され，保険者が介護納付金として，社会保険診療報酬支払基金に納付する。国民健康保険加入者の場合は，所得割・均等割・平等割などの方法で算出され，国民健康保険の保険料に上乗せして徴収される。国保加入者の保険料の半分は国庫負担である。また，2006年度より地域支援事業が始まった。その財源は，介護予防・日常生活支援総合事業については，国が25%，都道府県と市町村が各12.5%，第1号被保険者，第2号被保険者が各23%，27%を負担し，包括的支援事業・任意事業については，国38.5%，都道府県19.25%，市町村19.25%，第1号被保険者が残り23%を負担する構造となっている（第7期）。

利　用　料　サービスを利用した場合には，受益者負担の観点と介護サービスの利用にコスト意識をもたせ費用の効率化を図る趣旨から，応益負担として原則1割の自己負担が求められる（ただし，ケアプラン作成にかかる居宅〔予防〕介護サービス計画費に自己負担はなく，全額が給付の対象である。なお，これへの自己負担が現在議論されている。また，所得によっては自己負担が2割または3割となる）。1割とはいえ，措置制度下ではほとんど無料でサービスを受けることのできた低所得者層にとっては大きな負担となる。また，2005年10月より施設給付の見直しが行われ，**居住費・食費**にかかる負担が増加した。これは，在宅生活と施設生活の「公平性」の観点と，居住費・食費といった基礎的生活費用は年金でカバーされているとの考えにもとづき，年金給付と介護保険給付の重複を調整する意図で行われたが，年金等所得の少ない者には過度の負担となる。そこで，所得に応じた利用料軽減策がとられている（**表5-3**参照）。

また，要介護度が高く，多くのサービス受給をする場合には，低所得者に限らず家計に対する圧迫が大きくなる。そこで，医療保険の高額療養費制度にならって，**高額介護（介護予防）サービス費**という償還払い制度が設けられている（介保51条・61条，介保令22条の2・29条の2）（**表5-4**参照）。なお，高額介護サービス費については，2021年度からの上限引き上げが議論されており，所得によっては2～3倍の上限負担が求められる可能性がある。また，2006年改正により，「**高額医療合算介護サービス費の支給**」（介保51条の2・61条の2）が追加され，2008年4月1日に施行された。これにより，医療保険と介護保

表5-3　食費・居住費の基準費用額・負担限度額について

○食費・居住費について，利用者負担第1～第3段階の方を対象に，所得に応じた負担限度額を設定
○標準的な費用の額（基準費用額）と負担限度額との差額を介護保険から特定入所者介護サービス費（補足給付）として給付

	利用者負担段階	対象者の例
負担軽減の対象となる低所得者	第1段階	・市町村民税世帯非課税の老齢福祉年金受給者 ・生活保護受給者
	第2段階	市町村民税世帯非課税であって，課税年金収入額＋合計所得金額が80万円以下の方
	第3段階	市町村民税世帯非課税であって，利用者負担第2段階該当者以外の方
	第4段階	・市町村民税世帯の方

制度のイメージ

基準額
⇒食費・居住費の提供に必要な額
補足給付
⇒基準費用額から負担限度額を除いた額

			基準費用額（日額（月額））	負担限度額（日額（月額））		
				第1段階	第2段階	第3段階
食費			1,392円(4.2万円)	300円(0.9万円)	390円(1.2万円)	650円(2.0万円)
居住費	多床室	特養等	855円(2.6万円)	0円　(0万円)	370円(1.1万円)	370円(1.1万円)
		老健・療養・介護医療院等	377円(1.1万円)	0円　(0万円)	370円(1.1万円)	370円(1.1万円)
	従来型個室	特養等	1,171円(3.6万円)	320円(1.0万円)	420円(1.3万円)	820円(2.5万円)
		老健・療養・介護医療院等	1,668円(5.1万円)	490円(1.5万円)	490円(1.5万円)	1,310円(4.0万円)
	ユニット型準個室		1,668円(5.1万円)	490円(1.5万円)	490円(1.5万円)	1,310円(4.0万円)
	ユニット型個室		2,006円(6.1万円)	820円(2.5万円)	820円(2.5万円)	1,310円(4.0万円)

※月額については，一月を30.4日として計算
出典：厚生労働省資料

表 5-4　高額介護（介護予防）サービス費

月々の介護サービス費の自己負担額が世帯合計（個人）で上限額を超えた場合に，その超えた分が払い戻されます。

所得段階	所得区分	上限額
第 1 段階	①生活保護の被保護者 ② 15,000 円への減額により生活保護の被保護者とならない場合 ③市町村民税世帯非課税の老齢福祉年金受給者	①個人 15,000 円 ②世帯 15,000 円 ③世帯 24,600 円 個人 15,000 円
第 2 段階	○市町村民税世帯非課税で［公的年金等収入金額＋合計所得金額］が 80 万円以下である場合	世帯 24,600 円 個人 15,000 円
第 3 段階	○市町村民税世帯非課税 ○ 24,600 円への減額により生活保護の被保護者とならない場合	世帯 24,600 円
第 4 段階	○第 1 ～ 3 段階に該当しない者	世帯 44,400 円※1

個人の高額介護（介護予防）サービス費の支給

$$（利用者負担世帯合算額－世帯の上限額）\times \frac{個人の利用者負担合算額}{利用者負担世帯合算額}$$

高額介護サービス費の支給：保険給付の 1 割（または 2 割・3 割）負担分の合計額が上限額を超えた場合，申請により超過分が払い戻される。
※1　1 割負担者のみの世帯について，年間上限（446,400 円）が設定される。（3 年間の時限措置）
出典：厚生労働省資料

険の利用者負担の合計額が著しく高額である場合には，高額医療合算介護サービス費が支給される（介保令 22 条の 3・29 条の 3）。なお，いずれの高額サービス費も一定条件下で**受領委任払制度**（利用者は，利用者負担上限額を施設に支払い，上限を超える費用は，保険者から直接施設に支給する仕組み。高額サービス費を施設が**代理受領**する）が利用できる。

（8）介護保険事業計画

市町村は，3 年を 1 期とする介護保険事業計画を，都道府県は同じく介護保険事業支援計画を作成することが義務づけられている（介保 117 条および 118 条）。この計画は，保健・福祉・医療の供給体制確保に関する「老人保健福祉計画」

と一体のものとして作成され，地域福祉計画（社福107条）などの他の関連計画との調和を図ることが求められている。この計画では，サービス種類ごとの定員や見込量，確保方策などを定めることとなっており，サービス種類によってはその必要入所定員総数を超過した場合は，新たな開設に対して，指定が行われないことがある（介保70条3項ほか）。また，市町村が計画を策定・変更しようとするときは，被保険者の意見を反映させることとされ（同117条6項），**被保険者の「参加」**が明文で規定されている。

（9）権利擁護と権利救済

権利擁護の必要性と仕組み　高齢者や知的障害者などは，判断能力の低下のため，財産面，身体・精神面での権利侵害を受けやすく，また，福祉サービスや医療サービスなど社会保障給付が，契約や申請など法的手続にもとづいて行われることから，十分なサービスを受けることができないなどの問題が起こりうる。それらの人々の権利を擁護するための直接的な権利擁護手段としては介護保険法施行にあわせて施行された**成年後見制度**や**日常生活自立支援事業**（**地域福祉権利擁護事業**）がある。これらはいずれも介護保険制度の利用や苦情申立の支援等にも深くかかわるものであるが，前者は民法等，後者は社会福祉法や要綱を根拠とするものである。もちろん，介護保険法にも権利擁護のための手段が用意されており，**苦情解決制度**が法定されている。介護事業者・市町村・居宅介護支援事業者・国保連にそれぞれ苦情解決の義務が負わされ，指定基準違反の場合は，都道府県も指導・監査に乗り出すことになる。また，介護事業者は省令基準にもとづき，苦情窓口の設置，苦情内容の記録のみならず，市町村・国保連の苦情調査への協力，指導又は助言による改善，改善内容の市町村・国保連への報告が義務づけられている（「指定居宅サービス等の事業の人員，設備及び運営に関する基準」36条など）。その他の福祉サービスについては，社会福祉法82条・83条に福祉サービス事業者および運営適正化委員会の苦情解決義務が定められるほか，同65条にもとづき，厚生労働大臣が省令でその具体的な基準を定めている。介護保険法，社会福祉法いずれも，事業者による内部苦情解決と国保連，運営適正化委員会，行政という外部苦情解決の仕組みを法定しているのである。また，先述の行政による指導監査や情報開示の標準化などは，権利擁護のための直接的な仕組みではないが，それぞれ取締まり的規制，サービス内容の公表を通して，良質なサービスを受ける権利やサービスの選択権といった要介護者等の権利を擁護するもので，間接的な権利擁護手段と位置づけることができる。また，市町村は，地域支援事業として，被保険者に対する虐待の防止およびその早期発見のための事業その他の被保険者の権利擁護のため必要な援助を行う事業を行うものとされている（介保 115 条の 45・1 項 4 号）。虐待行為に対しては，地域包括支援センターの権利擁護事業による救済が図られる。介護支援専門員は，ケアプランの適切な実行を図る過程で，利用者の立場に立ってその権利の擁護を行うことが期待される。ほかにも，弁護士や社会福祉士などの専門職，福祉サービス利用者団体，患者団体，福祉の経営者団体，NPO 法人などが，法定外の権利擁護活動を展開している。2011 年改正に関連した老人福祉法改正では，**市民後見人**の育成及び活用など，市町村における高齢者の権利擁護を推進することが定められ（老福 32 条の 2），地域支援事業における権利擁護のための事業実施の責任と相まって，市町村は権利擁護にいっそうの責任を負うべきこととなった。

権利救済の仕組み　介護保険にかかわる権利侵害に対する救済は，行政による処分であるか，利用者・事業者間の契約に関するものであるかによって，その救済手段が異なる。要介護認定など保険給付に関する処分または保険料・徴収金に関する処分は**行政処分**にあたり，不服がある場合には，都道府県に設置される**介護保険審査会**に**審査請求**をすることができる（介保 183 条 1 項）。また，要介護認定または要支援認定処分の審査請求の事件に関し，専門調査員をおくことができるとされている（同 188 条 1 項）。審査請求は，原則として処分があったことを知った日の翌日から起算して，60 日以内に行わなければならない（同 192 条）。裁判でこれら行政処分を争う場合には行政事件訴訟法にもとづき取消訴訟または義務付訴訟などで争うことも可能だが，認定処分には有効期間が付されているため，係争中に訴訟要件を欠くおそれが大きい（よって，実務的には同29条の区分変更申請が有用とされている）。介護保険法はこれら行政処分について，**審査請求前置主義**を採っており，当該処分についての裁決を経た後でなければ取消訴訟を提起できないとしている（同196条）。

他方，介護事故やサービス内容の相違など利用者と事業者との契約に関するものは，民事訴訟によることとなる。もちろん，虐待による致死傷など，場合によっては刑事的手段もとられうるが，もっぱら，債務不履行責任または不法行為責任を根拠に，履行請求や損害賠償請求が行われる。近年，利用者の権利意識の高まりもあって，介護事故に関する紛争が増加している。

3　今後の課題

被保険者・受給者の範囲の見直し（障害者福祉との関係）

現行制度では，被保険者の対象年齢は40歳以上であるが，若年層も対象とするべきか否かについては，介護保険法制定前から議論があった。最終的に「介護保険が対象とする老化に伴う介護ニーズは，高齢期のみならず中高年期においても生じうること，また，40歳以上になると一般的に老親の介護が必要となり，家族という立場から介護保険による社会的支援という利益を受ける可能性が高まることから，40歳以上の者を被保険者とし，**社会連帯**によって介護費用を支え合うものとする」（介護保険制度案大綱：1996年6月）と調整されたが，1997年介護保険法附則第2条は，施行後5年を目途として**被保険者・受給者範囲**を再検討する旨を明記した。その後の介護保険財政の悪化と若年性認知症などの給付の谷間の存在は，被保険者・受給者の範囲の見直し論争を再燃させ，2005年改正にあたっても，対象年齢の引き下げが議論された。この点について，社会保障審議会介護保険部会は，介護の原因や年齢にかかわりのない制度の普遍化が必要であるとする意見が多数であったとしながら，慎重論も併記した。そして，2005年改正法附則2条1項は，「社会保障に関する制度全般についての一体的な見直しと併せて検討を行い，その結果に基づいて，平成21年度を目途として所要の措置を講ずるものとする」と規定した。被保険者年齢の引き下げは，若年層の納得を得られるか，保険料の滞納や未納が増加しないか，若年層の介護リスクを保険制度で支える考え方に理解が得られるかなどの懸念から，慎重な議論が重ねられているといえる。他方で，2003年に障害分野は支援費制度となって契約方式が導入され，その後の2006年4月に施行された障害者自立支援法は，3障害を一元化し，契約にもとづくサービス提供と原則1割の自己負担という点において介護保険類似の仕組みをとることとなった。

この論点について，厚生労働省「介護保険制度の被保険者・受給者範囲に関する有識者会議」中間報告書（2007年5月21日）は，介護保険制度の普遍化を「介護を必要とするすべての人が，年齢や要介護となった理由，障害種別の如何を問わず，公平に介護サービスを利用できるような制度（普遍的な制度）に発展させること」を意味するものと理解し，範囲を拡大する場合の制度設計として，「高齢者の介護保険」を維持し，負担面の普遍化を図って財政の安定を目してその範囲を30歳に引き下げるとする類型と，負担面・給付面ともに「介護保険制度の普遍化」を図り，収入のない児童・学生等は家族給付として位置づけ，また，障害児は当面制度の対象外とするという類型を示し，前者から後者へ順次拡大を図る考え方もありうるとした。若年層の理解が得られるか（理解を得るために，介護保険の財政方式を単年度会計から複数年度会計に変更し，将来に備えて保険料を支払う積立的な仕組みにするべきなどの意見がある），現行のような第1号被保険者と第2号被保険者の給付原因の相違が引き続き残るとした場合に，法的な問題はないかなど介護保険制度の根幹にかかわる問題である。結局，障害者自立支援法（現在の障害者総合支援法）の制定により，若年層への引き下げは見送られることになった。しかし，介護保険財源のひっ迫を主たる理由としてこの論議が再燃することは十分考えられる。

療養病床の廃止と介護医療院　先述のとおり，2017年改正により，新たな介護保険施設として介護医療院（Ⅰ型とⅡ型がある）が新設された。増加が見込まれる慢性期の医療・介護ニーズへの対応のため，「日常的な医学管理が必要な重介護者の受入れ」や「看取り・ターミナル」等の機能と，「生活施設」としての機能を兼ね備えた新たな介護保険施設である。**介護医療院**は，要介護者に対し，「長期療養のための医療」と「日常生活上の世話（介護）」を一体的に提供する機能をもち（介護保険法上の介護保険施設だが，医療法上は医療提供施設と位置づけられる），地方公共団体，医療法人，社会福祉法人などの非営利法人等が開設することができる。

これにより，約6万床の介護療養病床と約7万床の医療療養病床は，2023（令和5）年度末までに介護医療院などへの転換または病床廃止をしなければならない（2011年改正により2017年度末まで廃止猶予となったが，さらに6年間延長された）。ここに至るまでの療養病床をめぐる紆余曲折について触れておく。

2005（平成17）年12月，厚生労働省の医療構造改革推進本部の「療養病床の将来像について（案）」のなかに，「療養病床の体系的再編に沿って，介護報酬上の評価について廃止することを検討する」との文言が盛り込まれ，その後，医療型（医療保険適用）25万床，介護型（介護保険適用）13万床のうち（当時の病床数。なお，両者の入院患者や施設の実態に大差はない），介護型を2011（平成23）年度末に廃止し，全体の療養病床数を15万床に削減するという方向性が示された。削減した病床の一部は老人保健施設に転換させるほか，特別養護老人ホームやケアハウスで対応するという改革案に医療・福祉関係者は猛反対を唱えた。医療と福祉の適切な関係にもとづき社会的入院を減少させるという介護保険制度の目標が達成されず，かつ，療養病床が医療保険および介護保険財政悪化の一因であるという理由から企図されたものであり，3000億円の削減効果が見込まれていたが，「行き場のない介護難民が大量発生する」などの批判が続出した。そこで，2007（平成19）年5月から「介護施設等の在り方に関する委員会」で慎重な議論が行われ，その結果，介護保険適用型の全廃に変更はないものの，医療保険適用型については回復期リハビリ病棟2万床を削減の対象から外し，それを含めて20万床程度を存続させる方針が打ち出された。2008（平成20）年5月より，療養病床から転換し夜間の看護体制や看取りの対応体制の整った「介護療養型老人保健施設（療養型老健）」（いわゆる新型老健・転換老健）が創設されたが，さまざまな特例措置を使えば改修なしに開設可能なことから，報酬が下がるだけで中身は変わらないため，療養病床削減という目標は達成できなかった。この時は，今後の高齢者人口やリハビリ病棟需要の増加を加味して，医療保険適用型は25万床を維持する決着となったが，このような紆余曲折は都道府県の「地域ケア体制整備構想」にも影響を与えることとなった。2011年改正以降の動向は先述のとおりである。

介護医療院は，2018年度介護報酬改定で単位数が設定され，各地で徐々に開設が進んできているが，初年度（2018年度）6月末時点での開設状況は21施設，総ベッド数1400床に過ぎなかった。介護医療院は3年間は新設が認められず，介護型・医療型療養病床および老人保健施設からの転換が優先とされている。1400床のうち大半を介護型療養病床と介護療養型老人保健施設からの転換が占めており，32都府県では転換ゼロと地域差も大きい。

介護従事者の人材確保　平成30年版高齢社会白書によれば，日本の65歳以上高齢者は約3500万人で，高齢化率は27.7％，75歳以上人口は13.8％である。少子化傾向には歯止めがかからず，増加する高齢者を支える若年層は減少している。経済産業省の試算では，2015年の介護関連の従事者数は183万人で，4万人の不足だったが，2025年には従事者数215万人で，43万人が不足するとしている。さらに団塊の世代が85歳に達し要介護者になる可能性が高まる2035年には，228万人の従事者が確保できたとしても，79万人が不足すると推計されている。

「平成29年度介護労働実態調査」では，現在すでに7割弱の介護施設で人手不足が問題になっており，特に訪問介護分野で顕著である。その要因として，採用が困難であること，給与等待遇の低さや人間関係による離職が挙げられる。採用困難理由は，同業者との人材獲得競争のほか，他産業に比べて労働条件等が良くないなど，後者の給与等待遇の低さにも関係している。

月給制介護労働者全体の所定内賃金の平均は22.7万円，賞与は年間平均57万円であったが（前記「実態調査」），同時期の一般労働者の賃金は男女計30.4万円（年齢42.5歳，勤続12.1年）と格差がある（「平成29年賃金構造基本統計調査」）。一定年齢以上であろう管理者でも同35.7万円，同71万円程度であり，一般企業と比較した場合の賃金カーブが緩やかなこと（つまり，年功評価が低い）も特徴的である。「寿退職」といえば，日本型雇用社会における女性差別の典型とされてきたが，介護分野では，男性職員が結婚を機に生活の糧を求めて離職する「寿退職」という現象すら起きている。介護の現業部門においては，医療ほど資格制度が厳密ではないため，無資格または介護職員初任者研修修了資格（旧ヘルパー2級資格）での従事者も多く，また，就労年齢層の違いもあるため単純比較は難しいが，同年齢他職種に比べて労働負荷が高い割には賃金水準が低いことは明らかである。

賃金以外の労働条件も，3K職場などとネガティブイメージが持たれ，介護の世界に魅力を感じる若い世代が減少している。増加する要介護者を支える人材については，賃金等の労働条件の向上，員数の確保と質の担保が欠かせない。

（1）労働条件の改善

社会保障審議会・介護給付費分科会において2007年12月に介護報酬だけではなく，幅広い視点からの検討が必要とする趣旨の報告書が提出されたことを端緒に，2008年には「介護従事者等の人材確保のための介護従事者等の処遇改善に関する法律」が制定され，2009年度の報酬改定率が3%（在宅分1.7%，施設分1.3%）引き上げられた。2009年10月には処遇改善交付金が開始され，介護職員1人当たり1.5万円（常勤換算）が支給された。2012年報酬改定によりそれは介護報酬に組み込まれ，**介護職員処遇改善加算**（加算率はサービス種類により1.1%～4.2%）として実施されるなど，介護現場に職員が就業・定着するよう取り組みが行われた。その後，2014年には「介護・障害福祉従事者の人材確保に関する特別措置法」に基づき，都道府県を通じた交付金の制度が開始され，2019年10月以降は，一定条件下で**「介護職員等特定処遇改善加算」**が新設された。これは，介護サービス事業所における勤続年数10年以上の介護福祉士について，月額平均8万円相当の処遇改善を行うことを算定根拠に，公費1000億円を投じ，処遇改善を行うものである。ただし，8万円というのはあくまでも費用算定根拠に過ぎず，該当者に一律8万円が加算されるわけではなく，各事業所内での配分の仕方によって各人の賃金改善は異なる。事業所における配分方法は複雑で，訪問看護や訪問リハなど算定対象外事業所もある。これは前述の介護職員処遇改善加算と合わせて実施することができる。経験・技能のある職員に重点化を図りながら，介護職員のさらなる処遇改善を進める意図で新設されたが，長く勤務しスキルアップしてもさほど賃金が上がらないという緩やかな賃金カーブを是正しうるか，その効果が注目される。

賃金以外の労働条件についても，長時間労働の是正やサービス残業の撲滅，休憩・休暇を取りやすいようにする，などの職場環境の改善が必要であり，3K職場イメージを払しょくしなければならない。この点については，2018年に成立した「**働き方改革関連法**（働き方改革を推進するための関係法律の整備に関する法律）」に基づき，労働上限規制や年5日間の年次有給休暇の取得などが順次義務化されており，これら労働関係法規の順守により職場環境の改善が見込まれる。また，介護現場では，有期・短時間雇用職員も多く，同一労働・同一賃金ガイドラインに沿って，それら職員の処遇を改善することも求められる（同一労働・同一賃金の施行は，大企業は2020年4月1日，中小企業は2021年4月）。

（2）従事者の量と質の確保

量の確保という点では，前述の労働条件の改善により魅力ある職場づくりをし，多くの人が介護の世界に目を向ける環境づくりが必要である。しかし，少子高齢化により，日本の総人口は今後減少していくと推計されているため，外国人介護人材の活用が積極化しつつある。

この問題への取り組みとしては，1993年に「福祉人材確保指針」が策定され（2007年改定），福祉人材の確保を図るとともに，2007年には社会福祉士および介護福祉士法を改正し，人材確保や資質向上のため，養成施設卒業者にも国家試験受験を必須とすること（当初は2012年度施行予定であったが延期され，2017年度から施行された。2017～2021年度卒業生については経過措置があり，完全必須化は2022年度卒業生からとなる）や「**准介護福祉士**」資格を創設するなどの対応がなされた。あわせて，介護福祉士の国家試験受験資格の「実務経験3年以上」のコースについては，「養成施設等における実務者研修」の修了が義務化された。

「准介護福祉士」はインドネシアやフィリピンとのEPA（経済連携協定）の過程で発案されたもので（2008年8月，第一陣としてインドネシアから看護師・介護福祉士候補者205人が来日），養成施設修了者で介護福祉士国家試験未合格者への経過措置としても用いられている。

外国人介護人材の受け入れについては，①EPAに基づく受け入れ（インドネシア，フィリピンに加え2014年からはベトナムも），②技能実習制度への介護職種の追加（2017年11月施行），③資格を取得した留学生への在留資格付与（2017年9月施行）の方法がとられてきたが，④2019年4月に，新たな外国人材の受け入れ方法として，「**特定技能**」が新設され，特定産業分野での在留資格が認められることとなった（特定技能1号・2号）。14の特定産業分野があり，介護分野も含まれる。

コミュニケーションが重要になる介護分野で，外国人介護人材が活躍できるためには，言葉・文化・習慣などの壁を乗り越える必要があるが，外国人にとって，日本や日本の介護業界が魅力的に映る国づくり・業界づくりの努力も欠かせない。

〔参考文献〕

本沢巳代子・新田秀樹編著『トピック社会保障法〔第13版〕』（不磨書房，2019年）

事例を端緒に制度の仕組みや法的問題がコンパクトにまとめられている。

加藤智章ほか著『社会保障法〔第7版〕』（有斐閣，2019年）

変動する社会保障制度をわかりやすく紹介し，かつ，法的視点を重視した構成となっている。

西村健一郎・水島郁子・稲森公嘉編『よくわかる社会保障法〔第2版〕』（有斐閣，2019年）

社会保障法の仕組みを実務的な論点を盛り込みつつ，会話形式で解説する初学者向けテキストです。

第6章

年　金　法

1　公的年金の意義と沿革

（1）年金の意義と種類

年金の意義　「年金」とは，本来，年を単位として支給される金銭をいう。しかし，現在では，老齢や障害などの所得喪失事由が生じた場合に，所得を保障するために支給される金銭を意味するようになっている。

老後の生活保障については，かつては家族による私的扶養が中心であり，現在でも，直系血族，兄弟姉妹は互いに扶養義務を負っている（民877条1項）。しかし，社会が高齢化・長寿化すると，20年以上にも及ぶ親の老後を子どもが支えるのは困難になり，会社などの職域集団や国家が何らかの形で所得を保障すること（社会的扶養）が必要になる。このような所得保障制度の中心をなすのが年金制度である。

公的年金と私的年金　年金は，公的年金と私的年金に分けられる。公的年金の特徴として，①強制加入，②終身年金，③給付の実質価値の維持および④国庫負担の存在があげられるが，①と②以外は，必ずしも必須の要素ではない。

公的年金の種類　公的年金としては，全国民共通の基礎年金（1階部分）と，民間の被用者や公務員を対象とする厚生年金（2階部分）がある。なお，公務員等を対象とする共済年金は，2015年10月から厚生年金に一元化された（**図6-1**）。

3階部分の年金 3階部分の年金としては，確定拠出年金（企業型と個人型），確定給付企業年金，厚生年金基金，国民年金基金および公務員等のための退職年金がある。このうち民間被用者を対象とする確定給付企業年金，厚生年金基金および企業型確定拠出年金を**企業年金**といい，確定拠出年金のうち個人単位で加入するものを**個人型確定拠出年金**（略称 iDeCo）（または**個人型年金**）という（**図6-1**）。

これらは，掛金（保険料）や年金給付に対する所得控除の範囲が広く，給付設計上も公的年金を補足するものと位置づけられている。

（2）わが国公的年金の基本構造

皆年金の実現 わが国では，戦時体制下の1941年に民間被用者のための労働者年金保険法が創設され，44年には対象が女子等に拡大され，名称も現在の厚生年金保険法に改められた。

1959年，農業者，自営業者等の非被用者も年金制度に加入できるようにするため国民年金法が制定され，1961年から施行された。これによって，20歳以上の国民は，原則として，いずれかの公的年金制度に加入する**皆年金**が実現することになった。

基礎年金の創設 その後，高度経済成長とともに年金制度も充実されていく。他方，経済成長は国民の総サラリーマン化をもたらし，非被用者を対象とする国民年金にあっては，年金受給者は増えるものの現役の加入者はそれほど増えないという構造問題を抱えるに至った。

このため，1985年に年金制度の抜本的な改革が行われ，1階部分については全国民共通の**基礎年金**を創設するとともに，給付と負担の適正化，女性の年金権の確立などが行われた（施行は1986年）（**図6-2**）。

2004年改革とマクロ経済スライド 2004年には，少子高齢社会における年金制度の持続可能性を確保するため，保険料水準の固定，基礎年金国庫負担率の引上げ，マクロ経済スライドの導入などの改正が行われた。

図 6-1　年金制度の体系

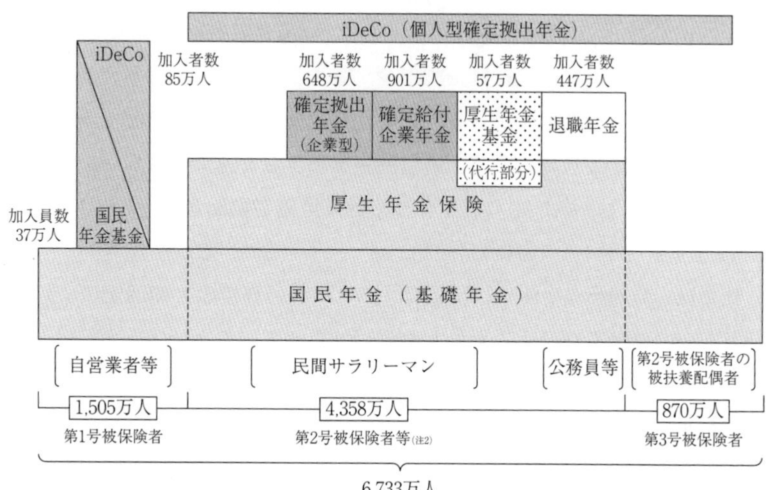

注 1：数値は 2018 年 3 月末現在
注 2：第 2 号被保険者等とは，厚生年金の被保険者をいい，第 2 号被保険者のほか，65 歳以上の老齢・退職年金受給権者を含む。
出典：厚生労働省ホームページ

まず，現役世代の負担に配慮し，2017 年以降の保険料を厚生年金は 18.3%，国民年金は 1 万 6900 円（2004 年度価格。以下同じ）に固定する**保険料水準固定方式**を採用するとともに，基礎年金の国庫負担割合を 3 分の 1 から 2 分の 1 に引き上げることにした。同時に，その負担の範囲内で年金が支給できるように**マクロ経済スライド**が導入された。

マクロ経済スライドとは，固定された保険料と国庫負担の下で年金が給付できるように給付水準を調整する仕組みである。具体的には，年金額について，従来のように物価または賃金の変動率で改定するのではなく，これに「スライド調整率」（＝過去 3 年平均の公的年金被保険者数変動率（2019 年度 0.1%）×平均余命の伸びを勘案した一定率（0.997）＝－ 0.2%）を乗じた率で改定するというものである。その結果，たとえば 2019 年のスライド調整率（－ 0.2%）を用いると，物価が 1 % 上昇しても年金額は 0.8% しか改定されないことになり，この措置

図6-2 基礎年金制度の創設

○基礎年金創設前

○各制度ごとに支給要件や給付水準，国庫負担がまちまちに設定
○重複給付がある反面，サラリーマンの妻のように独自の年金をもたない者も存在
○産業構造や就業構造の変化を受け，国民年金の財政基盤が不安定化

○基礎年金創設後

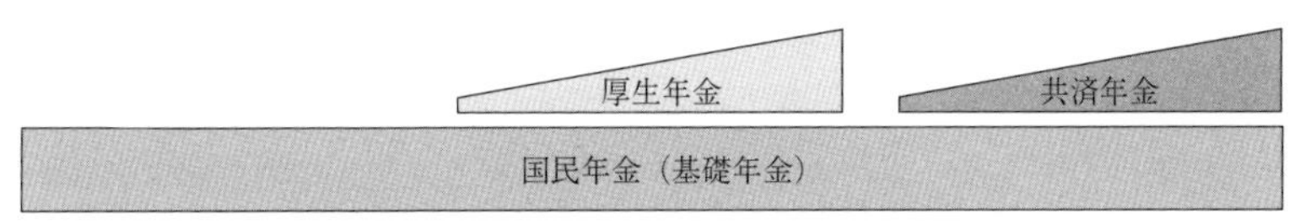

○20歳以上60歳未満の全国民で支える全国民共通の基礎年金給付
○国庫負担を基礎年金拠出の3分の1に統一
○2階部分の給付設計も厚生年金にほぼ統一

は，年金財政の均衡が図られるまでの期間適用される。

また，マクロ経済スライドによって年金の給付水準が大幅に引き下げられる可能性があるため，標準的な年金受給世帯の給付水準が現役世代の平均収入の50%を上回る水準を確保することが法定された（2004年改正法附則2条1項）。

被用者年金制度の一元化 2012年には，被用者年金制度が一元化された（2015年9月実施）。これによって，国家公務員，地方公務員および私立学校教職員も厚生年金に加入することになり，2階部分は厚生年金に統一された。ただし，年金の実施事務については，従来どおり共済組合などを活用することにした。一元化と同時に共済年金の職域加算部分は廃止され，新たに終身年金と有期年金を組み合わせた「退職年金」が創設された。

2　年金給付の種類と特色

(1) 年金給付の種類

年金と3つの所得喪失リスク

公的年金制度は，老齢，障害，(働き手の) 死亡という3つの**所得喪失リスク**に備えることを目的としている。これらのリスクが**保険事故**として現実化すると，それぞれ老齢年金，障害年金および遺族年金が支給される。なお，老齢年金と障害年金は加入者本人に対して支給されるのに対し，遺族年金は死亡した加入者の遺族に対して支給される。

老齢とは，一定の年齢に到達することであり，わが国では，65歳が**老齢年金の支給開始年齢**とされている。ちなみに，アメリカやドイツでは，年金財政上の理由からこれを67歳に引き上げることが決定されているが，わが国では，マクロ経済スライドによって年金財政の均衡を図ることができるので，必ずしも同一に論じることはできない。なお，一定年齢の到達に加え，退職していることを支給要件とする年金があり，これを**退職年金**と呼ぶ。公務員の退職年金がその例である (国共済77条等)。

障害とは，労働能力が失われ，または制限されるような障害の状態にあることであり，障害の程度に応じて**障害年金**が支給される。全国民共通の障害基礎年金には，1級 (例：両手のすべての指を欠くもの) と2級 (例：両手のおや指とひとさし指または中指を欠くもの) がある。他方，被用者を対象とする厚生年金には，さらに3級 (例：片手のおや指とひとさし指を失ったもの) の障害厚生年金があるほか，より軽い障害状態 (例：片手の二指以上を失ったもの) の場合にも，一時金として障害手当金が支給される。具体的な障害の基準は，政令で定められている (国年令4条の6，厚年令3条の8，3条の9)。

障害年金は，年金制度への加入期間が短くても，保険料納付要件を満たし，かつ，一定の障害状態になれば，支給される。したがって，学生などの若者にとっては，障害年金を受給できることが年金制度に加入する大きなメリットとなる。障害の原因が病気か，交通事故のような人為的事故かは問わない。

死亡とは，加入者の死亡を意味する。これによって，その者に扶養されていた遺族の所得が失われるので，**遺族年金**が支給される。遺族とは，遺族基礎年金の場合には妻または子（18歳に達した年度の3月31日までの間の子または20歳未満で障害等級1級もしくは2級の者をいう。以下同じ）を意味し（国年37条），遺族厚生年金の場合には，さらに，孫，55歳以上の夫・父母・祖父母も含まれる（厚年59条）。事実上の婚姻関係と同様の事情（**内縁関係**）にある者も含まれる（国年5条8項）。判例は，法律上の婚姻関係にある夫婦が事実上の離婚状態にある場合には，重婚的内縁関係にある妻が遺族となるとした（最判昭58・4・14民集37巻3号270頁，最判平17・4・21判時1895号50頁）。

そもそも，妻に対する遺族年金は，男性が外で働き女性が家事に従事する，いわゆる近代家族像を前提にしており，男女ともに働く男女共同参画社会が実現すれば，その必要性は小さくなろう。

これら3つの所得喪失リスクのうち，老齢と障害・死亡とでは，その性格が違っている。たとえば，現在30歳の人は35年後に65歳になると予見できるように，老齢のリスクは，自分でそれを予見し，あらかじめそれに備えることができる（予見可能性がある）。これに対し，障害や死亡というリスクは，いつ自分の身に降りかかるのかわからず，したがって，あらかじめそれに備えておくことができない（予見可能性がない）。

このようなリスク特性の違いを反映し，老齢年金の場合には，年金額は納めた期間と保険料額に比例するという拠出比例が原則とされるのに対し，障害年金や遺族年金の場合には，保険料納付期間の長短にかかわらず，一定額が保障される。

拠出制年金と無拠出制年金

拠出制年金とは，年金受給権の取得に保険料の拠出を要件とするものであり，無拠出制年金とは，保険料拠出を要件としないものをいう。税方式年金の場合には無拠出制年金となるのに対し，社会保険方式の場合には拠出制年金が基本となるが，その不備を補うため，無拠出制年金を併用することもある（例：皆年金当時経過的に支給された福祉年金，20歳前障害による障害基礎年金）。

終身年金と有期年金　年金には，受給権者が死亡するまで支給される**終身年金**と，たとえば65歳から10年間というように期間を定めて支給される**有期年金**がある。老後の所得保障という観点からは終身年金が望ましいが，終身年金は長生きリスクを内包することから，財政的不確定性が高くなる。このため，公的年金は終身年金が原則なのに対し，私的年金は有期年金の場合が多い（確給33条，確拠31条参照）。

物価スライド制　公的年金には物価スライド制（物価の変動に応じて年金額を改定する制度）があるのに対し，私的年金にはそれがない，といわれることがある。しかし，すべての国の公的年金に物価スライドがあるわけではなく，物価スライドを行うかどうかは政策判断の問題である。他方，私的年金では，現役世代に負担を転嫁できないので，基本的に物価スライドはない。

わが国の場合，1973年に物価上昇率が5%を超えた場合の物価スライド制が導入され，1989年に完全自動物価スライド制となった。しかし，2004年のマクロ経済スライドによって，当分の間，物価より低い率で年金額が改定されることになった。

（2）確定給付年金と確定拠出年金

1980年代まで，年金とは，**確定給付年金**（Defined Benefit system：DB）を意味していた。これは，保険料の拠出時点で将来の年金額またはその計算方法が定められている年金をいい，給付の種類としては定額年金や所得比例年金などがある。わが国の基礎年金や厚生年金は，年金額の計算式があらかじめ定められているので，確定給付年金である。

他方，**確定拠出年金**（Defined Contribution system：DC）とは，保険料拠出時点では拠出した保険料の額だけが確定し，将来の年金額またはその計算方法が決まっていないものをいう。具体的には，毎月拠出した保険料を積み立て，加入者が一定年齢（たとえば60歳）に到達した時点で，積み立てた保険料とその運用益の総額を元本にして，どのような年金給付にするかを決めることになる。

積み立てた保険料の運用方法は加入者自身が選択し，指図するのが一般的である。

確定拠出年金は，アメリカの企業年金で最初に導入されたものであり，その根拠条文の名を取って401（k）年金と呼ばれることもある。運用リスクを企業ではなく，加入者個人が負う点にその特徴がある。1990年代に入ると，イギリスやドイツなどで，公的年金にも確定拠出年金が取り入れられるようになる。

さらに，1998年のスウェーデンの年金改革では，**観念上の確定拠出年金**（Notional Defined Contribution : **NDC**）と呼ばれる方式が導入された。これは，確定拠出年金と賦課方式を組合せたものであり，加入者が拠出した保険料はそのときどきの年金給付に充当しつつ，拠出した保険料見合いの額を加入者の個人勘定に観念的に積み立てるというもので，その仕組みの斬新性から世界中の注目を集めた。

（3）公的年金給付の特色

公的年金給付は，以下のような特色をそなえている。

裁　定　年金を受ける権利（**年金受給権**という）は，観念的には，受給要件を満たしたとき（老齢基礎年金であれば，10年間保険料を納付して65歳に達したとき）に発生する。しかし，そのことを厚生労働大臣が公権的に確認しなければ年金受給権を確定的に取得したということはできず（最判平7・11・7民集49巻9号2829頁），この確認行為を裁定という。このため，年金を受給しようとする者は，厚生労働大臣に対して**裁定請求**をしなければならない（国年16条，厚年33条）。

基本権と支分権　ある年金を受ける権利を基本権といい，それにもとづいて毎支払期月に支払われる年金の受給権を支分権という（国年18条，厚年36条）。裁定請求が必要なのは，基本権たる年金受給権についてである。

一身専属性　年金受給権は，受給者のために支給されるものなので**一身専属性**があり，受給権者の死亡によって消滅する（国

❖コラム 6-1　公的年金は損か，得か？

賦課方式の年金制度は，世代間扶養の考え方にもとづいているため，本来，損得を考えるべきものではないし，強制加入である以上，損得にかかわらず加入しなければならない。しかし，年金は払い損ではないかという意見があるため，世代ごとの支払った保険料と受け取る年金額に関する試算が公表されており，これによると，いずれの世代も損はしない結果となっている。ただし，この試算では基礎年金の年金総額に国庫負担 2 分の 1 が含まれており，また，厚生年金の保険料は被保険者負担分だけで，事業主負担分は含まれていないことに注意が必要である。

表 6-1　世代ごとの保険料負担と年金給付額

	基礎年金			厚生年金		
	保険料負担額①	年金給付額②	②／①	保険料負担額①	年金給付額②	②／①
1945 年生（2015 年で 70 歳）	400 万円	1400 万円	3.8 倍	1000 万円	5200 万円	5.2 倍
1965 年生（2015 年で 50 歳）	800 万円	1400 万円	1.8 倍	1900 万円	5300 万円	2.8 倍
1985 年生（2015 年で 30 歳）	1100 万円	1700 万円	1.5 倍	2900 万円	6800 万円	2.3 倍
1995 年生（2015 年で 20 歳）	1300 万円	2000 万円	1.5 倍	3400 万円	7900 万円	2.3 倍

注：保険料額および年金給付額は，それぞれの 65 歳時点の価格に換算したもの。
出典：厚生労働省年金局数理課『平成 26 年財政検証結果レポート』のケース E による

年 29 条，35 条，40 条，厚年 45 条，53 条，63 条等)。ただし，支分権が発生していたにもかかわらず支給されないままとなっている**未支給年金**については，相続人とは異なる範囲の遺族が受給権を有する（国年 19 条，厚年 37 条)。

非　譲　渡　性　年金受給権は，原則として，譲渡し，担保に供し，差し押さえることができない（国年 24 条，厚年 41 条)。また，老齢年金以外の年金（障害年金・遺族年金）は**非課税**とされ，租税その他の公課を課すことはできない（国年 25 条，厚年 41 条)。

併　給　調　整　障害年金受給者が 65 歳になって老齢年金の受給権も取得した場合のように，同一人が複数の年金受給権を取得することがある。所得保障という観点からはひとつの年金で足りるので，1 人

1年金が原則とされ，例外的に，複数の年金受給が認められる場合がある（国年20条，厚年38条）。

なお，無拠出制の障害福祉年金と児童扶養手当の併給を禁止した児童扶養手当法の合憲性が争われた**堀木訴訟**で，最高裁は，「社会保障給付の全般的公平を図るため公的年金相互間における併給調整を行うかどうかは，立法府の裁量に属する」と判示した（最大判昭57・7・7民集36巻7号1235頁）。

損害賠償との調整 年金受給者が他人の不法行為によって死亡した場合に，死亡した受給者が将来受給したであろう年金額を，逸失利益として損害賠償請求できるかという問題がある。

最高裁は，退職年金については逸失利益性を認め（最大判平5・3・24民集47巻4号3039頁），障害年金本体については逸失利益性を認めたものの妻と子の加給分については否定し（最判平11・10・22民集53巻7号1211頁），遺族厚生年金については否定した（最判平12・11・14民集54巻9号2683頁）。これらの判決では，その年金給付が受給者自身の保険料拠出にもとづくかどうかによって逸失利益性の有無を判断しているようだが，年金制度が保障している3つのリスクを保険料拠出の有無で分けて考えることには疑問が残る。

3 年金財政

3つの財政リスク わが国だけでなく諸外国でも，少子高齢化の進行によって年金受給者が増加する反面，年金の支え手となる現役世代が減少し，**年金制度の持続可能性**が問題となっている。このように年金財政を不安定にする要因として，3つの財政リスクがある。

第1に，**長生きリスク**がある。戦後70年の間に日本人の平均寿命は30年以上伸び，現在も伸び続けている。人々が長生きをすると，年金を受給する期間も長くなり，年金の財政負担が増えることになる。第2に，**少子化リスク**がある。少子化が進むと，保険料や税を負担して年金制度を支える現役世代が減少する。第3に，**運用リスク**がある。これは，実際の運用利回りが財政計算上予定されていた利回りを下回るというリスクであり，積立方式に固有のリスクである。

これら3つのリスクの変化を確実に予測することは不可能なため，どのような財政方式をとっても，年金制度は財政的不確実性を抱えることになる。このため，わが国では，5年ごとに**財政検証**を行い，長期的な財政状況をチェックすることにしている（国年4条の3，厚年2条の4）。

社会保険方式と税方式　年金給付の財源を社会保険料で賄うか，租税で賄うかによって，社会保険方式と税方式に分けられる。ただし，社会保険方式といっても，わが国の基礎年金のように財源の一部に国庫が投入される場合もあるので，年金財源のすべてが租税で賄われる場合を税方式と呼ぶのが適当である。

社会保険方式の場合には，保険料納付と年金給付とが関連づけられているため，一定期間保険料を納付しなければ年金給付が受けられず（保険料納付要件），現役時代の保険料納付実績が年金額算定の基礎となり，保険料の滞納といった問題が生じる。これに対し，**税方式**の場合には，租税が財源のため，年金制度への未加入や保険料の滞納といった問題は生じないが，年金は定額年金となり，所得制限が導入されるなど国家財政の影響を受けやすくなる。また，予算単年度主義（憲86条，財12条）の下では税方式＝賦課方式となり，少子高齢化が進む社会では，将来の世代ほど税負担が重くなるという問題がある。

積立方式と賦課方式　社会保険方式の年金制度は，さらに賦課方式と積立方式に分けられる。

賦課方式とは，年金給付に必要な費用をそのときどきの現役世代の保険料で賄う方式である。この方式の下では，保険料を負担する現役世代と年金を受給する高齢世代との間で世代間扶養が行われることになる。これに対し，**積立方式**とは，将来の年金給付に必要な原資をそれぞれの世代が自ら積み立てる方式をいう。この方式は，原則として，世代間扶養を前提としない。

賦課方式のメリットは，第1に，積立金を保有しなくてすみ，したがって運用リスクが生じないこと，第2に，世代としての平均寿命が伸びる長生きのリスクにも対応できることにある。しかし，少子高齢化が急速に進行する社会では，将来の世代ほど負担が重くなり，世代間の負担の公平が保てない。

他方，積立方式では，理念的には世代間扶養を前提としないので，少子化リスクにも対応しやすい。しかし，積立方式は必然的に積立金を伴うので，運用のリスクを内包することになり，このリスクを誰が負担するのかという困難な問題が生じる。また，積立方式は，長生きのリスクに対応しにくいという問題もある。

このように，いずれの財政方式をとっても，何らかの財政リスクを伴う。わが国の場合，労働者年金保険法制定当初は積立方式でスタートしたが，1948年にこれを修正し（修正積立方式），現在では，積立金を保有しつつ100年後には完全賦課方式に移行する予定である（修正賦課方式）（**積立方式から賦課方式へ**）。

4　国民年金（基礎年金）

（1）保険者および被保険者

保　険　者　保険者とは，年金保険制度を運営する主体をいう。国民年金事業は政府が管掌するとされ（国年3条1項），国が保険者である。2010年1月から，被保険者等の適用，保険料徴収，年金給付等の事務は日本年金機構という非公務員型の公法人が行っているが，保険者が国であることに変わりはない。

被保険者の意義と種類　被保険者とは，年金保険に加入する者をいう。国民年金には，以下の3種類の被保険者がある（国年7条）。いずれも強制加入であり，加入しない自由は認められていない。

①第1号被保険者：日本国内に住所を有する20歳以上60歳未満の者であって，②および③のいずれにも該当しないもの。農業者，自営業者，②の要件を満たさない非正規労働者，学生，無職者などがこれに該当し，自分で定額の保険料を負担する。

②第2号被保険者：被用者年金各法の被保険者。被用者本人であり，1週間の

所定労働時間が通常の労働者の4分の3以上（30時間以上）あることが必要。非正規労働者への適用拡大を図るため，2016年10月から，従業員501人以上の事業所に限って，所定労働時間が週20時間以上の者も第2号被保険者になることになった。保険料は事業主と被保険者が折半で負担する。

③第3号被保険者：第2号被保険者の配偶者であって，主として第2号被保険者の収入により生計を維持するもの（**被扶養配偶者**）のうち20歳以上60歳未満のもの。年収が130万円未満であることが要件とされている。

被保険者資格の取得　第1号被保険者は，20歳に達したときに被保険者資格を取得する（国年8条）。ただし，被保険者資格を取得しても，保険料を納付するか，その免除を受けなければ，何ら年金の受給権には結び付かない（学生は，保険料の納付特例を受けることができる）。

第3号被保険者は，事業主を通じて届出をしなければならない（同12条5項，6項）。第3号被保険者期間は保険料納付済期間に算入されるが（同5条2項），届出がないと算入されない（国年附則7条の3）。ただし，届出を遅滞したことについてやむをえない事由があるときは，遡って保険料納付済期間に算入される（同条2項，3項）。

（2）年金給付の種類

老齢基礎年金　65歳から支給される全国民に共通の老齢年金である。**保険料納付要件**として，保険料納付済期間と保険料免除期間を合算して10年以上なければならない（**10年要件**）（国年26条）。

老齢基礎年金は拠出比例定額年金であり，40年間保険料を納付して満額の78万100円（月額6万5008円：2019年度価格。以下同じ）が受給できる。保険料の未納や免除があるとその分減額され，その場合の計算式は以下のとおりとなる（同27条）。たとえば，30年間保険料を納めた場合の老齢基礎年金月額は，6.5万円×30／40＝4.9万円となる。

老齢基礎年金額＝満額年金（78万100円）×（保険料納付済月数＋保険料免除月数×1／2*）／480月

＊4分の3免除，2分の1免除，4分の1免除の場合は，それぞれ8分の5，4分の3，8分の7となる。

また，60歳から老齢基礎年金を受給する**繰り上げ受給**が可能であり，その場合には，65歳よりも1月早くなるごとに0.5％年金額が減額される。反対に，65歳より後に受給する**繰り下げ受給**も可能であり，この場合には1月遅くなるごとに0.7％年金額が増額される。

障害基礎年金 その傷病の初診日に被保険者であった者が，1級または2級の障害の状態になり，かつ，保険料納付要件を満たしていれば受給できる。この場合の保険料納付要件は，保険料納付済期間と保険料免除期間を合算した期間が被保険者期間の3分の2以上あること（3分の2要件），または初診日の属する月の前々月までの1年間に保険料の滞納がないこと（直近1年要件）である（国年30条，60年改正法附則20条）。

年金額は，2級の場合で満額の老齢基礎年金と同じ78万100円（月額6万5008円），1級の場合はその1.25倍の額（97万5125円〔月額8万1260円〕）となる。

子があるときは，子の加算がつく。加算額は，第1子・第2子は，それぞれ22万4500円（月額1万8708円），第3子以降1人につき7万4800円（月額6233円）である。受給権取得後の子も対象となる。

20歳前に障害の状態にあった者が20歳になると，障害の程度に応じて1級または2級の障害基礎年金が支給される（同30条の4）。これは，20歳未満の者はそもそも年金制度に加入する機会がないことを考慮し，20歳になったら被保険者全員が連帯して支えようという考え方にもとづいている。

遺族基礎年金 被保険者または老齢基礎年金の受給権者が死亡したときに，その者に生計を維持されていた子のある配偶者または子に支給される。2014年4月から，父子家庭も対象となった。被保険者死亡のときは，保険料納付要件として，3分の2要件または直近1年要件が必要である（国年37条）。

年金額は，78万100円（月額6万5008円）だが，障害基礎年金と同じく子の加算がつく。

独 自 給 付

国民年金の独自給付として，付加年金，寡婦年金および死亡一時金がある。

付加年金は，第1号被保険者が，通常の国民年金保険料に加えて付加保険料（1月400円）を支払った場合に，老齢基礎年金に加算して支給される（国年43条）。年金額は200円に付加保険料納付済月数を乗じて得た額である。

寡婦年金は，第1号被保険者であった夫が，10年要件を満たしたにもかかわらず老齢基礎年金等を受けずに死亡した場合に，婚姻期間が10年以上ある妻に，60歳から64歳までの間支給される（同49条）。年金額は，夫が受けられたであろう老齢基礎年金額の4分の3である。

死亡一時金は，保険料納付済期間が36月以上ある第1号被保険者が基礎年金を受給しないまま死亡し，その遺族も遺族基礎年金を受給できない場合に支給される。一時金の額は，保険料納付済期間に応じて，12万円から32万円とされている（同52条の2）。

（3）費用負担

保険料および
基礎年金拠出金

基礎年金は，保険料と国庫負担をその財源としている。第1号被保険者は個別に国民年金の保険料を負担するが，第2号および第3号被保険者は，定額の**基礎年金拠出金**（2019年度見込み1人当たり1万8893円）をその属する制度がまとめて負担する。

第1号被保険者は，定額年金である1階部分の基礎年金しかないため，保険料も定額となっており（月1万6410円〔2019年度〕），基礎年金拠出金との不足分は国民年金の積立金で賄っている。2004年の改革で，2017年度以降は1万6900円（2004年度価格）に固定されることになったが，2016年の改正で第1号被保険者の産前産後期間の保険料免除の財源として月額100円引き上げられた。

他方，第2号被保険者は，被用者年金の保険料として，1階部分と2階部分

❖コラム 6-2 学生無年金障害者問題とは?

1961 年の国民皆年金の際，学生は保険料負担能力がないことなどから国民年金に任意加入とされ，1989 年の改正で 20 歳以上の学生は強制加入となった（施行は 1991 年４月)。その間，国民年金に任意加入しなかった学生は，交通事故などで障害状態になっても，障害基礎年金を受給できなかった。このような無年金者が，障害基礎年金不支給決定の取消等を求めて争ったのが学生無年金障害者訴訟である。全国の地方裁判所に相次いで訴えが提起され，地裁では勝訴判決も多く出されたが，最高裁（最判平 19・9・28 民集 61 巻 6 号 2345 頁）は，学生を任意加入とした措置は著しく合理性を欠くとはいえないと判示し，上告を棄却した。

この訴訟を契機として，2004 年 12 月に**特定障害者に対する特別障害給付金の支給に関する法律**が成立し，任意加入期間中に任意加入せずに障害状態になった学生や被用者の配偶者に対して，月額４万 1720 円（1 級５万 2150 円）（2019 年度）の給付金が支給されることになった。

をまとめて労使が折半で負担する。2 階部分が所得比例年金なので，保険料も所得比例となっている。具体的には，平均月給（**標準報酬月額**という）とボーナス（**標準賞与額**という）にそれぞれ保険料率（18.3%）を乗じた額が保険料となる。2004 年の改革で，保険料率は 2017 年以降 18.3%に固定されることになった。基礎年金分の費用については，保険料の中から，基礎年金拠出金として第 2 号被保険者の人数分を基礎年金勘定に拠出する。

第 3 号被保険者は，1 階部分の基礎年金しかないため，基礎年金拠出金だけを負担する。ただし，そもそも収入が低く，自分では保険料を負担できないので，第 3 号被保険者の基礎年金拠出金は，その配偶者が属する年金制度がまとめて負担する。これは，被用者年金における独身者と既婚者が連帯して，既婚者の配偶者分の拠出金を負担することを意味している。

国 庫 負 担

これまで基礎年金の国庫負担率は 3 分の 1 だったが，2004 年の改革で 2 分の 1 に引き上げられることになった（国年 85 条，2004 年改正法附則 16 条)。社会保障・税一体改革によって，消費税収の一部がその財源に充てられることになった。

保険料の免除・追納と後納　第1号被保険者には無職者や学生などが含まれ，毎月の保険料を負担できない者も少なくない。このため，国民年金には，保険料免除制度がある。これには，生活保護を受けるようになったときなどに法律上当然に免除される**法定免除**（国年89条）と，所得が低いことなどを理由として被保険者の申請にもとづき免除される**申請免除**があり，後者には全額免除（同90条），4分の3免除（同90条の2第1項），半額免除（同90条の2第2項），4分の1免除（同90条の2第3項）がある。免除を受けた期間については，10年以内に保険料を追納することができる（同94条）。

保険料の納付特例　学生については，その親ではなく，学生自身の所得を基準に保険料負担能力を判断する納付特例制度が設けられ（国年90条の3），とくに所得の高い学生でなければ，申請によって保険料納付は不要となる。納付特例期間は，障害基礎年金や遺族基礎年金の保険料納付要件には算入されるが，老齢基礎年金額には反映されないので，10年以内に保険料を追納することが必要となる。30歳未満の就業困難者，いわゆるフリーターのためにも同様の制度が設けられ，2016年7月から50歳未満に対象者が拡大された。

国民年金の財政見通し　2019年の財政検証では，人口・経済前提についてⅠ～Ⅵの6つのケースを示している。そのうちの中間的なケースⅢによると，国民年金勘定には2019年時点で支出の3.3年分にあたる11.4兆円の積立金がある。その後，積立金は徐々に減少し，100年後の2115年には支出の1年分に相当する1.2兆円まで減少すると見込まれている。

5　厚生年金

（1）保険者および被保険者

保険者　厚生年金の保険者は，国民年金と同じく国であり（厚年2条），日本年金機構が被保険者の適用等の事務を行っている。

被保険者 厚生年金の**被保険者**は，一定の**適用事業所**に使用される70歳未満の者である（厚年9条）。ただし，適用事業所でなくても，法人の事業所または事務所であれば，社員が1人であっても強制適用となる（同6条1項2号）。また，適用事業所以外の事業所（**任意適用事業所**）の事業主は，被用者の過半数の同意を得て，厚生年金の適用事業所となることができる。

被保険者の種類 被用者年金制度の一元化によって，厚生年金の被保険者が以下の4つに区分された。ただし，被保険者に関する事務は，これまでどおりそれぞれの共済組合等が行う（厚年2条の5)。

①第1号厚生年金被保険者：②から④以外の厚生年金保険の被保険者（民間企業の被用者）…厚生労働大臣が事務を実施

②第2号厚生年金被保険者：国家公務員共済組合の組合員たる厚生年金保険の被保険者…国家公務員共済組合が事務を実施

③第3号厚生年金被保険者：地方公務員共済組合の組合員たる厚生年金保険の被保険者…地方公務員共済組合等が事務を実施

④第4号厚生年金被保険者：私立学校教職員共済の加入者たる厚生年金保険の被保険者…日本私立学校振興・共済事業団が事務を実施

被保険者資格の取得と確認 厚生年金の場合，国民年金とは異なり，事業主を通じて資格の取得・喪失の届出がなされ（厚年27条)，厚生労働大臣が確認することによってその効力を生じる（同18条)。事業主の届出義務の法的性質については，厚年法にもとづく公法上の義務であり，これに違反しても不法行為責任を負うにすぎないと解するのが通説だったが，届出義務は雇用契約上の付随義務であるとする判例（大阪地判平18・1・26労判912号51頁)，事業主が届出を怠ることは労働契約上の債務不履行をも構成するという判例（奈良地判平18・9・5労判925号53頁）がある。

他方，被保険者は，厚生労働大臣に対し，その資格が正しく記録されているかどうかの確認を請求することができ（同31条)，確認がなされれば資格取得の日に遡ってその効力が生じる（最判昭40・6・18判時418号35頁)。

❖コラム 6-3　支給開始年齢引上げの経緯

国民年金では，農業や自営業などには定年がないこともあって，1961 年の発足当初から支給開始年齢は 65 歳であった。他方，被用者のための厚生年金では，1942 年の発足当初は 55 歳支給だったが，1954 年の抜本改正の際に 60 歳に改められた。その後，1994 年の改正で 1 階の定額部分が 60 歳から 65 歳に 3 年ごとに 1 歳ずつ引き上げられ，2000 年の改正で 2 階の報酬比例部分が 60 歳から 65 歳に 3 年ごとに 1 歳ずつ引き上げられている。

支給開始年齢引上げのイメージ（男子の場合）

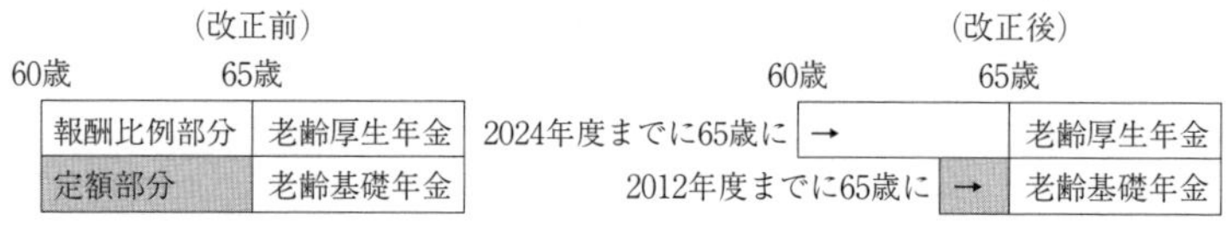

（改正前）60歳	65歳		（改正後）60歳	65歳
報酬比例部分	老齢厚生年金	2024年度までに65歳に	→	老齢厚生年金
定額部分	老齢基礎年金	2012年度までに65歳に	→	老齢基礎年金

（注）女子は男子の５年遅れで引上げ

（2）年金給付

厚生年金は報酬比例年金のため，被保険者の給与やボーナスを把握し，年金受給時までの数十年間これを管理する必要がある。そのため，標準報酬という概念が用いられる。

標準報酬　標準報酬とは，保険料および年金額を算定する基礎となる報酬のことであり，平均的な給与を表す**標準報酬月額**（厚年 20 条）とボーナスを表す**標準賞与額**（同 24 条の 3）がある。標準報酬月額と標準賞与額を合算して 1 月あたりに換算したものを**平均標準報酬額**といい，被保険者であった全期間の平均標準報酬額をもとに年金額が算定される（同 43 条）。なお，標準報酬月額については上限（62 万円）と下限（8.8 万円）が（同 20 条），標準賞与額については上限（150 万円）が設けられている（同 24 条の 3）。

老齢厚生年金　厚生年金の給付には，2 階部分の老齢厚生年金，障害厚生年金および遺族厚生年金のほか，より軽度な障害に対する障害手当金がある。

老齢厚生年金は，厚生年金の被保険者であった者に支給される2階部分の報酬比例年金である。従来は60歳支給だったが，2025年度から65歳支給となる（女性は2030年度から）。また，保険料納付要件として10年間の保険料納付が必要である（厚年42条）。

年金額は以下の式で表される（同43条）。たとえば平均標準報酬額（ボーナス込みの平均月収）40万円で40年間加入した場合には，年金月額は40万円×5.481／1000×40年＝8.8万円／月となり，平均標準報酬額が1.5倍の60万円の場合には，年金額も1.5倍の13.2万円となる。

老齢厚生年金額＝平均標準報酬額×給付乗率（5.481/1000＊）×被保険者期間

＊これは基本の率であり，生年月日等に応じて給付乗率は異なる。

加給年金　受給権者に65歳未満の配偶者がいる場合には22万4500円（月額1万8708円）が，子がいる場合には，第1子，第2子は22万4500円（月額1万8708円），第3子以降は7万4800円（月額6233円）が加算される（厚年44条）。

在職老齢年金　65歳未満で老齢厚生年金を受給しながら働いている場合には，年金の一部が支給停止される（**低在老**という）。**総報酬月額相当額**（直近1年間のボーナス込み月収）と老齢厚生年金月額の合計額が28万円以下のときには年金は支給停止されず，28万円を超え47万円以下のときには総報酬月額相当額が2増えれば年金が1停止され，総報酬月額相当額が47万円を超えるときには，総報酬月額の増加分だけ年金が停止される（厚年附則11条）。

他方，65歳以上で働いている場合に，総報酬月額相当額と老齢厚生年金月額の合計額が47万円を超えるときは，超えた額の2分の1相当の年金が支給停止される（**高在老**という）（厚年46条）。70歳以上で働く場合も，同様である。在職老齢年金に対しては，高齢者の就労意欲を阻害するという批判がある。

また，厚生年金でも，65歳を66歳以降に繰り下げて受給する**繰り下げ受給**

❖コラム 6-4　離婚時の年金分割制度とは？

2004 年の改革で，離婚時の年金分割制度が設けられ，2 階部分の報酬比例年金を夫婦間で分割できるようになった。これには，離婚等の場合における標準報酬の合意分割制度（厚年 78 条の 2 ～ 78 条の 12）と，3 号分割制度（同 78 条の 11 ～ 78 条の 21）がある。

合意分割制度は，民法の財産分与（民 768 条，771 条）と同様の考え方にもとづくものであり（退職共済年金の 2 分の 1 について，離婚時の清算として財産分与が認められた事例がある（仙台地判平 13・3・22 判時 1829 号 119 頁）），夫婦の合意にもとづいて，その婚姻期間に係る標準報酬の分割を厚生労働大臣に対して請求する。分割割合は，夫婦双方の標準報酬総額の 2 分の 1 以下とされており，当事者の協議が調わないときは，家庭裁判所が決める。分割は，過去の婚姻期間も対象にできる。

これに対し，**3 号分割制度**は，被用者の被扶養配偶者（第 3 号被保険者）が自ら保険料を納めなくても基礎年金が受給できるのはおかしいとする「専業主婦優遇論」に応えるためのものである。第 2 号被保険者の保険料は夫婦が共同して負担したものであることを法定し（厚年 78 条の 13），離婚等に際して，第 3 号被保険者から一方的に婚姻期間に係る第 2 号被保険者の標準報酬の分割を請求できる。分割割合は 2 分の 1 と法定されており，請求があれば強制的に分割される。分割の対象となるのは，2008 年 4 月 1 日以降の婚姻期間に限られる。

が可能であり，この場合には年金額が増額される（同 44 条の 3）。

障害厚生年金　1 級から 3 級の障害状態にあり，かつ，3 分の 2 要件または直近 1 年要件を満たしていれば受給できる（厚年 47 条，60 年改正法附則 64 条）。

年金額は，2 級と 3 級の場合は老齢厚生年金と同じ額とされ，1 級の場合はその 1.25 倍になる。ただし，障害はいつ発生するかわからない（予見可能性がない）ことから，被保険者期間が 300 月（25 年）に満たない場合には 300 月とみなして計算し，最低水準を保障している。また，1 級と 2 級の場合には，65 歳未満の配偶者に 22 万 4500 円（月額 1 万 8708 円）の加算がつく。受給権取得後の配偶者も対象となる。他方，3 級には，配偶者加算はつかないが，58 万 5100 円（月額 4 万 8758 円）の最低保障額が設定されている。

さらに，3 級よりも軽い障害の状態であっても，障害手当金が支給される。

その額は，障害厚生年金額の2年分の額とされている（同57条）。

遺族厚生年金 厚生年金の被保険者または受給権者が死亡したときに，その者に生計を維持されていた遺族に支給される。被保険者死亡の場合は，死亡した被保険者自身の保険料納付要件として3分の2要件または直近1年要件が必要となる（厚年58条）。

年金額は，原則として，死亡した被保険者に係る老齢厚生年金の額の4分の3に相当する額である。ただし，被保険者期間が300月（25年）に満たない場合には300月とみなして計算される（同60条）。

（3）費用負担

厚生年金の財源は厚生年金保険料であり，事業主と被用者が2分の1ずつ負担する（**労使折半**）。保険料率については，基礎年金のところで述べた。

育児休業期間中の保険料免除 労働者は，子が1歳に達するまでは育児休業を取得し（育児介護5条），さらに3歳までは，事業主による育児休業に準じた措置を受けることができる（同23条）。この間の所得保障に関しては，子が1歳（とくに必要な場合には1歳6ヶ月）に達するまでは，雇用保険法から，**育児休業給付**として休業開始時の賃金の50%（1歳未満の子に係る休業開始後6ヶ月間は67%）を受けることができる（雇保61条の4，61条の5，附則9条）。

育児休業期間中の厚生年金の保険料については，子が3歳に達するまでは負担が免除され（厚年81条の2），免除期間については，育児休業取得直前の標準報酬に基づき年金額が算定される（同26条）。産前産後休業期間中の保険料も同様である（同81条の2の2）。さらに，育児のための勤務時間短縮等により賃金が低下しても，年金額算定上は従前の標準報酬で算定される（保険料は，実際の賃金にもとづき納付する）（同26条）。このように，育児支援のため，被保険者が連帯して育児休業中の保険料を負担している。

厚生年金の財政見通し 2019年の財政検証のうち中間的なケースⅢによると，厚生年金には2019年時点で支出の4.0年分にあたる201.9兆円の積立金がある。その後，積立金は徐々に減少し，100年後の2115

年には支出の1年分に相当する19.4兆円になると見込まれている。

6 共済年金

共済年金の特色　公務員等については，恩給に端を発するという沿革上の理由などから**共済年金**が設けられ，厚生年金とは違った給付と負担の仕組みがとられてきた。1981年の基礎年金導入の際に，共済年金の給付設計を厚生年金に合わせる改正が行われたが，それでも両制度の間には**表6-2**のような相違があった。

厚生年金との一元化　2012年，2階部分について民間被用者と公務員等を同一保険料・同一給付とするための**被用者年金一元化法**が成立し，2015年10月からすべての共済組合は厚生年金に一元化され，制度間の相違は解消されることになった。また，廃止された職域加算部分に代わるものとして，有期年金（20年間）と終身年金からなる退職年金（国共済76条等）が創設された。

なお，一元化後も各共済組合等は存続し，被保険者資格の管理，保険料徴収等の厚生年金の事務を実施するほか（2条の5），独自給付たる退職等年金給付

表6-2　厚生年金と旧共済年金の主な相違点

	厚生年金	共済年金
3階部分	企業年金制度あり	職域加算部分（報酬比例部分の20%）あり
老齢年金の在職支給停止	同一制度内（厚年被保険者） ・65歳までは低在老方式 ・65歳以降は高在老方式 制度間（共済年金加入者） ・支給停止なし	同一制度内（共済年金加入者） ・厚年低在老方式 制度間（厚年被保険者） ・厚年高在老方式
障害年金の支給要件	保険料納付要件あり	保険料納付要件なし
遺族年金の転給（注）	転給なし	転給あり
支給開始年齢引上げ	女性は男性より5年遅れ	両性とも厚年男性と同じ

注：転給とは，先順位の者が失権した場合，次順位の者に支給されることをいう。

や短期給付を行っている。

7 公的年金制度の課題

年金の支給開始年齢の引上げ 平均寿命が伸び，年金受給期間も長くなったので，年金の支給開始年齢を引上げるべきだという意見がある。しかし，支給開始年齢の引上げによって不利益を受けるのはこれから年金を受給する現役世代だけであり，年金受給世代は何ら不利益を受けないので，支給開始年齢の引上げは，年金の世代間格差をさらに拡大させることになるという問題がある。なお，年金受給期間の長期化による年金財政への影響は，マクロ経済スライドによって調整することができる。

基礎年金の空洞化 被用者年金の場合には，保険料は給与から天引きされる（源泉控除）のに対し，第1号被保険者の場合には，保険料を自分で納める（**申告納付**）。このため，納めるべき保険料を納めない者（未納者）や国民年金への加入手続きを行わない者（未加入者），さらには保険料の免除を受ける者（免除者）が増加し，このままでは，将来，無年金者や低年金者が増加すること（これを「基礎年金の空洞化」という）が懸念されている。現に，2018年度末現在，未納者138万人，未加入者9万人，全額免除者340万人となっており，これらを合わせると第1号被保険者の33%に達する。

このため，日本年金機構では，広報のほか，口座振替の推進，コンビニ納付など保険料を納めやすい環境整備，さらには強制徴収も含めた徴収体制の強化に努めている。

また，**年金生活者支援給付金支給法**では，所得の合計額が満額の老齢基礎年金を下回る低所得の老齢基礎年金受給者等に対し，月額5000円（障害基礎年金1級の場合は6,250円）の年金生活者支援給付金を支給することとした（2019年10月施行）。しかし，同法の対象者は基礎年金の受給者に限られて無年金者は対象とならず，また，その額も十分ではないという問題がある。

高齢者の最低所得保障　自営業等の非被用者には，基礎年金のみで報酬比例年金がないという問題がある。民主党は，被用者と非被用者を通じた一元的な報酬比例年金と最低保障年金の創設を掲げて2009年に政権の座についたが，これを実現するためには，巨額の財源が必要になるだけでなく，所得の補足を確実に行う必要があるといった問題が明らかとなった。

しかし，今後高齢者が急増する中で無・低年金も増加することが予想され，他方，年金生活者支援給付金では十分ではないため，生活保護も含め，高齢者の最低所得保障をどうするかは，今後の課題として残されている。

年金記録問題　**年金記録問題**とは，加入者が実際に納付した保険料と年金原簿の記録が一致しないという問題であり，2007年に5000万件の「**宙に浮いた年金**」として政治問題になった。

これに対応するため，消滅時効で不利益をこうむらないよう，年金記録の訂正があった場合には，5年の消滅時効が完成しても年金を支払うこととする**年金時効特例法**が制定され，また，事業主が被保険者から保険料を天引きしたにもかかわらず保険料が未納となっている場合には，その分を国庫が負担して年金給付を行う**厚生年金特例法**も制定された。

政府は，2007年度から「ねんきん特別便」の送付，記録の突合作業などを行ったが，解明された記録は3234万件にとどまり，1862万件は未解明のままとなっている（2019年3月現在）。このため，2014年には，年金の原簿記録について，被保険者等による訂正請求を可能とするための法改正が行われた。年金の記録漏れに対応するためには，給与明細を保存するなど被保険者自身の対策も重要となる。

8　私的年金法

（1）私的年金の意義

私的年金と企業年金　**私的年金**とは，公的年金（国民年金および厚生年金）以外の年金をいう。そのなかには，①生命保険会社等と個人の契約にもとづく**個人年金**，②企業の年金規約や就業規則等にもとづき企業が独自に（元）従業員に年金を支給する**自社年金**，③確定給付企業年金法，確定拠出年金法，厚生年金保険法（厚生年金基金）および国民年金法（国民年金基金）にもとづく年金がある。③のうち被用者のみを対象とする**確定給付企業年金**，**厚生年金基金**，**企業型確定拠出年金**を**狭義の企業年金**といい，これに自社年金を加えたものを**広義の企業年金**という。また，確定拠出年金のうち個人単位で加入するものを**個人型確定拠出年金**（または**個人型年金**）という。

厚生労働省は，③を公的年金に対比させて**私的年金**と呼ぶが，③の年金は，掛金（保険料）や年金給付に対する所得控除の範囲が広く，給付設計上も公的年金を補足するものと位置づけられているので，①の個人年金や②の自社年金に比べて公的な性格が強い。

本節では，私的年金と題しているが，広義の企業年金および個人型年金を中心に取り上げる。

企業年金の意義　企業年金とは，企業がその従業員のために年金または一時金を支給する制度であり，従業員の退職後の所得保障のほか，優秀な人材の確保，社員の定着の促進なども目的とする。掛金（企業年金では，保険料のことを掛金と呼ぶ）は企業が全額負担することが多いが，従業員がその一部を負担することもある。

企業年金は，企業が任意に実施するものであるが，公的年金の給付水準が引き下げられていくなかで，より豊かな退職後の所得保障を実現するため重要な役割を担うようになっている（**公的年金の補完としての役割**）。なお，その実施が任意であるといっても，企業に入社した従業員は企業年金への加入を拒否できないのが通常であり，この意味では，公的年金に通じる要素ももっている（**企業年金の強制的要素**）。

企業年金改革　狭義の企業年金としては，法人税法施行令にもとづき**適格退職年金制度**が1962年に設立され，1965年には厚生年金保険法にもとづき**厚生年金基金制度**が創設された。両制度はともに確定給付年金であり，企業年金はそれから40年近く両制度を中心に発展してきた。

しかし，2001 年に確定拠出年金法と確定給付企業年金法が相次いで成立し，企業年金制度は抜本的に改革された（**図 6-3**）。

改革の背景には，①当時の厳しい経済状況の下で資産運用が悪化し，企業年金の積立不足のため企業は多額の追加拠出を余儀なくされたこと，② 2001 年 3 月期から新たに退職給付会計が導入され，企業は，企業年金の積立不足を貸借対照表に負債として計上しなければならなくなったこと，③雇用の流動化が進むなかで，従業員にとっては，転職に際し企業年金も一緒に移換できるポータビリティーを確保する必要があったことなどがある。

これに対し，**確定拠出年金**では，企業は，掛金を拠出するだけで，将来の給付をあらかじめ約束しないため，積立不足のリスクから解放されるという点に最大の特徴がある。掛金の運用は従業員自身の運用指図にもとづいて行うため，資産運用のリスクは，企業ではなく従業員が負担することになるのである。さらに，確定給付企業年金法によって，企業は，厚生年金基金のような代行部分のない確定給付年金を実施できるようになった。

図 6-3　企業年金改革の全体像

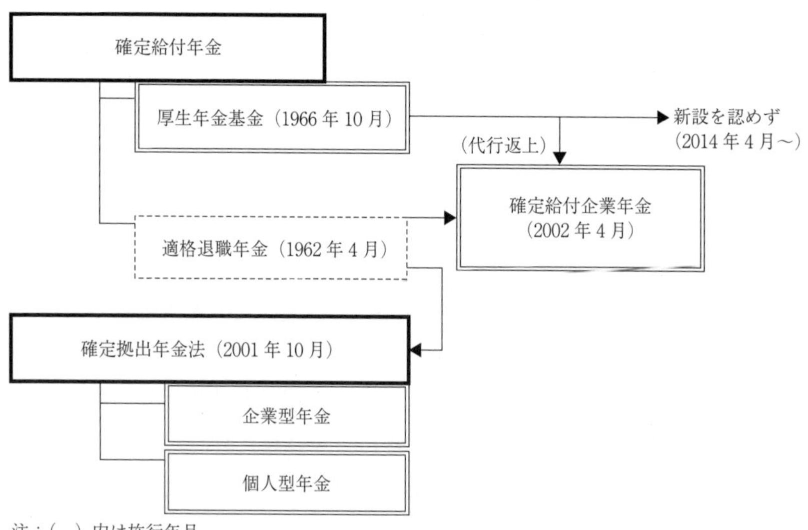

注：（　）内は施行年月

他方，適格退職年金は，受給権保護の仕組みが必ずしも明確ではないことなどから，2011年度末で廃止された。また，厚生年金基金については，2014年4月以降は厚生年金基金の新設を認めないなどの措置が講じられた。

相次いだ年金減額訴訟　経済環境の悪化などの影響により，多くの企業年金で年金水準が引き下げられたため，確定給付型の自社年金を中心に年金減額を争う訴訟が相次いだ（松下電器産業年金減額事件〔減額容認〕大阪高判平18・11・28判時1973号75頁，早稲田大学年金減額事件〔減額無効〕東京高判平21・10・29判時2071号129頁等）。

また，狭義の企業年金でも，給付減額を内容とする確定給付企業年金規約の変更の承認申請を厚労大臣が不承認とした処分について，企業がその取消を求めたものの請求が棄却された事件（NTTグループ企業年金規約変更不承認処分事件東京高判平20・7・9労判964号5頁），さらに，厚生年金基金の給付減額が認められた事件（りそな企業年金基金事件東京高判平21・3・25労判985号58頁）がある。

確定拠出年金の拡大　確定拠出年金は，農業，自営業等の第1号被保険者と，企業年金のない被用者（第2号被保険者）を対象としてスタートしたが，2016年に確定拠出年金法が改正され，企業年金がある被用者や共済年金に加入している公務員等（第2号被保険者）だけでなく，被用者の被扶養配偶者（第3号被保険者）にまで適用が拡大され，すべての国民年金の被保険者が加入できるようになった。

狭義の企業年金の実施状況をみても，確定給付企業年金より企業型確定拠出年金の伸びが大きく，3階部分の年金としては確定拠出年金の普及・拡大が著しい。

企業年金と税制　わが国では，法律に定める一定の要件を満たせば非課税にするといった租税政策を通じて狭義の企業年金の普及が図られてきたため，課税のあり方は，掛金拠出，資産運用，年金受給の各段階で問題となる。

まず，企業の掛金については，これを経費とみなして課税しない（これを「損金算入」という）のが原則である。企業型の確定拠出年金については，公的年金と併せて退職前所得の6割の水準を目標とするという観点から，月5.5万円までの掛金が認められている。

企業年金の場合，掛金の拠出時点では受給権は発生していないため，課税を繰り延べるという考え方に立って掛金は非課税とし，年金の受給権が発生した時点で年金給付に課税するのが原則とされている（公的年金と同じく公的年金等控除の適用がある）。ただし，掛金の拠出から年金受給までの間税金の納付が延期されることによる利子相当分として，積立金の運用益に1%の特別法人税が課される。現在，その課税は凍結中であり，その撤廃が課題となっている。

関連する制度　企業年金に関連する制度としては，中小企業退職金共済法にもとづき（独）勤労者退職金共済機構が行う中小企業退職金共済制度，所得税法施行令73条にもとづき市町村，商工会議所，商工会などで税務署長の承認を受けたものが行う特定退職金共済制度がある。これらはいずれも，中小企業の従業員の退職金支給のための制度だが，実質的には企業年金と同様の役割を果たしている。

また，農業，自営業等の第1号被保険者を対象とする制度として，**国民年金基金**がある。これは，国民年金法に基づく制度であり，個人単位で加入して，保険料も個人が支払う。類似の制度として，小規模企業共済法にもとづき，小規模企業の個人経営者等が事業を止めたとき等に一時金を支給する小規模企業共済制度がある。

（2）企業年金各論

確定給付年金の種類　確定給付企業年金法にもとづく確定給付年金には，企業が自ら企業年金を実施する規約型確定給付企業年金（**規約型年金**）と，企業とは別法人の基金を設立し，その基金が企業年金を実施する基金型確定給付企業年金（**基金型年金**）がある。

確定給付企業年金を開始するためには，まず，事業主が，被保険者等の過半数で組織する労働組合か，または被保険者等の過半数を代表する者の同意（過半数同意という）を得て，規約を作成する。次に，規約型年金の場合には，この規約について厚労大臣の承認を受け，基金型年金の場合には，基金の設立について厚労大臣の認可を受ける（確給3条）。規約型年金の場合には，規約で加入者の資格，年金給付の種類・内容，掛金拠出に関する事項等を定めるのに対し，基金型年金の場合には，それらの事項に加え，代議員および代議員会，役員に関する事項等を定めなければならない（同11条）。

確定給付年金の変更　年金給付の内容や掛金等を変更しようとする場合には，規約型年金にあっては，過半数同意を得た上で規約の変更について厚労大臣の承認を受け，基金型年金にあっては，労使の代表によって構成される代議員会の議決を経た上で規約の変更について厚労大臣の認可を受けなければならない（確給6条，16条）。ただし，年金の減額を内容とする規約変更の場合には，年金額の引き下げが真にやむをえないという実質的な要件に加え，減額対象者の3分の2以上の同意を得ること，さらに，すでに退職した受給権者については，希望者に対して最低積立基準額相当額を返還するという厳格な手続要件を課した上で，年金額の引下げを認めている（確給則5条，6条）。

確定給付年金の受給　確定給付企業年金の受給要件は規約で定めるが，支給開始年齢は原則として60歳以上65歳以下とされている（確給36条）。受給要件を満たした者は，年金を請求するが，規約で定めた場合には一時金で受給することもできる（同38条）。なお，懲戒解雇等を受けた場合には，規約で定めれば，給付の全部または一部を行わないことができる（同54条，確給令34条，確給則31条）。

確定拠出年金の種類　確定拠出年金法にもとづく確定拠出年金には，企業の事業主が実施する**企業型年金**と，個人単位で加入する**個人型年金**がある。

企業型年金を開始するためには，まず，事業主が，過半数同意を得て規約を作成し，厚労大臣の承認を受ける（確拠3条）。規約の変更についても，同様である（同5条）。確定拠出年金の場合には，資産管理機関が積立金を管理するので，基金型年金の仕組みはない。掛金は事業主が拠出するが，規約に定めた場合には加入者も拠出ができる（マッチング拠出）。

❖コラム6-5　キャッシュバランスプランとは？

キャッシュバランスプランとは，確定給付と確定拠出両方の特徴を併せ持った確定給付企業年金である。掛金の運用は個人でなく集団で行い，あらかじめ定められた指標にもとづく利息額と拠出額の合計額を原資として給付額を決める。この指標には，国債の利回りなどのほか運用実績を用いることもでき，運用実績が指標を下回った場合（運用実績が指標の場合には，元本を下回ることができない）にだけ事業主の追加拠出を求める。これによって，運用リスクを事業主と加入者が分け合うことになる。

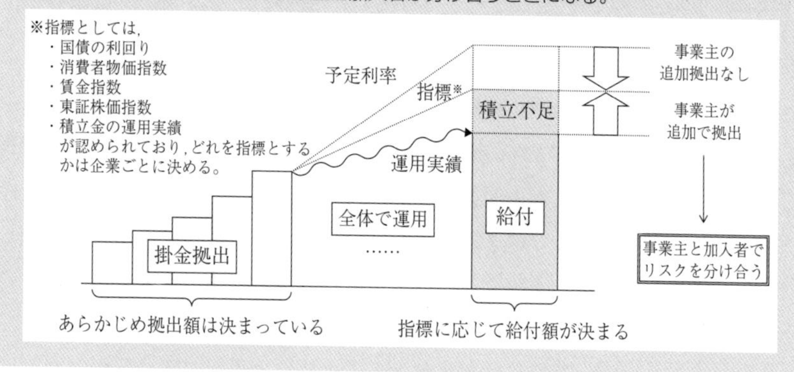

個人型年金は，自営業等の国民年金第1号被保険者，60歳未満の厚生年金の被保険者および国民年金の第3号被保険者（被扶養配偶者）を対象とする制度であり（同62条），国民年金基金連合会が事業主に代わる役割を果たす（同55条）。加入者は，連合会に申し出て加入者となることができるが（同62条），掛金について事業主負担はなく，全額加入者本人が負担する。

拠出限度額　確定拠出年金には，拠出限度額が定められており（**図6-4**），企業または個人は，限度額の範囲で拠出することができる（確拠20条，69条）。

確定拠出年金の運用　確定拠出年金は，加入者本人の運用の指図にもとづいて，専門の資産運用機関が運用を行う。このため，運用商品の選定・提示，指図の取りまとめ，記録の管理等を行う**運営管理機関**と，掛金等の積立管理，運用商品の購入，年金給付の支払等を行う**資産管理機関**が設

図 6-4 確定拠出年金の拠出限度額一覧

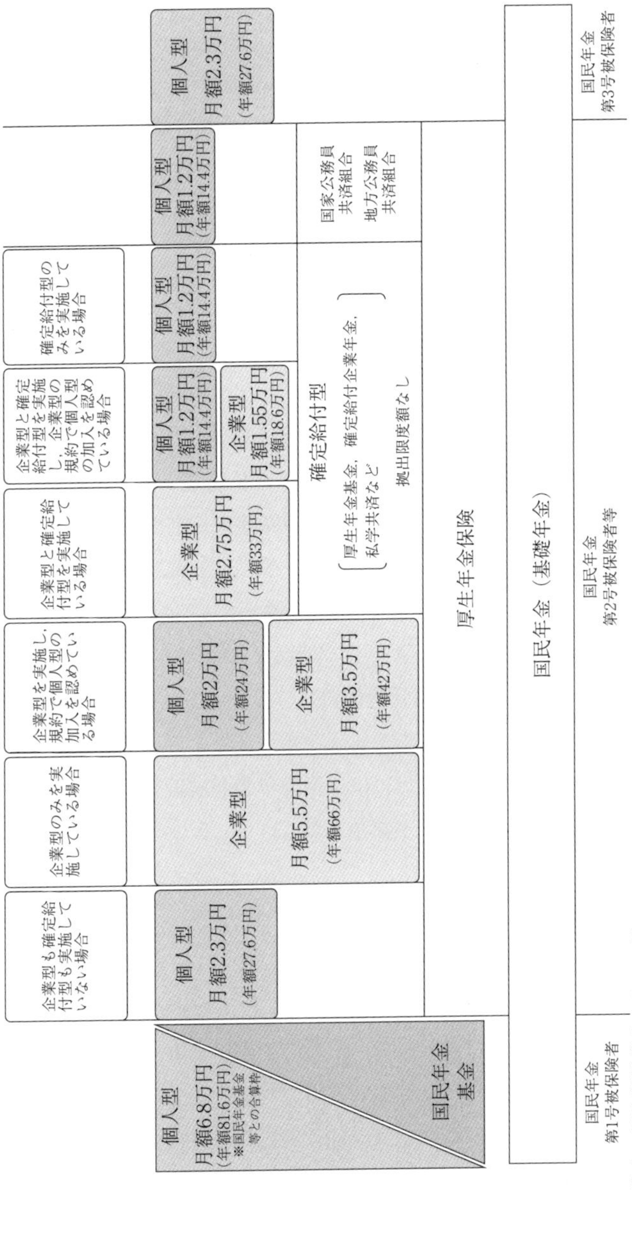

国民年金 第1号被保険者
個人型
月額6.8万円
(年額81.6万円)
※国民年金基金等との合算枠
国民年金基金

国民年金 第2号被保険者等

企業型も確定給付型も実施していない場合
個人型
月額2.3万円
(年額27.6万円)

企業型のみを実施している場合
企業型
月額5.5万円
(年額66万円)

企業型を実施し，規約で個人型の加入を認めている場合
個人型
月額2万円
(年額24万円)
企業型
月額3.5万円
(年額42万円)

企業型と確定給付型を実施している場合
企業型
月額2.75万円
(年額33万円)

企業型と確定給付型を実施し，企業型の規約で個人型の加入を認めている場合
個人型
月額1.2万円
(年額14.4万円)
企業型
月額1.55万円
(年額18.6万円)

確定給付型のみを実施している場合
個人型
月額1.2万円
(年額14.4万円)

確定給付型
(厚生年金基金，確定給付企業年金，私学共済など)
拠出限度額なし

個人型
月額1.2万円
(年額14.4万円)
国家公務員共済組合
地方公務員共済組合

厚生年金保険

国民年金 第3号被保険者
個人型
月額2.3万円
(年額27.6万円)

国民年金（基礎年金）

出典：厚生労働省ホームページ

けられている。

確定拠出年金の受給　確定拠出年金は，加入者であった者が60歳以上になれば，給付を請求することができる（確拠33条，73条）。受給権者は，請求時に年金か一時金を選択することができる。

受給権の保護　現行法では，**積立義務**，**受託者責任**（fiduciary duty）および**情報開示**の3つが狭義の企業年金に関する受給権保護の柱となっている。

まず，積立義務としては，事業主に積立金の積立義務を課し（確給59条），積立不足があれば掛金の追加拠出を義務づける（同63条）などを定めている。次に，受託者責任としては，確定給付年金については，事業主，基金の理事，資産管理運用機関等の忠実義務等（同69条，70条，71条等）を定め，また，確定拠出年金については，行為準則という形で事業主，資産管理機関，運営管理機関等の忠実義務等（確拠43条，44条，99条等）を定めている。とくに，運用関連業務を担う運営管理機関に対しては，専門的知見にもとづいて運用商品の選定を行うこと（エキスパート・ルール）を求めている（同23条3項，73条）。さらに，情報開示については，事業主（規約型）や企業年金基金（基金型）の業務概況周知義務（確給73条），運営管理機関等の運用方法に係る情報提供義務（確拠24条）を定め，加入者によるチェックが可能なようにしている。

受給権保護の徹底を図るためには，企業年金が破綻した場合に年金受給権を保証する支払保証制度の導入が課題となる。

（3）今後の課題

私的年金の奨励と投資教育の充実　マクロ経済スライドによって，今後，公的年金の給付水準が低下していくことになる。これを補うためには，税制優遇措置の拡充などによって，広義の企業年金のみならず，個人年金も含め，老後の所得確保に向けた幅広い努力を奨励する必要があろう。

また，確定拠出年金の場合には，加入者自らが運用の指図を行うため，**投資教育**が重要になる。法は，事業主および連合会にその責務を課しているが（確拠22条,73条),学校教育等も含めたより広い投資教育の場を設ける必要がある。

〔参考文献〕

吉原健二『わが国の公的年金制度——その生い立ちと歩み』(中央法規出版,2004年)

わが国公的年金制度の歩みや改正の考え方がよくまとめられている。

江口隆裕『変貌する世界と日本の年金——年金の基本原理から考える』(法律文化社,2008年)

年金の基本的考え方,世界の主な年金改革,年金制度の今日的課題,年金改革の方向性などが示されている。

『七訂国民年金厚生年金保険改正法の逐条解説』(中央法規出版,2009年)

国民年金法および厚生年金保険法に関する公定版的解説書。

日本社会保障法学会編『新・講座社会保障法第1巻　これからの医療と年金』(法律文化社,2012年)

社会保障法学の立場から,年金に関する諸課題が論じられている。

堀勝洋『年金保険法—基本理論と解釈・判例〔第4版〕』(法律文化社,2017年)

第Ⅰ編では,年金保険に関する著者の理論が展開され,第Ⅱ編では,各項目ごとに学説および判例が詳細に紹介されている。

石崎浩『年金改革の基礎知識』(信山社,2014年)

年金をめぐる今日的課題について,現状,政府の対応,その問題点などがわかりやすく整理されている。

厚生労働省年金局数理課『平成26年財政検証結果レポート』(2015年)

2009年の財政検証だけでなく,過去の年金改正についてもわかりやすく解説されている。厚生労働省のHPから入手可能。

第7章

雇用保険法

1　雇用保障の意義と体系

(1) 雇用保障の意義

労働者の多くは働いて得られる賃金で生活を送っている。そのため労働者が解雇されて賃金収入が途絶えると,その生活はたちまち不安定になってしまう。労働者の生活に与える影響を少なくするために,労働法は使用者に解雇予告もしくは解雇予告手当の支払いを義務づけ(労基20条),客観的・合理的理由があり社会通念上相当な場合にのみ解雇を許している(労契16条)。労働法上の措置が講じられているとはいえ,解雇予告手当は解雇された労働者が再就職するまでの生活保障(所得保障)として必ずしも十分ではないし,労働者の自主退職の場合や契約期間満了の場合には,解雇予告手当が支払われない。労働者の離職が,解雇であれ,自主退職であれ,契約期間の満了であれ,再就職するまで賃金収入が途絶えるという点では同じである。このような所得の喪失＝失業を社会的危険と捉え,失業者に対して生活を保障し,失業のリスクに備えることに雇用保障の意義がある。その中心となるのが雇用保険制度である。

(2) 雇用保障制度の体系

失業者に対する生活保障

1947年に制定された**失業保険法**は,社会保険の仕組みを用いて失業者に対する生活保障を行おうというものである。被保険者は雇用される者(労働者)とされ,後述のように,公務員や自営業者は基本的に対象外である。1974年に，それまでの失業保険制度を大幅に変更した**雇用保険法**が成立し，現在においても失業者に対する生活保障の役割を担っている。

被保険者以外の者の失業時の保障　自営業者が事業を廃止して無業となった場合は広い意味での失業であるが，このような失業リスクに対応する雇用保障制度はわが国に存在しなかった。自営廃業者や，労働者であっても被保険者ではなかった者などを対象とする**求職者支援制度**が現在は設けられている。

国家公務員や地方公務員などの公務員は，民間労働者に比べて身分が安定していること，退職時には国家公務員退職手当法や条例等にもとづく退職手当が支給されることから，基本的に雇用保険法の適用が除外される。

雇用保険法の目的　雇用保険法の目的は，労働者の生活・雇用の安定を図ること，および，労働者の職業の安定に資するため，労働者の福祉の増進を図ることにある（雇保1条）。雇用保険は，労働者が失業した場合に一定の所得を保障して労働者の生活の安定を図るという重要な役割を担っているが，それだけでなく教育訓練や就職促進などの措置により，労働者の雇用・職業の安定を図るという積極的な意義を有している。1994年の改正により創設された**雇用継続給付**や1998年の改正により導入された**教育訓練給付**はその例であり，失業を未然に防ぐ役割が期待される。さらに2014年の改正は雇用維持型（離職を防ぐ）から労働移動支援型（再就職を容易にする）への転換を目するものともいえる。**就業促進定着手当**や**教育訓練支援給付金**が新たに設けられた。

雇用保障に関するその他の制度　雇用保障の意義は，失業時の生活保障という狭い意味にとどまらず，雇用や再就職のための積極的措置を含めて理解されるべきである。

職業安定法には，公共職業安定所（ハローワーク）などの職業安定機関が行う職業紹介事業のほか，民間の職業紹介事業者に対する規制などが定められている。職業訓練や職業能力開発促進の措置については職業能力開発促進法によって規制されている。

障害者雇用促進法は，障害者の職業生活における自立の促進や職業の安定を図ることを目的とする。その主たる内容は，割当雇用率にもとづく雇用義務制度と職業リハビリテーションであったが，障害者権利条約批准に向けた2013年の改正により，障害者に対する差別禁止と合理的配慮の提供義務が導入された。これにより，障害者の雇用機会の量的拡大のみならず，障害者が職場で働くにあたっての支障となっている事情の改善が図られる。

雇用の確保が困難である者を対象とする他の雇用促進のための制度として，高年齢者雇用安定法における高年齢者雇用確保措置，若者雇用促進法にもとづく職業指導，生活困窮者自立支援法にもとづく就労訓練事業（いわゆる中間的就労）などがある。

2　雇用保険法

（1）保険関係の当事者

保　険　関　係

雇用保険の保険関係は，適用事業について成立する。労働者を雇用する事業は，農林水産の個人事業（常時５人以上の労働者を雇用していないものに限る）を除き，すべて適用事業となる（雇保5条1項，同附則2条1項）。

保険者と被保険者

雇用保険は政府が管掌する保険であり（雇保2条1項），政府（国）が保険者である。被保険者は，適用事業に雇用される労働者であるが（同4条1項），週所定労働時間が20時間未満の労働者および継続して31日以上雇用することが見込まれない者（**日雇労働被保険者**に該当する場合を除く）などは，被保険者から除外される（同6条）。

被保険者は，**一般被保険者**のほか，**高年齢被保険者**，短期雇用特例被保険者，日雇労働被保険者に区分される。一般被保険者とその他の被保険者とでは，保険給付の範囲や内容が異なる。

被保険者の区分にかかわらず，被保険者にあたるか否かは，**労働者性**で判断される。雇用保険法に労働者の定義はないが，雇用保険制度が労働関係を基盤としていることを考慮すれば，雇用保険法にいう労働者は，労働基準法上の労働者（労基9条）と同様に理解される（所沢職安所長事件東京高判昭59・2・29労民集35巻1号15頁〔経営コンサルタントの労働者性を否定〕）。すなわち，仕事の依頼・業務従事に対する諾否の自由の有無，業務遂行上の指揮監督関係の有無・程度，勤務時間・勤務場所の拘束性の有無，報酬の性格・額，事業者性の有無などの要素を考慮して判断することになる（国・大阪西職安所長事件福岡高判平25・2・28判時2214号111頁はさらに，雇用保険法の趣旨に照らして判断すべきとする〔生命保険契約確認業務専門職スタッフの労働者性を肯定〕）。

事業主による被保険者の届出

事業主は，雇用する労働者が被保険者となったこと，あるいは被保険者でなくなったことなど被保険者に関する届出を，厚生労働大臣に行わなければならない（雇保7条）。被保険者または被保険者であった者は，いつでも被保険者の得喪の確認を厚生労働大臣に請求できる（同8条，9条）。

雇用保険法は事業主の厚生労働大臣に対する**届出義務**を規定するが，事業主（使用者）の労働者に対する義務を規定しているわけではない。もっとも，使用者は労働契約の付随義務として，あるいは信義則上，労働者との関係においても届出義務を負っていると考えることができる。裁判例の中には，届出を行い，労働者が保険給付を受給できるよう配慮すべき義務を使用者が負うとするものがある（大真実業事件大阪地判平18・1・26労判912号51頁〔ただし，当該事案における労働者の請求は棄却〕）。使用者が被保険者に関する届出を行わないことや虚偽の届出をすることは，配慮義務に違反し，債務不履行ないし不法行為を構成する可能性がある。ただし，労働者自身が被保険者の得喪を確認できる仕組みになっていることから，使用者が届出を怠っていたために労働者が保険給付を受給できなかったとしても，使用者に損害賠償を請求できるとは限らない（山口〔角兵衛寿し〕事件大阪地判平元・8・22労判546号27頁〔基本手当相当額の損害について否定〕）。

保険料

雇用保険に要する費用は，被保険者と事業主が負担する保険料と国庫負担とで賄われる。雇用保険の保険料は原則的に**労働保険料**として一元的に徴収される。労働関係を基盤に成り立っている雇用保険と労災保険はあわせて労働保険と称されるが，労働保険では事業の効率的な運営を図るため，「**労働保険の保険料の徴収等に関する法律**」という単一の法律にしたがって，保険料率の決定や保険料の納付・徴収などを行っている。労働保険料には，雇用保険にかかる保険料と労災保険にかかる保険料とがあるが，労災保険と異なり雇用保険にあってはその適用が除外される労働者がいることから，2つの保険料の算定基礎が異なる場合もある。

雇用保険の保険料率は，1000分の15.5（ただし農林水産事業・清酒製造業については1000分の17.5，建設事業については1000分の18.5）であるが，厚生労働大臣は労働政策審議会の意見を聴いて，一定の範囲内において変更することができる（労徴12条）。これにより算定される保険料額から雇用安定事業等にあてられる額を除いた額の2分の1が，被保険者の保険料となる（同31条）。2019年度の保険料率（農林水産事業などを除く）は，被保険者負担分が1000分の3，事業主負担分が1000分の6である。被保険者負担分は，賃金から控除される方法で支払われる（同32条）。

（2）保険給付の体系

雇用保険における保険給付を失業等給付という。**失業等給付**には，**求職者給付**，**就職促進給付**，教育訓練給付と**雇用継続給付**がある（雇保10条）。雇用保険法の目的を達成するために，さまざまな目的･内容の給付が予定されている。被保険者の区分によって，支給される給付の種類・内容は異なる（**表7-1**）。

求職者給付は被保険者が失業したときに支給される。なかでも**基本手当**は，失業した者の生活保障として重要である。もっとも支給は一定期間に限られており，失業期間中ずっと保障がなされるわけではない。

就職促進給付の中心となる就業促進手当は失業した者が再就職したときに支給される。就職促進給付は失業した者の再就職の援助・促進を目的とする。

教育訓練給付は労働者の主体的な能力開発を支援する。失業は要件でない。雇用継続給付は雇用の継続が困難となる事由が生じた者に対する給付で，失業

表7-1　失業等給付の内容

	求職者給付	就職促進給付	教育訓練給付	雇用継続給付
一般被保険者	基本手当 技能習得手当 寄宿手当 傷病手当	就業促進手当 移転費 求職活動支援費	教育訓練給付金	高年齢雇用継続給付 育児休業給付(注3) 介護休業給付
高年齢被保険者	高年齢求職者給付金	×		育児休業給付(注3) 介護休業給付
短期雇用特例被保険者	特例一時金(注1)	就業促進手当(注2) 移転費 求職活動支援費	×	×
日雇労働被保険者	日雇労働求職者給付金			

注：1　公共職業訓練等を受講する場合には，特例一時金にかえて基本手当，技能習得手当等が支給される。
　　2　常用就職支度手当のみ。
　　3　2020年の法改正により，失業等給付から育児休業給付が外れる見通しである。
出典：筆者作成

していない者（労働者）の雇用の安定を図る役割がある。

（3）基本手当

失　　業

失業等給付の中心となるのは，一般被保険者が**失業**した際に支給される基本手当である。被保険者が失業したとは，被保険者が離職し，労働の意思および能力を有するにもかかわらず，職業に就くことができない状態にあることをいう（雇保4条3項）。

被保険者の離職とは，被保険者と事業主との雇用関係が終了することであり（同4条2項），解雇，合意解約，定年退職，辞職のほか，有期労働契約の期間満了を含む。行政実務では，労働契約の変更により，週の所定労働時間が20時間未満に引き下げられた場合も，「離職」として扱う。

労働の意思とは，自己の労働力を提供して就職しようとする積極的な意思をいう。被保険者が，家事や家業，学業等に専念する目的で離職した場合や，特段の理由もないのに未経験の職業や高い労働条件に固執している場合には，労働の意思がないと推定される。**労働の能力**とは，労働に従事し，その対価を得て自己の生活に資しうる精神的，肉体的ならびに環境上の能力をいう。

職業に就くことができない状態とは，公共職業安定所が最大の努力をしたが就職させることができず，また本人の努力によっても就職できない状況をいう。ここで就職とは，雇用関係に入る場合のほか，請負や委任形式での就業や自営業の開始を含む。現実に収入・収益の見通しがあるかは問われず，報酬など経済的利益の取得を法的に期待しうる継続的な地位にあるといえるか否かで判断される（岡山職安所長事件広島高岡山支判昭63・10・13労判528号25頁）。

被保険者期間　一般被保険者が失業した場合に，基本手当を受給するためには，離職の日以前2年間に被保険者期間が通算して12ヶ月以上あることが原則として必要である（雇保13条1項）。**特定理由離職者**および**特定受給資格者**にあっては，離職の日以前1年間に被保険者期間が通算して6ヶ月以上あればよい（同13条2項）。特定受給資格者とは，離職の理由が，事業主の事業の倒産や縮小・廃止，解雇（自己の責めに帰すべき重大な理由によるものを除く）などである者をいう（同23条2項）。

被保険者期間として算入される各期間（1ヶ月単位）は，各期間に賃金の支払の基礎となった日数が11日以上であることを要する（同14条1項）。

受給方法　被保険者期間を満たす一般被保険者が失業した場合，当該被保険者は**公共職業安定所**（ハローワーク）に出頭して求職を申込み，離職証明書を提出して，失業していることの認定を受ける（雇保15条）。基本手当は，失業していることの認定を受けている日について支給される。ただし，失業している日が通算して7日に満たない間は支給されない（同21条）。このような待期期間が設けられているのは，濫給を防ぐためと保障の必要があるといえる程度の失業状態にあるか否かを確認するためである。失業の認定は，失業した者が求職活動を行ったことを確認して，4週間に1回ずつ行われる。

失業した者が基本手当の支給を受ける権利は，**失業の認定**と基本手当の支給決定がなされることによりはじめて具体的に発生する（姫路職安所長事件神戸地判昭61・5・28労判477号29頁）。したがって，失業した者が所定の認定日に公共職業安定所に出頭しなかった場合には，失業の認定がなされないので，当該期間中の基本手当は支給されない。ただし，疾病・負傷や，面接のため，あるいは公共職業訓練等を受講するために出頭できないときには，証明書の提出により失業の認定を受けることができる。

給付の内容

基本手当の日額は，賃金日額の50～80％（離職日に60歳～65歳未満の者については45～80％）の範囲で定められている（雇保16条）。賃金日額は，被保険者期間の最後の6ヶ月間に支払われた賃金（賞与などは除かれる）をもとに計算されるが，下限額と年齢に応じた上限額が定められている（同17条）。

基本手当を支給する日数を**所定給付日数**という。所定給付日数は，失業した者の再就職の難易度等を考慮して決められている（**表7-2**参照）。③就職困難な者（障害者雇用促進法上の障害者など）の所定給付日数がもっとも多いが，中高

表7-2　基本手当の所定給付日数

①一般離職者

算定基礎期間（被保険者であった期間）	10年未満	10年以上 20年未満	20年以上
全年齢（65歳未満）	90日	120日	150日

②特定受給資格者，一部の特定理由離職者

算定基礎期間	1年未満	1年以上 5年未満	5年以上 10年未満	10年以上 20年未満	20年以上
60歳～65歳未満	90日	150日	180日	210日	240日
45歳～60歳未満		180日	240日	270日	330日
35歳～45歳未満		150日	180日	240日	270日
30歳～35歳未満		120日	180日	210日	240日
30歳未満		90日	120日	180日	

③就職困難な者

算定基礎期間	1年未満	1年以上
45歳～65歳未満	150日	360日
45歳未満		300日

出典：筆者作成

年者（45歳～65歳未満）とそれより若い者に分け，前者により多い日数を付与している。算定基礎期間が1年未満の者については給付と負担の均衡を鑑みて，所定給付日数を少なくしている。③に該当しない**特定受給資格者**（②）にあっても同様に，就職が比較的困難な中高年者（とくに45歳～60歳未満）の給付日数を多くするとともに，算定基礎期間の長短を加味している。暫定的に**特定理由離職者**のうち雇止めにより離職した有期契約労働者は②とみなされる。②，③に該当しない**一般離職者**（①）の所定給付日数で考慮されるのは算定基礎期間のみで，年齢による区分はない。

基本手当が支給される期間（受給期間）は，原則として離職の日の翌日から1年（ただし所定給付日数が330日の場合には30日，360日の場合には60日を加算）である（同20条）。出産，育児，疾病などにより30日以上職業に就くことができない場合には，申し出によりその日数分が1年に加算される。ただし受給期間の最長限度は4年である。

給　付　制　限　基本手当の給付は，失業した者が正当な理由なく公共職業安定所の職業紹介などを拒否した場合（最長1ヶ月の支給停止），自己の責めに帰すべき重大な理由によって解雇されたか，正当な理由なく自己都合により退職した場合（最長3ヶ月の支給停止）に，制限される（雇保32条以下）。これらは基本手当の支給を停止するものであり，所定給付日数には影響を与えない。

求職者給付や就職促進給付を不正に受給するなどした場合にも，給付制限がなされる（同34条，基本手当以外の給付制限については，同52条，60条など）。

（4）その他の求職者給付

技能習得手当・寄宿手当・傷病手当　技能習得手当と寄宿手当は，失業した者が公共職業安定所長の指示した公共職業訓練等を受講する場合に，受講費，交通費や寄宿費の負担を軽減するために支給される（雇保36条）。失業した者が追加的な経済的負担から公共職業訓練等の受講をためらうことのないようにしたものである。

傷病手当は，失業した者が基本手当の受給手続きを行った後，15日以上引き続いて疾病・負傷のために職業に就くことができない場合に，基本手当にかえて支給される（同37条）。傷病手当の額は基本手当と同額である。傷病手当は，失業した者の疾病・負傷期間中の生活の安定を図るねらいがある。

一般被保険者以外の被保険者に対する給付

一般被保険者以外の被保険者には離職・求職・求人状況や雇用・就労形態に一定の特徴がみられることから，これらの者が失業した場合には，基本手当とは異なる方法・内容の給付が行われる。

高年齢被保険者（65歳以上の被保険者）が失業した場合には，基本手当日額50日（算定基礎期間が1年未満の者は30日）に相当する**高年齢求職者給付金**が支給される（雇保37条の4）。高年齢者の希望する雇用・就労形態はさまざまであり，求人が限られていることも考慮して，一時金の形式で支給される。

短期雇用特例被保険者が失業した場合にも一時金の形式で，基本手当日額の30日分（暫定措置として現在は40日分）の特例一時金が支給される（同40条）。

日雇労働被保険者が失業した場合には，日雇労働求職者給付金が支給される。これは日雇労働被保険者手帳に貼付された雇用保険印紙の種類別枚数（失業日の属する月の直前の2ヶ月間が対象）に応じて支払われる（同48条）。

（5）就職促進給付・教育訓練給付

就業促進手当

就業促進手当は一定の再就職を果たした者に支給されるものであり，就業・再就職を促進する役割がある。就業促進手当には，早期に再就職した者に支給される**再就職手当**，**就業手当**と，就職困難な者（障害者雇用促進法上の障害者など）に対して支給される常用就職支度手当がある（雇保56条の3以下）。

再就職手当，就業手当は，基本手当の支給日数を所定給付日数の3分の1以上（就業手当については，かつ45日以上）残して再就職を果たした場合に支給される。安定した職業に就いた者（1年をこえて引き続き雇用されることが確実であると認められる職業に就いた者，または自立することができると公共職業安定所長が認めた事業を開始した者）には再就職手当が，それ以外の職業に就いた者に対しては就業手当が支給される。再就職手当として支給残日数の60％（支給残日数が所定給付日数の3分の2以上の者は70％）に基本手当日額を乗じた額が，就業手当として就業日ごとに基本手当日額の30％に相当する額が，それぞれ支払われる。

再就職手当の趣旨は，早期の再就職意欲を喚起し，失業した者が速やかに安定した職業に就くことを奨励することにある。再就職先の賃金が低いことは早期の再就職を躊躇させる要因となることから，早期再就職者の再就職後の賃金が離職前の賃金より低下した場合，再就職手当に加えて，再就職後6ヶ月間定着した後に**就業促進定着手当**が支給される。

雇用保険制度の本来の目的からすれば失業した者が安定した職業に就くことが望まれるが，雇用形態は多様化しているし，期間の定めのある雇用から無期雇用への道が開かれることもある。そこで安定しているとはいえない職業に就いた場合にも就業手当の形式で就業促進手当を支給している。

常用就職支度手当は，就職困難な者が安定した職業への再就職を果たしたが，再就職手当の受給要件を満たさない場合に支給されるものである。基本手当の支給残日数に応じて，基本手当日額の18日分～36日分が支給される。

移転費・求職活動支援費

移転費は，公共職業安定所の紹介・指示により再就職もしくは公共職業訓練等を受講する場合において，失業した者が住所・居所を変更しなくてはならないときに支給されるもので，鉄道賃，船賃，航空賃，車賃，移転料，着後手当がある（雇保58条）。

求職活動支援費は，公共職業安定所の紹介により広範囲の地域にわたる求職活動や職業訓練などを行う場合に支給される（同59条）。交通費や宿泊費，面接に際して子どもの一時預かりを利用する場合の費用などが該当する。

就職先・求職先の事業主がこれらの費用を負担する場合には，移転費・求職活動支援費は支給されない。事業主から支払われる額が移転費・求職活動支援費の額を下回る場合には，差額が雇用保険から支払われる。

教育訓練給付金

一般被保険者，一般被保険者であった者あるいは高年齢被保険者，高年齢被保険者であった者が，厚生労働大臣の指定する教育訓練を受けて修了した場合に，教育訓練に要した費用の20%（上限10万円）が給付金として支給される（雇保60条の2）。教育訓練給付金の支給対象は被保険者期間が3年以上ある者であるが，暫定措置として，初回に限り被保険者期間が1年あれば受給が可能である。

2014年の雇用保険法改正により，中長期的なキャリア形成を支援するために，専門的・実践的な教育訓練として厚生労働大臣が指定する教育訓練を受けた場合の教育訓練給付金が別途定められ，2017年の法改正により，さらに引き上げられた（費用の50%，上限年間40万円）。教育訓練により資格を取得するなどし，それが就職に結びついた場合には追加の給付が行われる（費用の20%，上限年間16万円）。

暫定措置として，初めて専門実践教育訓練を受講する45歳未満の離職者を対象とする**教育訓練支援給付金**（訓練期間中に基本手当の80%を給付）が設けられている（同附則11条の2）。

（6）雇用継続給付

高年齢雇用継続給付

1994年に60歳定年制（定年の定めをする場合，60歳を下回ることができない）が法律上の義務となった。60歳をこえても働くことは可能であったが，賃金が大幅に下がるのが通常であった。雇用形態や仕事内容が変更した場合に賃金額が変更されるのはやむをえないが，労働者からみれば働こうという意欲をそぐものにもなりかねない。そこで1994年の雇用保険法改正により創設されたのが，高年齢雇用継続給付制度であり，雇用継続時や再就職先での賃金低下の不利益を緩和することを目的とする。高年齢雇用継続給付には，このような意味での失業を防止し**雇用継続**や再就職を促進・支援する役割がある。**高年齢雇用継続基本給付金**と**高年齢再就職給付金**の2つがある。

高年齢雇用継続基本給付金は，被保険者の賃金が60歳到達時の賃金と比べて75％未満になった場合に支給される（雇保61条）。支給対象となるのは被保険者期間が5年以上あり，60歳到達前から継続雇用されている者（60歳以降に基本手当を受給していない者）である。賃金が60歳到達時の賃金の61％未満である場合には現在の賃金額の15％が，61％以上の場合には逓減された額が，高年齢雇用継続基本給付金として支払われる。高年齢雇用継続基本給付金は，被保険者が65歳に達する月まで支払われる。

高年齢再就職給付金は，被保険者が離職・失業し，60歳以降に再就職したが，再就職後の賃金が基本手当日額の算定基礎となる賃金の75％未満である場合に支給される（同61条の2）。支給対象，給付内容は，高年齢雇用継続基本給付金とほぼ同じである。高年齢再就職給付金の支給期間は，基本手当の支給残日数が200日以上ある場合に2年間，100日以上200日未満の場合は1年間となっている。60歳以上の失業者には離職前の賃金が高く，基本手当が比較的高額になる者もいる。高年齢再就職給付金には，失業時に受ける基本手当と再就職後の賃金のバランスを図り，失業した者の早期の再就職を促進する機能もある。

育児休業給付

育児・介護休業法は所定の要件を充たす労働者の育児休業を保障しているが，同法は休業を保障するにとどまり賃金保障を行っていない。育児休業期間中，賃金の支払いがないことは労働者の雇用継続の意思を弱めることもあろう。なぜなら離職により退職金が支払われるケースもあるであろうし，早期の求職を予定しているならば雇用保険から基本手当を受給できる可能性もあるからである。しかし，育児責任を負っている労働者がいったん離職した場合に良好な労働条件で再就職することはきわめて困難であった。そのため，当該労働者を離職させないことが重要であった。

育児休業給付は当初，育児休業中に支給される育児休業基本給付金と職場復帰後6ヶ月以降に支給される育児休業者職場復帰給付金に分けて給付された。それは雇用保険が育児休業給付を行うのは，育児休業期間中に支給を行うことによって離職を予防するとともに，育児休業者の円滑な職場復帰と職場への定着（雇用の安定）を図る目的があるからである。

現在は2つの給付が**育児休業給付金**に統合され，全額が育児休業中に支払わ

❖コラム 7-1　ワーキングマザー・ワーキングファーザーと育児休業

ワーキングマザー，ワーキングファーザー（イクメン）は増加している。労働者の出産・育児期の休業保障と所得保障について見てみよう。

出産期に女性労働者は，出産前６週間（多胎妊娠の場合は 14 週間）出産後８週間の産前産後休業を取得できる（労基 65 条）。これはすべての女性労働者に保障された権利である。産前産後休業中は，健康保険から出産手当金（標準報酬日額の３分の２）が支給される（健保 102 条）。

産後休業が終わると，女性労働者は育児休業を取得できる。育児休業の取得は男女を問わないので，男性労働者も取得できる。男性労働者は（産後休業がないので）子の出生直後から育児休業を取得することが可能である。男性であれ女性であれ，有期雇用労働者は，１年以上勤務していて，子が１歳６ヶ月に達する日までに労働契約が満了することが明らかでなければ，育児休業を申し出ることができる（育児介護５条）。

男性労働者の育児休業取得を促進するために，育児・介護休業法や雇用保険法はいくつかの仕掛けをしている。パパ・ママ育休プラスは，パパとママの両方が育児休業を取得する場合には育児休業を取得できる期間を２ヶ月延ばすものである。育児休業は１人の子について原則として１回で，介護休業のように分割取得を認めないのが原則であるが，ママの産後休業期間中にパパが育児休業を取得した場合には，例外としてパパに２回目の取得が認められている。これはたとえばパパが，出産後ママの体調が回復するまでの１ヶ月と，子が１歳になってママが職場復帰した後の２ヶ月について育児休業を取得するというケースが想定できる。休業開始後６ヶ月に限ってではあるが，出産手当金と同じ水準（67%）で育児休業給付金が支給される（雇保 61 条の 4，同附則 12 条）。育児休業給付金は非課税で，育児休業期間中は社会保険料が免除される（健保 159 条）ので，実質的に休業前賃金の約 80%が保障されることになる。

れる（雇保61条の4）。育児休業給付金は，1歳（例外的に1歳6ヶ月，さらに特例的に2歳）までの子を養育するために育児休業を取得した一般被保険者もしくは高年齢被保険者に対して支給される。配偶者も育児休業を取得する場合には，子が1歳2ヶ月に達するまでが支給対象期間となる（育児介護9条の2，**パパ・ママ育休プラス**）。育児休業開始前2年間にみなし被保険者期間が12ヶ月以上あることが必要である。育児休業給付金の額は賃金日額相当額の40%であるが（雇保61条の4第4項），現在は50%，また，休業開始後180日までにつき賃金の67%である（同附則12条）。事業主が休業前賃金の80%以上の賃金を育児休業者に支払っている場合には，育児休業給付金は支給されない。休業中の賃金と育児休業給付金の合計額が休業前賃金の80％を超える場合には，支給額が調整される。

介護休業給付　一般被保険者もしくは高年齢被保険者が対象家族の介護をするために介護休業を取得した場合，**介護休業給付金**が支給される（雇保61条の6）。支給対象となる1人の家族につき最大93日認められる。休業は3回まで分割して取得してもよい。介護休業給付金の額は，賃金日額相当額の40％であるが，暫定的に67％に引き上げられている（同附則12条の2）。

（7）不服申立て

失業等給付に関する処分など法所定の処分に不服がある者は，雇用保険審査官に対して審査請求をすることができる（雇保69条）。審査請求の決定に対して不服のある者は，労働保険審査会に対して再審査請求ができる。**審査請求前置主義**が採られており，審査請求についての裁決を経た後でなければ訴訟を提起できない（同71条）。

（8）雇用安定事業等

雇用政策の基本的な課題に対処し，労働者の充実した職業生活を実現する基盤の整備のために，雇用保険の附帯事業として雇用安定事業等が実施されている。これは，被保険者，被保険者であった者および被保険者になろうとする者に関して実施される。かつては雇用改善事業や雇用福祉事業も行われていたが，現在は以下の2事業となっている。

雇用安定事業は，失業の予防，雇用状態の是正，雇用機会の増大その他雇用の安定を図るために行われる（雇保62条）。雇用調整助成金，労働移動支援助成金や，両立支援等助成金などがある。

能力開発事業は，被保険者らの能力開発と向上を促進するための事業として行われる（同63条）。公共職業能力開発施設の充実のほか，人材開発支援助成金など事業主向けの事業も実施されている。

2011年の「職業訓練の実施等による特定求職者の就職の支援に関する法律」（**特定求職者支援法**）にあわせて雇用保険法も改正され，能力開発事業に**就職支援法事業**（**求職者支援制度**）が加わった（同64条，68条2項）。求職者支援制度は雇用保険の失業等給付を受給できない求職者に対して職業訓練を実施し，職業訓練を受けることを容易にするための**職業訓練受講給付金**を支給するものである。

職業訓練は，求職者支援訓練や公共職業訓練により行われる。このうち求職者支援訓練は，もっぱら就職に必要な基礎的な技能および知識を付与するための基礎訓練（基礎コース）と基礎的・実践的な技能および知識を一括して付与するための実践訓練（実践コース）とがある。訓練期間は1コース2ヶ月以上6ヶ月である。求職者支援訓練はキャリア評価や就職支援と結びついている。

職業訓練受講給付金には職業訓練受講手当と通所手当，寄宿手当があり，職業訓練受講手当は月額10万円の支給で，訓練期間中の所得保障の役割を有する。職業訓練への出席が条件になっているほか，本人・世帯の収入要件や資産要件などがある。

なお，雇用安定事業等の費用は事業主が単独で負担する保険料でもっぱら賄われるが，就職支援法事業については，失業等給付と同様，被保険者と事業主が負担する保険料が充てられるほか，国が費用の2分の1を負担する（同66条1項4号）。

3　雇用保険の課題

雇用保険制度を取り巻く環境は常に変化している。中高年正社員のリストラ，高年齢労働者の増加，育児・介護の社会的必要性の高まり，能力開発・資格取得への関心など，経済情勢や雇用情勢の変動，人々の意識や行動，社会の変化に応じて雇用保険制度の改正が行われてきた。

雇用保険給付の中でも求職者給付は，失業時の所得保障を行うことにより，失業者が貧困に陥ることを防ぐ，重要で基本的な役割がある。もっとも給付にあたっては失業者の生活実態が考慮されず，給付水準は高いとはいえないし，給付日数や支給期間に限度がある。この課題について雇用保険制度は，労働市場情勢・経済情勢に応じて，制度改正や暫定措置によってその都度対応してきた。しかしいずれにせよ，失業者の失業が解消されるまで所得を保障するという仕組みではない。すなわち求職者給付は防貧について一定の役割を果たしているものの，長期失業に対応していないが，これは保険料拠出を前提とする雇用保険の限界ともいえる。

その対処法として導入されたのが，**求職者支援制度**である。求職者支援制度は，求職者給付の受給対象から外れた失業者の「第２のセーフティネット」となった点，福祉施策ではなく雇用政策・就職支援政策と位置づけられている点（生活保障が目的というよりも職業訓練受講機会の確保が目的），経済的理由から職業訓練を受講することができなかった者が制度を利用しやすくなった点など，肯定的に評価できる面も少なくない。しかし，求職者支援制度による職業訓練期間が長くはなく，果たして安定した雇用の確保に結びつくかといった点，被保険者の保険料等を財源として保険料拠出の貢献がない者に保障しているという点など，疑問に感じられる面もある。

労働力人口の減少が確実な状況下で，中長期的に安定的な労働力の確保が必要である。そのためのキャリア形成，人材開発支援が重要である。教育訓練給付はどの程度寄与しているといえるか，より適切な方策はないかも，検討すべきであろう。

雇用保険給付の中でも雇用継続給付は，高年齢者雇用の推進や育児・介護休業の経済的保障の必要性という社会のニーズに対応して，給付化や改善が図られてきた。高年齢雇用継続給付制度創設時は60歳を超えても働ける社会がめざされていた。現在，就業機会の確保が議論されるのは65歳以上の高齢者である。高年齢者雇用安定法の，継続雇用対象労働者の限定に関する経過措置が2025年に終了することも考慮すると，高年齢雇用継続給付制度の役割は終わりつつあるように思う。育児休業が浸透して休業取得者が増加し，育児休業法の改正により休業取得可能期間が長くなり，キャリア女性や男性の育児休業も進んでいる。このことは望ましいが，これにより育児休業給付の給付総額は2019年度には基本手当の総額に匹敵する額となった。2020年の雇用保険法改正では，育児休業給付の財政運営を失業等給付の財政から切り離し，育児休業給付を新たな給付として位置づける。雇用保険財政を安定させ，景気が悪化しても基本手当支給に支障を来さないために必要な法改正である。これにより育児休業給付の目的は，雇用継続から，休業取得者の生活や雇用の安定に変わる。そうなると，休業中の所得保障を本当に雇用保険が行うべきなのか，別の法制度による可能性もあるのではないか（仮に別の法制度を構築するならば，雇用保険の被保険者でない者，たとえばパートの掛け持ちをしている者やフリーランサーへの保障も考えうる）も，検討すべきである。

〔参考文献〕

日本社会保障法学会編『新・講座社会保障法第３巻　ナショナルミニマムの再構築』（法律文化社，2012年）

本章と直接関係するのは，第Ⅲ部第14章の丸谷浩介「長期失業者に対する雇用政策と社会保障法」であるが，第Ⅲ部所収の他の論文も雇用・労働と社会保障のかかわりを知るのに役立つ。

宮本太郎編『生活保障の戦略』（岩波書店，2013年）

生活保障の新しい戦略として，本書は，教育，雇用，社会保障の新しい連携のかたちを模索する。失業や雇用保障の問題が正面からとりあげられているわけではないが，全体を読むと雇用保障の重要性やあるべき社会の形が見えてくる。

日本労働法学会編『講座労働法の再生第６巻　労働法のフロンティア』（日本評論社，2017年）

第2部第4章の島田陽一「これからの雇用政策と労働法学の課題」をはじめとする第2部所収の論文と，第4部第14章の菊池馨実「社会保障法学と労働法学」が，本章の参考になる。

第8章

労災保険法

1　労働災害の現状と労災保険制度の意義

（1）労働災害の現状と現代的課題

産業構造の変化や労働環境の改善効果により，近年労働災害は減少傾向にあるものの，いまだ年間10万人（休業4日以上）を超える死傷者が発生している。建設業や運輸業などにおいては一定の確率で事故が発生してしまうこと，腰や肩など身体の一部を酷使する業務においては当該作業に関連した疾病が発症する危険性があることなど，労働災害を根絶することはきわめて困難である。さらに，近年においては，医学の発達により作業中に接触する物質が身体に有害であることが判明することや，過重な労働が原因となって各種疾患を発症したことが労働災害であるとみなされるなど，むしろ労働災害の概念自体が拡張するといった事態も生じている。労働災害は，人間が働くという営みをする限りにおいて，常に付きまとう問題であるといえよう。

（2）労災保険制度の意義

労働災害によって労働者が働くことができなくなると，その家族ないし遺族の生活は困難な状態に陥る可能性が高い。**労働者災害補償保険法**（以下，労災保険法という）は，こうした場合における労働者家庭の生計維持と被災労働者の労働能力の回復を目的としている（労災1条）。労災保険は，政府が直接管掌し，適用対象事業に対しては加入を強制するという方法をとる。現在では，労働者を雇用している事業所はほぼすべてが適用対象とされており（同3条），保護の範囲は徹底されている。また，災害発生にかかる使用者の過失等は受給要件とは無縁であり，その意味においても被災労働者は広く救済される。もしこの種の法が存在しなければ，被災労働者もしくはその家族は，災害発生に責任のある使用者または第三者に対して民事損害賠償訴訟を提起することによってしか損害を回復することができなくなるが，同訴訟において勝訴しうるかは不確実なものである。労災保険法は，当該傷病・死亡が，業務上もしくは通勤途上の災害として発生したことのみを要件としており，保護の可能性は格段に高まっているといえるのである。

2　労災保険制度の構造と特徴

（1）労災保険法の制定と発展

労災保険法制定の経緯

労災保険法は戦後労働基準法と同時に制定されたが，業務災害に対する補償制度自体は**工場法**（1911年）の災害扶助制度に起源がある。業務災害について，労働者保護の一部門として，公法的な規制のもとに創設されてきたことは，他の先進諸国の多くが民事損害賠償訴訟を回避する手段として制度を創設･発展させてきたこととは対照的である。その後，業務災害に対する労働者保護は，**健康保険法**と**厚生年金保険法**によって確保されることとなるが，1931年には**労働者災害扶助責任法**として独立した保険制度も誕生する。この時期にこうした法が制定に至った背景には，関東大震災や世界大恐慌などの影響により失業問題が深刻化しており，強硬に反対をしていた一部経営者団体も妥協せざるを得なかったという事情があった。この法律は，政府管掌の強制保険であり，事業主が保険者と契約を結ぶ責任保険であるという点において，現行の制度に共通する性格を有していたが，決定的な違いとして労働者自身による請求権は保障していなかった。

1947年に制定された労働基準法は「**災害補償**」の規定（労基75～88条）をもっており，労働災害に対する使用者の補償責任を明確にしていた。しかしながら，大規模な災害が発生した場合には使用者に支払能力がなくなることが危惧されるため，被災労働者の迅速かつ確実な保護を実現するためには保険制度が必要であった。労災保険制度の創設により，健康保険，厚生年金保険，ならびに労働者災害扶助責任保険という3つに分属していた**業務災害**への保険制度は，ほぼ労災保険制度に統一されることとなり，また同法制度により労働者は自らの権利として災害補償への請求権を獲得することとなった。

労災保険制度の特徴

労災保険の保険料は，雇用保険の保険料とともに徴収法（「労働保険の保険料徴収等に関する法律」）の定めにもとづき納付することとされているが，雇用保険制度や他の社会保険制度とは異なり，必要とされる保険料は事業主のみが負担する。保険料は，労働者に支払われる賃金総額の一定割合となるが，継続的に事業を行っている一定規模以上の事業主の場合，その割合は事業の種類や過去の収支率（保険料の額に対する保険給付の額の割合）によって変動する（労徴12条）。**メリット制**と称されるこの制度には，事故発生率の差による事業主間の不公平を是正するとともに，事業主の災害防止に取り組む意欲を高めるという効果が期待される。

労災保険制度のもうひとつの特徴は，その給付水準の高さと多様性にある。労災保険制度による給付は，被災労働者の賃金額を基礎に算定される現金給付のほか，医療やリハビリテーションの現物給付などがあり，その水準も公的年金制度における障害年金や遺族年金などと比較するとかなり高い。

こうした労災保険制度の特徴は，労働者が働くという行為によって生じる危険である労働災害については，事業主が責任をもって被災労働者の生活を支えるべきであるとの考えがあるといえる。

労災保険制度の発展

法制定から70年以上を経ている労災保険制度は，基本的には，被災労働者を保護する制度としてさまざまな形で進化してきた。その変化の特徴は，以下のような点にある。第1に，適用対象事業の拡大である。当初，強制適用の対象事業は，その業種や規模について一定の制限があったが，次第に拡張され，現在では農林業などの事業で一定規模以下の事業（**暫定任意適用事業**）を除き，**強制適用事業**とされている。さらに，

1965年には，小規模事業主や大工などの**一人親方**も，一定の手続きを経て労災保険に特別に加入する道が開かれた。第2に，保険給付の拡充と長期にわたる補償の実現である。現金給付にはスライド制が取り入れられ，適宜物価の上昇に見合うものとされ,被災労働者への介護（補償）給付や各種福祉事業の創設·発展が図られていった。また，当初一時金による補償を原則としていた現金給付は，法改正を重ねるなかで，年金によって継続的に被災労働者およびその遺族に給付を与えていく制度へと変更されていった。単に労働者が被った損失を補填する制度から，労働者家族の生活を保障していく制度に変貌していったといえる。第3に，**通勤災害**への給付の実現である。通勤途上における災害に対して補償を行うべきとする考え方は，ILO（国際労働機関）121号条約によって提起されたものであったが，わが国は同条約に批准を行う一方で，1973年にこれを保険事故とする法改正を行った。その後，いかなる状態を通勤とみなすかという点については随時基準の見直しが行われていくことになるが，総じてその基準は緩和されてきたといえる。

労災補償の法的性格

こうした法の発展は，労災保険法が使用者責任を機軸とする労働基準法上の「災害補償」規定から遊離していくことを意味した。すなわち，前述のごとく，労働災害の発生は使用者の責任において補償すべきであるとの考え方が，事業主のみに保険料を支払わせる根拠であったといえるが,限定的とはいえ事業主自身も保険に加入することができ，また必ずしも事業主に責任があるとは言い難い通勤災害にまで給付を行うという制度に変貌したことは，もはや使用者責任として法の性格を説明することはできないとの議論を巻き起こしたのである。そこで，学説においては，労災保険制度は国が被災労働者の生活保障という視点から整備する社会保障制度のひとつになったという議論が展開される。この議論は，社会保険制度が拡充されていくなかで，労災保険制度にはどのような将来像が描かれるべきかを展望する重要な視点を与えるものであった。労災保険制度は，政府を保険者としており，保険料徴収の方法においても他の労働保険・社会保険制度と共通性がみられることからみて，社会保障制度としての特徴をもつことは間違いない。しかしながら，その成り立ちと法の構造（保険料の負担者，厳格な認定手続き，損害賠償との調整など）には，使用者の責任と切り離すことができない特徴がある。法の目的や給付の側面からみると社会保障制度のひとつであるといえようが，その存在の根拠や執行方法の側面からみると使用者責任にその原点があるといえる。

（2）労災保険制度の仕組みと給付内容

労災保険の適用対象　強制適用事業を営む事業主は，臨時雇いであるかパートタイマーであるかなど雇用の形態にかかわらず，労働者を１人でも雇用するかぎりにおいて労災保険制度に加入することを義務づけられている（労災３条）。その際，事業主や労働者の意思は関係ない。たびたび問題となるのは，被災した者が，その労働形態や立場からみて労働者といえるか否かである。労災保険法は，一定の要件に該当し，特別加入の手続きをしていないかぎり，独立事業者や会社経営者を保護の対象とはしていない。労災保険法上の労働者であるか否かは，労働基準法上の労働者に該当するか否かの判断を準用しているといえるが，雇用関係の有無を認定し難しいケースや，執行権限の有無が微妙な立場にある役員のケースなど，具体的な事案においては判断が難しくなる場合がある。雇用された労働者であるか否かは，①仕事の依頼に対して拒否する自由があったか，②指揮命令を受けていたか，③時間的・場所的な拘束があったか，④労務提供に代替性があったか，⑤報酬の性格や額はどうであったか，⑥職務遂行において必要となる機械や用具を誰が負担していたか，などを総合して判断される（最判平８・11・28労判714号14頁，労働省労働基準局「労働基準法の問題点と対策の方向」〔労働基準研究会報告〕1986年54頁参照）。なお，株式会社や有限会社の役員であっても，業務執行権限や代表権がない場合には，労災保険法上の労働者とみなされることが多い。

特別加入ができるのは，中小事業主（その家族従事者も含む），個人タクシー運転手や大工などの一人親方，特定農作業や家内労働などに従事する者などであるが，**海外派遣者**（現地社長として赴任する場合も含む）や雇用関係にない**ホー**

ムヘルパーも含むこととされている（同33条〜36条，労災則46条）。

給付申請と不服申立て　保険事故（業務災害，通勤災害）が発生した場合，労働者は保険者（政府）に対して保険給付を請求する権利を取得する。労災保険を所掌している行政機関は厚生労働省であり，各都道府県に設けられている労働基準局および**労働基準監督署**がその認定ならびに給付の業務を行っている。そこで，被災労働者もしくは事故（疾病）を発生させた事業主は，当該事業所を管轄する労働基準監督署に（補償）給付の申請をすることとなる。

労災保険の給付申請が業務災害もしくは通勤災害に該当せず，保険給付を行わないとの判断に至った場合など，被災労働者またはその遺族が労働基準監督署の処分に不服がある場合には，**労働者災害補償保険審査官**（以下，「労災保険審査官」という）に審査請求ができることとされている（労災38条）。さらに，同審査官による決定（労働保険審査官の判断は「決定」と称される）にも不服がある場合には，**労働保険審査会**に対して再審査請求することができる（同38条）。審査請求は，特別な理由がないかぎり，当該処分または決定を知った日の翌日から起算して3ヶ月以内，再審査請求は，決定書の謄本が送付された翌日から起算して2ヶ月以内にされなければならない（平成26年改正労審8条，38条）。なお，労働保険審査官もしくは労働保険審査会の判断（労働保険審査会の判断は「裁決」と称される）に対しても不服がある場合には，当該処分の取消しを求めて訴訟（**抗告訴訟**）を提起する道があるが，少なくとも労災保険審査官による判断が下された後でなければ（ただし，3ヶ月を経過しても同審査官による決定がない場合を除く），訴訟を提起することができないこととされている（労災40条）。

保険給付の種類と水準　労災保険法により被災労働者に支給される保険給付には，下記の7種類がある（労災12条の8，21条）。業務災害と通勤災害に対する給付内容はほとんど同じであるが（通勤災害においては，療養給付についてわずかな自己負担が生じる場合がある），通勤災害の場合には各給付の名称から補償という言葉が外されている。実際に要した療養費を支給する療養［補償］給付以外の保険給付は現金の支給であり，その算定は労働者の被災直前の稼得能力にもとづく**給付基礎日額**によって計算される。給付基礎日額とは，労基法12条に定める平均賃金に相当するもので，通常は事故発生日または医師の診断によって疾病にかかったことが確定した日以前3ヶ月の賃金総額を，その期間の総暦日数で割った額となる（同8条）。ここでいう賃金とは，その名称を問わず労働の対償として事業主から支払われるすべてのものをいうが，臨時に支払われた賃金や3ヶ月を超える期間ごとに支払われる賃金，さらには法令や労働協約の定めにもとづかない現物給付は賃金の総額に算入されない。給付基礎日額には最低保障額が定められており（同8条2項，労災則9条1項1号），さらに年金の算定として用いられる場合には，年齢区分ごとに定められた最低と最高の限度額がある（労災8条の3第2項，労災則9条の3，9条の4）。

なお，労災保険は，これら被災労働者への保険給付のほか，**二次健康診断等給付**として，過労死等の防止のため医師等による健康診断を行うための費用にも支出されている（労災26条）。

⑴**療養［補償］給付**（労災13条，22条）　治療や入院など療養のために政府が必要と認めるものを給付する。労災病院や労災医療指定機関を利用する場合には，現物給付として無料で療養を受けられる（療養の給付）が，その他の病院等で療養を受けた場合には，いったん治療費等を立替払いした上で，後日労働基準監督署長に現金給付としてその費用を請求する仕組み（療養の費用の給付）となっている。

⑵**休業［補償］給付**（労災14条，22条の2）　療養のため働くことができず，賃金を受けていない場合に，休業4日目から支給される（当初の3日間は事業主が休業補償費を支払うこととされている〔労基76条〕。ただし，通勤災害の場合は支給義務なし）。通常，給付基礎日額×休業日数×60%が支給されるが，設定された一定期間に賃金水準が特定の割合以上に変動した場合（平均給与額の110%を超えるか90%を下回った場合）には，これにスライド率を乗じて支給される。

⑶**傷病［補償］年金**（労災18条，23条）　傷病が療養開始後1年6ヶ月経過しても治らず，かつ当該傷病による障害の程度が一定の状態（労災則別表2）にある場合に，政府の職権によって支給が決定される。障害の状態に応じて傷病

等級1級から3級に分けられ，年金額はそれぞれに給付基礎日額の313日分から245日分までとされている。なお，療養開始後3年を経過した日において傷病補償年金を受けている場合，または同日後に傷病補償年金を受け取ることになった場合においては，労基法81条の打切り補償が支払われたとみなされ（労災19条），同法の解雇制限は解除される。

(4)**障害［補償］給付**（労災15条，15条の2，22条の3）　傷病が治癒したとき，もしくは症状が固定した状態になったとき，身体に障害が残っている場合に支給される。その額は，当該障害の状態が「障害等級表」（労災則別表1）に照らして，1級から14級までのいずれに該当するかによって決定される。障害程度の高い1級から7級までは年金（給付基礎日額の313日分から131日分）として支給され，8級から14級までは一時金（給付基礎日額の503日分から56日分）として支給される。

(5)**介護［補償］給付**（労災19条の2, 24条）　障害［補償］給付もしくは傷病［補償］年金の受給権者で，当該支給事由となっている障害の程度が，労災則別表3に該当する常時または随時介護を必要とする状態にある人に対して，現に介護の費用として支出した額（平成31年4月1日現在において常時介護の場合月16万5150円，随時介護の場合月8万2580円を上限額とする）が支給される。

(6)**遺族［補償］給付**（労災16条～16条の9，22条の4）　死亡した労働者の遺族に対して支給されるもので，年金と一時金の2種類がある。受給資格者は，「配偶者，子，父母，孫，祖父母および兄弟姉妹」であり，妻（事実上婚姻関係と同様の事情にあった者を含む）以外の遺族については，年齢等にかかる一定の要件が必要とされる。受給権者が複数いる場合には，最優先の順位者に対してのみ支給される（労災16の2，22の4）。年金の額は遺族（受給権者および受給権者と生計を同じくしている受給資格者）の数によって異なる。

(7)**葬祭料（葬祭給付）**（労災17条，22条の5）　死亡した労働者の葬祭を行ったと認められる人に対して，31万5000円の基本額に給付基礎日額の30日分を加算した額，または給付基礎日額の60日分の額のいずれか高い方が支給される。

被災労働者もしくはその遺族には，上記の保険給付に加えて，「**社会復帰促進等事業**」(2007年の法改正以前は労働福祉事業と呼称されていた）として，**労災就学援護費**やリハビリテーション施設による**社会復帰支援**などが行われるほか，**特別支給金制度**による保険給付への上乗せが行われる。特別支給金制度は，1974年に発足したものであるが，その後範囲は拡大し，現在ではボーナス等の特別給与の額を算定基礎とする制度も加わり，全9種類（①休業特別支給金，②障害特別支給金，③遺族特別支給金，④傷病特別支給金，⑤障害特別年金，⑥障害特別一時金，⑦遺族特別年金，⑧遺族特別一時金，⑨傷病特別年金）になっている（支給金則2条)。

3　労災認定基準をめぐる法的問題

被災労働者もしくはその遺族が，労災保険による給付を得るためには，当該死傷病が，業務上もしくは通勤途上に発生したことが条件となる。いかなる状況にあれば業務上もしくは通勤途上の災害とみなされるかについての法規定は存在せず，もっぱら厚生労働省が策定する認定基準によることとなる。ただし，同認定基準は，あくまで認定に関する標準的な考え方を示したものであり，実際に判断を行う労働基準監督署は，事案ごとの事情を加味して判断・決定することとなる。なお，同決定については，先に示した再審査機関や裁判所がこれを取り消す判断をすることもある。

(1) 業務上外の認定基準

業務上の傷病であるとされるためには，被災労働者の業務と当該傷病との間に因果関係がなければならない。つまり，被災労働者が従事する業務に一定の危険性が内在ないし随伴しており，これが具体化することによって災害（事故）が発生し，その結果として傷病が生じたという関係が必要とされる。こうした因果関係のことを，労災保険制度においては「**業務起因性**」という。「業務起因性」があると認められるためには，原則として被災労働者が事業主との労働契約にもとづいて，当該事業主の支配下において職務に従事していたことが条件となる。こうした状況にあったか否かを，「**業務遂行性**」の判断という。「業務遂行性」があり，「業務起因性」が認められれば，当該死傷病は業務上の事由によると判断されることとなるが，「業務起因性」さえ認められれば業務上と判断されることがあるなど，事案によってこれら2つの要件の関係は微妙なものとなる。

「業務遂行性」の判断枠組み

「業務遂行性」とは，労働者が業務に従事している時間や場所を問題とするものである。事業主の支配下にあり，かつその管理下で業務に従事している場合においては，たとえば準備行為や生理的必要行為など，業務それ自体に従事していなかったとしても，一般的には業務遂行性があると判断される。こうしたケースにおいては，業務に付随するか本来業務と一体性のある任務，もしくは使用者が期待するとみられる行為に従事していたかが問われる。「業務遂行性」の判断が難しくなるのは，事業主の支配下にあり，かつ管理下にはあるものの，業務には従事していない場合や，事業主の支配下にはあるがその管理を離れて業務を行っている場合などである。たとえば，前者の例としては休憩時間中の事故，後者の例としては出張中の事故などが考えられる。こうしたケースについて一般論をいうことは難しいが，考え方としては，恣意的もしくは私的な行為ではなかったか，業務に付随する行為とみなされるものであったかが問題となる。なお，出張中の事故については，基本的には自宅（会社）出発から帰宅まで業務遂行中であるといえようが，天変地異や恣意的な行為の過程で発生した事故には「業務遂行性」は認められないこととなろう。

さらに，「業務遂行性」の判断が問題となる典型例として，会社が主催ないしは関与している運動競技会中や宴会中の事故がある。こうした状況下で生じた事故について「業務遂行性」が認められるためには，出勤扱いになるなど参加が義務づけられている，事業主が営業政策等の理由から積極的に関与しているなど，職務の一環であることを裏づける事情が必要とされる。

「業務起因性」の判断枠組み

「業務起因性」の基準は，民法において損害賠償を認める前提となる因果関係とは異なるものである。一般的には，経験則にもとづく合理的な推論のもとに相対的に有力な原因であればよいと考えられており，これまでの認定事例の論理にみるかぎり，民法上の因果関係よりも広い概念であるといえる。たとえば，業務上負傷した同僚を病院へ搬送中に事故にあったケースや，業務上の事由により左足を骨折して入院していた労働者がベットから落ちて右足も骨折してしまったようなケースにおいては，それぞれ業務起因性があると判断されている。もっとも，負傷が発生した原因に遡ることが許されるとしても，あくまで当該業務から生じる危険に起因するものでなければならず，天変地異など誰に対しても生じうる一般的な危険が偶発的に顕在化したというだけでは「業務起因性」があるとはいえない。また，負傷をもたらした原因行為は，あくまで業務に関連して発生したものでなければならず，たとえば，職務に関連して他人から暴行を受けたといったケースにおいては，当該原因が業務の性格やその事情からみて，業務に随伴する危険のひとつであり，私的な理由ではなかったことが「業務起因性」が認められるための条件となる。

「疾病」の業務上外認定基準

業務に起因して発症した疾病を業務上の疾病というが，これには何らかの災害（事故）が原因となって発症する災害性疾病と，長期にわたり有害物質に接触するか，もしくは有害作用のある作業を継続したことにより発症する**職業病**の２種類がある。疾病の場合，労働者個人の体質や既往症，さらには生活習慣などとの関係において，私病との区別が困難な場合がある。とくに，職業病の場合には，原因を時間的・場所的に特定しにくいこともあり，その業務起因性を確定することは難しくなる場合が多い。そこで，業務上の疾病については，労基法施行規則（35条，別表１の２）により，業務の内容，職場環境，取り扱い物質などごとに，医学経験上罹患する蓋然性の高い特定の疾病を列挙することとし，当該職務に一定期間従事していた労働者が該当する疾病に罹患した場合には，特段の事情がないかぎり業務起因性が推定されることとしている。ただし，そこに列挙されていない疾病である場合には，「その他業務に起因することが明らかな疾病」（労基則35条，別表1の2第9号）にあたるか否かを個別に立証することが必要とされる。

過労死・自殺の労災認定問題　疾病の中でも，心筋梗塞や脳出血・脳梗塞など循環器ならびに中枢神経系の病気は，その「業務起因性」を判断することがとりわけ難しいものとなる。この種の疾病においても，突発的な出来事や急激な環境の変化など，業務に起因する事故的要因が強く作用して突然に発症したというケース（災害性疾病）であれば，その因果関係を明らかにすることはさほど困難なものとはならない。しかし，長時間労働など過重な業務を継続したことによる疲労やストレスの蓄積がこうした疾病を引き起こしたという場合（いわゆる「**過労死**」）には，その「業務起因性」の証明は，以下の理由からたびたび難しいものとなる。第1に，この種の疾病の原因となる因子は，多くの場合当該労働者の体質ないしは遺伝によって基礎づけられており，いずれは発症する可能性があったと考えられるためである。第2に，業務が過重なものであったか否かの指標を何に求めるべきかという問題を生じさせるためである。とくに，精神的な疲労度をいかに測るかという問題と，過重性は本人の体力や能力を勘案した絶対評価であるべきか，他の労働者と比較した相対評価であるべきかという問題が立ちはだかる。第3に，たとえば，喫煙や飲酒などの生活習慣，業務以外のトラブル，年齢などといった労働以外の危険因子をいかに評価するべきかという問題を生じさせるためである。

「過労死」の業務上外認定基準については，紆余曲折があったものの，基本的には災害性の要因の有無に固執せず，過重な労働が行われた期間を長期にわたって評価する一方で，一定の残業時間を超えるような労働実態があった場合（発症前1ヶ月間に残業時間が100時間を超える場合や2ないし6ヶ月の間に1ヶ月あたり80時間を超える場合）には，業務と発症の関連性を疑うという客観的指標を設けることとされている（平13・12・12基発1063号）。認定基準の緩和傾向により，「過労死」が業務災害であると認められる割合は増加しているが，個々の判断においては当事者が納得しにくい場合も多く，裁判所に業務外判断の取消しを求める訴訟も相次いでいる。

表 8-1　脳・心臓疾患・精神障害への労災補償請求件数と支給決定件数

区分	年度	平成 26 年度	平成 27 年度	平成 28 年度	平成 29 年度	平成 30 年度
脳・心臓疾患	請求件数	763（92）	795（83）	825（91）	840（120）	877（118）
	決定件数	637（67）	671（68）	680（71）	664（95）	689（ 82）
	うち支給決定件数（認定率）	277（15）[43.5%]（22.4%）	251（11）[37.45%]（16.2%）	260（12）[38.2%]（16.9%）	253（17）[38.1%]（17.9%）	238（ 9）[34.5%]（11.0%）
精神障害	請求件数	1456（551）	1515（574）	1586（627）	1732（689）	1820（778）
	決定件数	1307（462）	1306（492）	1355（497）	1545（605）	1461（582）
	うち支給決定件数（認定率）	497（150）[38.0%]（32.5%）	472（146）[36.1%]（29.7%）	498（168）[36.8%]（33.8%）	506（160）[32.8%]（26.4%）	465（163）[31.8%]（28.0%）

出典：厚生労働省ホームページ（抜粋）

一方，業務上の災害とみなすべきか否かについて，近年重要性を帯びてきたもうひとつの問題として，精神障害の発病並びに自殺がある。過重な業務もしくは職場内のトラブルが原因となり**精神障害**を発病する，もしくはその結果として自殺を図ったとして業務災害の認定を求めるケースが急増してきたのである。精神障害・自殺の業務上外認定については，精神障害の発病の時期と病名を明らかにした上で，発病前のおおむね6ヶ月間に業務による心理的負荷をもたらす出来事があったか，業務以外の心理的負荷は認められないか，さらには労働者個人の要因において精神障害を発病させたものでないかなどを評価し，判断することとされている（「心理的負荷による精神障害等に係る業務上外の判断指針について」平 23・12・26 基発 1226 第 1 号）。そして，職場および職場外の心理的負荷の強度については，具体的な出来事を想定した評価表が作成されており，これを当てはめていくことで，その主たる原因を見出すこととしている。これらの取り組みは，自殺に至る原因関係の客観化にある程度成功していると評価できるものの，裁判例のなかには，同基準について業務上外認定のためのひとつの指標にすぎず，これに拘束されない（さいたま地判平 18・11・29 労判 936 号 69 頁）と明言するものもあり，今後さらに説得的な論理と基準の開発を続けていく必要があるといえるかもしれない。なお，労働安全衛生法の改正（平成 26 年法律第82号）により，事業主は労働者の心理的な負担の程度を把握するために，医師, 保健師等によるストレスチェックを行うよう義務づけられた。もっとも, その結果は当該労働者の同意がないかぎり事業主には伝達されないこととされており, 精神障害の発病ないし悪化に対して予防効果をもたらし, この種の労災保険請求を減少に導けるかには疑問もある。

（2）通勤災害の認定基準

通勤災害とは, 通勤に通常伴う危険が具体化して, 労働者が負傷, 疾病, 障害, または死亡することをいう。通勤であるとされるためには, 労働者が就業に関して,「合理的な経路及び方法により」移動するものでなければならず（労災7条2項）, 当該移動が業務の性質を有する場合には, 業務災害であるか否かの問題となる。通勤災害であるか否かの判断において問題となる第1の点は, 労働者の移動が就業に関するものといえるかどうかという点である。たとえば, 運動部での練習を目的として会社へ行くといった場合や所定の就業時刻とはかけ離れた時刻に住居を出たといった場合についてみると, 就業を目的としており, 就業開始時刻を目処に就業場所へ向かおうとしているといった事情がないかぎり, 就業に関するものとは認められない。第2の点は, 住居と就業場所との往復であるといえるかという点である。たとえば, 実家や友人宅から会社に向かう場合においても, これを「住居」といえるのか, 得意先から直接に帰宅する場合にも「就業場所」からの帰宅といえるのかといったことであるが, 特別な事情がないかぎり「住居」とは就業のために通常出勤するところをいい,「就業の場所」とは労働者が現に仕事をしていた場所をいうと考えられており, 前者の例では「住居」とは認められない可能性が高く, 後者の例については「就業の場所」からの帰宅と認められることとなろう。第3の点は,「合理的な経路及び方法」であり,「逸脱・中断」がなかったかという点である。合理性が認められる経路は必ずしも最短距離でなければならないわけではなく, またその方法についても会社に届け出ている方法でなければ一切認められないというものでもないが, こうした場合には相応の理由が必要とされることとなる。合理的な経路を外れて逸脱した場合や通勤の途上でそれとは関係のない行為をした場合においては，当該逸脱・中断が「日常生活上必要な行為であって厚生労働省で定めるものをやむを得ない事由により行うための最小限度のもの」（同7条3項）であることが合理性判断の基準となる。そこで，多少通勤経路を外れて日常生活用品を購入したという程度であれば逸脱・中断には当たらないこととなるが，裁判例においては，義親の介護のために経路を外れて義父の家に赴き，1時間40分ほどしてから経路に復帰した後に交通事故にあったという事案においても，「日常生活に必要な行為」であったとして通勤災害と認めるとの判断がなされている（大阪高判平19・4・18労判937号14頁）。

何を通勤災害として給付を認めるかという点は，就労の形態や労働者の生活スタイルの変化に左右される部分でもある。従来，通勤災害は住居と就業場所の往復だけをその対象としていたが，本来の住居を離れて赴任先に別の住居を構えるケースや複数の仕事に従事するようなケースが増えてくるなかで，帰省先住所と赴任先住所との往復や第1就業場所から第2就業場所への移動を通勤と考えるべきか否かが問題とされてきた。この点は，2003（平成15）年にいずれも通勤と認めるとする法改正が実現されている（同7条2項2号，3号）。

4　労災保険と他の制度との関係

（1）労災保険と損害賠償

労災被災者もしくはその遺族は，労災保険の請求とは別に，当該災害の発生について責任ある者に対して**民事損害賠償訴訟**を提起することもできる。この種の訴訟は，とくに過労死や自殺の事案を中心に近年増加してきている。一般的には，使用者を被告として争う例が多いが，親会社もしくは第三者を相手方として争う例もある。被災労働者が依拠する法的根拠として，以前は**不法行為責任**（民709条）を問うものが多かったが，最近は使用者の**安全配慮義務違反**（債務不履行責任・民415条）を根拠とする事案が増えている。

被災労働者もしくはその遺族がこうした訴訟を提起する背景には，労災保険によっては損失の全部が補填されるわけではないこと，精神的損害（慰謝料）

や物的損害は補償の対象外であることなどがある。もっとも，被災労働者は，労災保険給付と損害賠償による賠償金の両方をその全額において取得できるわけではなく，両者は調整されることとなる。この点，とくに労災保険給付の年金部分と使用者の損害賠償責任をいかに調整すべきかが問題とされてきたが，最高裁は，損害賠償額から控除できる保険給付は，現実に給付されている部分に限られ，将来の年金給付はその支給が決定されていたとしても控除の対象にはならないとした（最判昭52・10・25民集31巻6号836頁）。この結果，被災労働者もしくはその遺族には，一定の範囲とはいえ（将来の年金給付と損害賠償による逸失利益分），損害が二重に補填される可能性が生じることとなった。災害発生につき，使用者に責任があったことの帰結であるともいえるが，労災保険制度は使用者に労災発生時における損害リスクを担保させるという側面があり，こうした結果は，少なくとも一部分において，使用者に労災保険料を支払う意味を失わせることとなり，妥当といえるかは疑問がある。

労働災害が第三者の行為によって引き起こされた場合，すでに保険給付がなされていれば，政府は当該給付の価額の限度で第三者に対して損害賠償請求を行う権利を取得し，一方被災労働者もしくはその遺族が，同一の事由にもとづき先に第三者から損害賠償を受けているときは，政府はその価額の限度で保険給付をしないことができる（労災12条の4）とされている。

（2）その他社会保障給付との関係

労災保険による療養［補償］給付は，業務上もしくは通勤途上の災害に対して給付を行うものであり，一般的には業務外の傷病を保険給付の対象とする健康保険法や国民健康保険法との競合問題は生じない。競合がたびたび問題となるのは，労災保険の現金給付と厚生年金等の年金保険給付である。障害および遺族に対する現金給付について，労災保険が一時金で支給される場合は，障害手当金（厚生年金法）は不支給（厚年56条），障害厚生年金および遺族厚生年金等は6年間にわたり支給停止となる（同54条1項・64条）。労災保険が年金で支給される場合は，労災保険の年金額に厚生労働省令で定められている調整率

❖コラム 8-1　石綿（アスベスト）被害者への救済

石綿による被害が，世界中で大問題になっている。石綿とは，天然に産出する繊維状鉱物であるが，安価で加工が容易であり，断熱性に優れるなどいくつかの特性があるため，各国において長期にわたりさまざまな用途で使用されてきた。その後，発がん性物質であることが証明され，その製造や使用に携わってきた労働者や工場周辺の住民の健康被害が発覚してきたのである。とりわけ深刻な問題となっているのはアメリカであり，1970 年代から提起されていた石綿による人的被害を訴える損害賠償訴訟は，21 世紀に入って加速され，2002 年末段階では約 73 万人の原告がいるという事態になった。

石綿による健康被害は，日本でも大きな問題となり，すでにその製造・使用はほぼ全面的に禁止され（2006 年 9 月 1 日施行），被害者に対する救済立法（「石綿による健康被害の救済に関する法律」2006 年 3 月 27 日施行）も制定されている。石綿による健康被害は，労災保険の補償対象となるが，被害が発覚するのは，職場で石綿を吸い込んだ時期から数十年を経た後であることも多く，法が定める時効にかかってしまうことがあり，また労災保険法は労働者だけを対象としているため，被害に遭った工場の周辺住民などには補償がなされないこととなる。そこで，こうした特別法を作る必要性があったと考えられる。もっとも，同法の制定により，損害賠償訴訟の勃発をどの程度防御できるかは定かでない。同法による遺族（時効により労災補償を受けられないこととなった一定の遺族）への一時金は最大でも 1200 万円（年金であれば，1 人年額 240 万円）であり，また，これに該当しない被害者は最大 300 万円程度（葬祭料を含む）の弔慰金を得られるにすぎない。平成 29 年 3 月末現在において，同救済法にもとづき石綿に起因する指定疾病であると認定された療養者および死亡者遺族は 1 万 7490 人にのぼるものの，今後においても，被害発生に責任のある企業や規制権限を適切に行使しなかった国に対して，損害賠償を求める訴訟が相次ぐ可能性は否定できない。

石綿に対する救済立法において必要となる費用は，過去石綿を利用したことのない労災保険の一般事業主からも徴収される（賃金総額の 1000 分の 0.05）。通常，保険は保険事故が発生する前に，その危険に備えて予防的に加入するものであるが，同法は事故が発生した後にそのリスクを加入者全体に分配する方法をとっていることになる。きわめて異例なものであり，今後同種の問題が発生するとは思われないが，保険制度のあり方としては疑問が残る方法である。

を乗じて，労災の年金額の方を減じることとされている（労災 15 条 2 項・18 条 1 項，別表第 1）。また，労災保険による休業［補償］給付を受ける際に，他の障害年金と競合する事態となった場合にも，休業［補償］給付について一定の調整率を乗じて減額支給されることとなる（同 14 条 2 項，22 条の 2 第 2 項）。なお，老齢を支給事由とする年金と労災保険給付は調整されない。

5　労災保険制度の将来像

労災被害については，なぜ他の社会保障給付とは一線を画した手厚い保護が行われるのか。労災補償の意義と称されるこの問題は，使用者責任や総資本の連帯責任といった理論のほか，社会保障制度の水準が向上していけばこれに吸収されていくという主張など，さまざまな議論を巻き起こしてきた。この点，わが国の労災補償制度は，労働基準法と労災保険法との二本立てとなっていることや民事損害賠償請求との併存を認めるなど，他国と比較してもその性格を言い表すことは難しいといえる側面がある。使用者のみが保険料を支払っており，しかもその保険料率は事故率を反映するものとなっているという現行制度の基本構造を前提とするかぎり，使用者責任が基調であることは間違いなかろう。しかし，前述のごとく，近年における労働災害の最大の問題は過労死や精神障害（自殺）であり，もはや業務災害においても使用者の直接的な責任とは言い難い事案が増えているという現実もある。労働は，人間が生活していくために必須不可欠な要素であり，そこには他の日常生活とは異なる危険性があると考えれば，労働者も拠出を行うなど社会全体の連帯による制度のあり方が考えられてもよいと思われる。すでに，複数の事業主の下で働いている労働者が，脳・心臓疾患や精神疾患に罹患した場合の労災認定において，すべての労働時間を合算して心身への影響が判断されるべきか，さらには，ひとつの事業所での労働が原因であると判断された場合においても，被災労働者の給付基礎日額は全事業所からの給与等を合算して計算されるべきであるかなど，労働者の働き方の多様化に対して，法がどのように追随すべきかが大きな問題となっている。根本的な視点の変革が必要な時期に来ているとはいえないだろうか。

〔参考文献〕

労働省労働基準局労災管理課編『労働者災害補償保険法〔6訂新版〕（労働法コンメ

ンタール)』(労務行政研究所，2007 年)

保原喜志夫・山口浩一郎・西村健一郎『労災保険・安全衛生のすべて』(有斐閣，1998 年)

最新の情報は入っていないものの，労災保険と安全衛生についてはすべてのことがわかる。

山口浩一郎『労災補償の諸問題〔増補版〕』(信山社，2008 年)

やや専門的になるが，労災補償をめぐる現代的な問題が事例を通じて解説されている。

西村健一郎・朝生万里子『労災補償とメンタルヘルス』(信山社，2014 年)

労災補償に関する最新の情報が網羅されているとともに，精神障害者の雇用や社会復帰の問題についても，踏み込んだ解説が行われている。

下井隆史『労働基準法〔第 5 版〕』(有斐閣，2019 年)

労働災害発生時の補償や賠償の問題を含め，労働問題についての最新の情報と考え方が網羅されている。

第9章

社会手当法

1 社会手当の意義と体系

1942年の著名な**ILO**（**国際労働機関**）の報告書『社会保障への途』にみられるように，社会保障制度を，英国の**エリザベス救貧法**以来の救貧諸制度に代表される**公的扶助制度**とドイツの**ビスマルク**社会保険立法を起源とする**社会保険制度**の統合形態であるとして捉える場合がある。しかし，**社会保険制度**のように受給者の拠出を求めず（無拠出），他方で，**公的扶助制度**のように主として租税をその財源としながら，**補足性の原理**や**ミーンズテスト**（**資力調査**）を伴わない（一定の所得制限が設けられ，その範囲で選別的になる場合はある）金銭給付が制度化されるようになった。こうした公的扶助とも社会保険ともいい難い類型の所得保障制度または給付を，社会保障制度の体系上，社会手当という。公的扶助制度が受給者の個別のニーズに対応した給付を行うのに対し，社会手当は，法所定の支給事由に該当した場合に，定型的な給付を行う点で社会保険と共通する。他方，拠出制の年金制度による**所得保障**が，主として（従前）所得の喪失や減少を保障するものであるのに対し，社会手当は追加的な費用の保障を主たる目的とする場合が多い。なお，こうした手当として住宅手当等を設けている国もEUなどにはあるが，わが国にそうした制度はない。

わが国の場合，社会手当と位置づけられるものは，児童手当，児童扶養手当，特別児童扶養手当の児童（の養育）に関する手当と特別障害者手当等の障害児・者に対する手当の2つに大別して考えることができ，以下その順に説明する。

なお，無年金障害者の訴訟を契機に，障害基礎年金等の受給権を有していない特定の障害者に**特別障害給付金**を支給する制度が，議員立法により2005年度から創設された。受給者の拠出を条件に給付を受けるという社会保険の原則をふまえ，全額国庫の負担で特別な給付金を支給するもので，これについても後述する。

2　児童（の養育）に関する社会手当

（1）児童手当

児童手当制度の沿革　1926年に世界で初めて公費による家族手当法を制定し，児童手当制度を導入したのは，世界で初めて**最低賃金制度**を設けたニュージーランドであったが，ヨーロッパやオセアニアの児童手当制度の形成過程を振り返ると，主として児童養育の経済的負担と賃金システムの関係の調整に共通の由来を求めることができる。その後，児童手当は，自営業者などを対象に加えるなど普遍化を進める。財源にも公費の投入などが行われて公的な制度としての性格を強め，現在では，児童養育世帯に求められる追加的な費用の一部を社会化する制度というのが共通の理解となっている。主要国について，児童手当給付費の対GDP比をみると，制度のないアメリカを除き，1%前後を確保しており，社会保障制度の柱のひとつとして位置づけられていることがわかる（コラム9-1）。

これに対し，わが国では，個別の企業の賃金の一部である扶養手当という形で私的な**企業福祉**として対応してきた事業主や財政当局が消極的だったことなどから，児童手当の制度化は大幅に遅れ，ようやく1972年に創設された。長い間，対象が第3子以降に限定されたとおり，その趣旨は低中所得の多子世帯の選別的な支援であった。手当額も長い間原則5000円に据えおかれ，同時期，**物価スライド**もあり大幅に改善された年金や児童扶養手当などと比べ，実質的な価値は大幅に下落した。少子化の進行を受け，ようやく第2子，第1子まで対象になったが，公費の負担増を避けるため，同時に対象年齢を3歳未満児に

❖コラム9-1　EU諸国の児童手当の給付構造

EU諸国の児童手当の給付構造は，対象児童の年齢と出生順位，その組み合わせを含め多様である。まず年齢をみると，ほぼ例外なく少なくとも子どもが義務教育終了まで支給し，教育機関に在籍していれば，期間が延長されることも多い。たとえば，ドイツでは27歳まで延長されうる。次に，出生順位をみると，ほとんどの国で第1子から支給される。例外は，古くから体系的な家族手当制度をもっていたフランスで，原則として第1子には支給されず，対象になるのは第2子からである。さらに年齢，出生順位の組み合わせをみると，4つに大別できる。第1は，例外に属するが，手当額が出生順位や年齢によって変動しない場合で，スペインでは子ども1人あたり定額が支給されている。第2は，出生順位によって手当額が変動する場合で，増加する場合と減少する場合に分けられる。ドイツは前者であり，イギリスは後者に属するが，前者がほとんどである。前者は，多子世帯の優遇による出生促進も意図しているとも考えられ，フランスはそうした意図から，とくに第3子以降をさまざまな制度で優遇している。第3は，年齢により手当額が変動する場合である。たとえばデンマークでは，3歳未満，3−6歳，7歳以上と年齢が上がるにつれて手当額が減少する。第4は，第2と第3の場合の組み合わせで，出生順位と年齢の双方で手当額が変動する。フランスでは，出生順位による手当額の変動に加えて14歳以上の場合に加算措置などがある。

下げて実質的に低年齢児手当化し，総給付費のGDP比でみると主要国と比べ，2桁小さい（約0.03%）制度の存在自体を疑わせる水準に長く停滞してしまった。1981年の**行政改革特例法**により創設された全額事業主負担の被用者に対する特例給付（平成24年法律第24号による改正前の児手附則6条）――実質的には企業の扶養手当の共同化であり，公費による普遍的な児童手当とは性格が異なる――が総給付費の6割以上を占める一方，国庫負担は大幅に減少した。2000年以降，公費を財源として段階的に小学校修了まで特例給付（平成24年法律第24号による改正前の児手附則7条及び8条）が支給されるようになり，2007年度から3歳未満児の手当が一律1万円に引き上げられたが，マクロ的には，主要国に比べると1桁小さく，南欧諸国と並んで先進国最低のレベルにとどまっていた。3歳以上などの分が，本則ではなく附則にもとづく給付であり，その費用負担は，3歳を境に年齢，被用者か否かなどで異なり，つぎはぎだらけで，趣旨が不明確な制度になっていた。こうした中で，中学生以下の児童1人につき，

2010年度は月額1万3000円，2011年度以降は月額2万6000円を，所得制限なしに一律支給するという**子ども手当**の創設を公約に掲げた民主党を中心とする連立政権が誕生し，2010年度に子ども手当制度が設けられた。当初は，**扶養控除**などを廃止し，子ども手当の財源は，全額を国費で賄うとされたが，結局，年少扶養控除は廃止され，特定扶養控除は縮減されたものの，児童手当法は存続し，別の単年度立法により行われた2010年度の子ども手当については，その一部として，児童手当法にもとづく児童手当を支給するという奇妙な仕組みとなり，その分の費用負担は，児童手当法にもとづき，国，地方，事業主が負担することとされた。従来の児童手当以上に，趣旨のはっきりしない制度になったわけである。2011年度については，2010年度の子ども手当が半年間単純延長され，その後，2012年度から子ども手当を廃し，児童手当を復活，拡充するという民主・自民・公明の3党合意にもとづく特別措置法が成立し，年度後半の子ども手当額が定められた。さらに，2012（平成24）年度以降の恒久的な制度について，名称を児童手当に戻し，所得制限を導入するなどの児童手当法の改正法が成立し，新しい児童手当の支給が開始された。

なお，児童手当は，子ども・子育て支援法9条で「子どものための現金給付」と位置づけられるとともに，被用者の3歳未満児の手当などに充当される事業主の拠出金に関する規定がその使途を含め，児童手当法から子ども・子育て支援法に移され，2015年度から児童手当制度は，子ども・子育て支援法を所管する内閣府に移管された。

児童手当制度の概要

児童手当は，児童手当法にもとづき，児童を養育する家庭等の生活の安定に寄与するとともに，次代の社会を担う児童の健やかな成長に資することを目的に支給される（児手1条）。なお，新しい児童手当の支給のための改正法で，第1条に「父母その他の保護者が子育てについての第一義的責任を有するという基本的認識の下に」との字句が，書き加えられた。児童手当は，日本国内に住所を有する父母などの者が，児童（留学中などの場合を除き，日本国内に住所を有することを要する（同3条））を監護し，生計を同じく（父母や父母が指定する者でない場合は生計を維持）すること（同4条）

資料 9-1　児童手当制度の概要（2018 年度）

制度の目的	○家庭等の生活の安定に寄与する ○次世代の社会を担う児童の健やかな成長に資する		
支給対象	○中学校修了までの国内に住所を有する児童 （15 歳に到達後の最初の年度末まで）	受給資格者	○監護生計要件を満たす父母等 ○児童が施設に入所している場合は施設の設置者等
		実施主体	○市区町村（法定受託事務） ※公務員は所属庁で実施
		支払期月	○毎年 2 月，6 月及び 10 月（各前月までの分を支払）
手当月額	○ 0 ～ 3 歳未満　一律 15,000 円 ○ 3 歳～小学校修了まで ・第 1 子，第 2 子：10,000 円（第 3 子以降：15,000 円） ○中学生　一律 10,000 円 ○所得制限以上　一律 5,000 円（当分の間の特例給付）	所得制限 （夫婦と児童2人）	○所得限度額（年収ベース） ・960 万円未満
費用負担	○財源については，国，地方（都道府県，市区町村），事業主拠出金（※）で構成。 ※　事業主拠出金の額は，標準報酬月額及び標準賞与額を基準として，拠出金率（2.9/1000）を乗じて得た額で，児童手当等に充当されている。		

区分		被用者	非被用者	公務員
0 歳～ 3 歳未満	特例給付（所得制限以上）	国 2/3　地方 1/3	国 2/3　地方 1/3	所属庁 10/10
	児童手当	事業主 7/15　国 16/45　地方 8/45	国 2/3　地方 1/3	
3 歳～中学校修了前	特例給付（所得制限以上）	国 2/3　地方 1/3	国 2/3　地方 1/3	所属庁 10/10
	児童手当	国 2/3　地方 1/3	国 2/3　地方 1/3	

財源内訳 （30 年度予算案）	［給付総額］2 兆 1,694 億円	（内訳）	国負担分　：1 兆 1,979 億円 地方負担分　：　5,989 億円 事業主負担分：　1,817 億円 公務員分　：　1,909 億円

出典：内閣府資料，一部改変

および受給しようとする者の前年（1月から5月までの分については，前々年）の所得が，扶養親族の数などに応じて一定額（夫婦と児童2人世帯の場合，年収ベースで約960万円）未満であること（同5条）を要件に支給される。また，児童養護施設に入所しているなどの児童ついても，2012年の改正により，施設の設置者等に対し手当を支給することとされた。すべての児童が手当の福利を享受できるようにする趣旨である。手当額（月額）は，3歳未満の児童1人あたり一律1万5000円，3歳以上小学校修了前の児童については，第1子，第2子が1万円，第3子以降が1万5000円，中学生が一律1万円である（同6条）。児童手当には，年金（国年27条の2等）や児童扶養手当（児扶手5条の2）のような**自動物価スライド制**が導入されていない。支給を受けようとする者は，住所地の市町村長に受給資格の認定を受ける必要がある（同7条）。支払いは，毎年2，6，10月の3回行われ，市町村長が前月分までをまとめて支給する（同8条）。なお，いわゆる地方分権一括法（平成11年法律第87号）により，**機関委任事務が廃止**され，市町村が処理する手当の受給資格や額の認定等の事務は，地方自治法第2条第9項第1号に規定する第1号**法定受託事務**とされている（児手29条の2）。

児童手当の費用の負担は，被用者（厚生年金など被用者年金制度において，事業主により保険料が負担される被保険者（公務員を除く）），それ以外の非被用者及び対象児童の年齢（3歳）を境に異なる（同18条）。対象児童3歳未満の被用者についてのみ15分の7の事業主負担（子ども・子育て支援法69条に定める拠出金から充当）があるが，その根拠を理論的に説明するのは困難になっている。残りの15分の8は，公費が負担し，内訳は，国，都道府県および市町村が4：1：1である。対象児童3歳以上の被用者及び非被用者については，全額公費で賄われ，国，都道府県および市町村の内訳は同様である。また，公務員については，所属庁がそれぞれ全額を負担する。このように児童手当の費用負担は，依然としてつぎはぎだらけで，趣旨の不明確な制度になっているわけである。なお，受給資格者の申し出により学校給食費等を手当から納付することができ（同21条），受給資格者の同意なく保育料を手当から特別徴収できること（同22条）

なども2012年の改正で盛り込まれている。なお前述のように，児童手当には所得制限があるが，限度額以上の所得がある者には，当分の間，児童1人につき，月額5000円の特例給付が，年少扶養控除の廃止等に伴う実質負担増を緩和する趣旨で支給（費用負担は3歳未満の分を含め全額公費で，内訳は国，都道府県および市町村が4：1：1）されている（同法附則2条）。

（2）児童扶養手当

児童扶養手当制度の沿革　死別の母子世帯に対し，国民年金法にもとづき，全額国庫負担による**母子福祉年金**が制度化されたことに伴い，その補完的制度として1962年に創設されたのが児童扶養手当であり，児童手当に先んじて設けられたわが国初めての児童に関する手当である。その後，母子福祉年金に連動して手当額が大幅に改善され，離婚による受給者が増加したことから給付費が急増し，財政問題化する一方，母子福祉年金の受給者は急減し，その補完という性格づけは困難になった。このため行政改革関連として1985年に制度が改正され，母子福祉年金の補完的な制度から母子家庭の生活の安定を通じて児童の健全育成を図る制度へと改められた。具体的には，手当額が所得に応じて2段階になるとともに，従来その費用は，全額国庫が負担していたが，新規認定分から2割の都道府県負担が導入された。

2002年には，一律であった一部支給の場合の手当額が，所得に応じて10円きざみで定められるなど給付削減の改正が行われ，その後いわゆる三位一体改革により，国と都道府県・市等の負担割合は，1：2となった。あわせて，いわゆる地方分権一括法により，機関委任事務が廃止され，都道府県が処理する手当に関する事務が第1号法定受託事務とされる（児扶手33条の3）とともに，当該事務が市および福祉事務所を管理する町村に委譲された。また，2003年の母子及び寡婦福祉法の改正に伴い，手当の受給期間が5年を超える時などは，手当額の一部を支給しないとする規定（同13条の3）が盛り込まれたが，事実上対象を大幅に限定して運用されている。さらに，2010年度から手当の支給対象が父子家庭の父にも拡大された。

従来，消極的な支給要件として，支給対象となる児童や父母などが公的年金給付を受けられる場合，児童扶養手当は支給されないとされていたが，2014年の法改正により，同年12月から公的年金給付の額が，児童扶養手当額よりも低い時は，その差額を児童扶養手当として受給できることになった。また，2016年8月からは，児童が2人以上の場合の加算額（従来は定額で，児童2人の場合5000円，児童3人以上の1人につき3000円）を2倍にするとともに，加算額についても，（児童1人の場合の手当額同様）物価スライドを適用し，年収に応じて支給額を低減させることとされた。

児童扶養手当制度の概要　児童扶養手当は，離婚などによる母（父）子家庭など父（母）と生計を同じくしていない家庭の生活の安定と自立の促進に寄与し，当該家庭が育成する児童の福祉の増進を図ることを目的として支給される（児扶手1条）。「家庭の生活の安定と自立の促進」は，85年の改正により追加されたもので，手当が母子福祉年金の補完的制度から福祉制度へ改革されたことを明確にするためとされている。また，手当の支給は，婚姻を解消した父母等が児童に対して履行すべき扶養義務の程度または内容を変更するものではないと規定されている（同2条3項）が，これも同改正で追加されたものである。同改正では，施行が事実上無期限に延期されているものの，離別した父に一定以上の所得がある場合には，手当を支給しないとする規定が挿入されたが，手当が民法にもとづく私的な扶養義務（親の未成熟子に対する扶養義務は，**生活保持義務**と呼ばれる強い義務と解されている）を軽減するものではないことを明確にしたものであるとされている。

手当は，父母が婚姻（事実上婚姻関係と同様の事情にある者を含む）を解消した児童その他の父（母）と生計を同じくしていない児童の母（父）が当該児童を監護するとき，または当該児童の父母以外の者が当該児童を養育する（その児童と同居して，これを監護し，かつ，その生計を維持すること）ときに，都道府県知事，市長および福祉事務所を管理する町村長がその母（父）またはその養育者に対して支給する（同4条1項）。支給対象となる「児童」は，「18歳に達する日以後の最初の3月31日までの間にある者」または20歳未満で一定の障害の状態にある者である（同3条1項）。「父（母）と生計を同じくしていない児童」とは，「父母が婚姻を解消した児童」，「父（母）が死亡した児童」，「父（母）が政令で定める障害の状態にある児童」，「父（母）の生死が明らかでない児童」，その他これらに準ずる「児童で政令で定めるもの」とされ（同4条1項），委任を受けて児童扶養手当法施行令（以下「施行令」という）1条の2及び2条において，「父（母）が引き続き1年以上遺棄している児童」，「父（母）が**配偶者からの暴力の防止及び被害者の保護に関する法律**（平成13年法律第31号）第10条第1項の規定による命令（母（父）の申立てにより発せられたものに限る。）を受けた児童」（施行令改正により，2012年8月から追加），「父（母）が法令により引き続き1年以上拘禁されている児童」，「母が婚姻によらないで懐胎した児童」，「前号に該当するかどうか明らかでない児童」として列挙されている。このうち，「父(母)が政令で定める障害の状態にある児童」については，父（母）が障害により稼得能力がないため実質的に父（母）と生計を同じくしていない児童と考えられたものである。父（母）が児童を遺棄している場合とは，父（母）が児童と同居しないで扶養義務および監護義務をまったく放棄している場合とされている。「母が婚姻によらないで懐胎した児童」とは，いわゆる未婚の母の子であり，それに該当するかどうか明らかでない児童とは，いわゆる棄児等で母が児童を懐胎した当時の事情が不明である児童をいうとされる。この未婚の母の子の場合については，以前その子が父から認知された場合には支給対象児童から除くとする括弧書きの規定が施行令上定められていた。このため，手当の支給対象となっていた未婚の母の子が父から認知を受けたために，手当を打ち切られる事態が生じ，複数の訴訟に発展した。最高裁は，憲法14条違反の主張については判断を下さず，「認知された婚姻外懐胎児童を除外することは，法の趣旨，目的に照らし……法の委任の趣旨に反するものといわざるを得ない」とし，政令の該当部分を無効とした（最判平14・1・31民集56巻1号246頁，最判平14・2・22判時1783号50頁）。未婚の母の場合のみ，父の扶養義務を理由に支給対象としないことは不合理であり，妥当な判断と思われる。こうした状況のなか，該当の括弧書き規定は98年に削除され，解決が図られた。

監護とは，監督し，保護することで親権の有無を問わないとされているが，児童が母子生活支援施設を除く児童福祉施設に入所している場合，監護していないものとされ，手当は支給されない。また児童が母（父）の配偶者に養育されているときは，手当は支給されない（同4条2項4号，6号）。母（父）の配偶者とは，母（父）の後夫（妻）つまり義父（母）をさす。義父（母）と連れ子とは一親等の姻族関係であり，民法上当然には扶養義務はないが，養育されている場合には父（母）と同様の役割を果たしているので手当は支給しないこととされた。運用上は，母（父）が再婚した場合，手当が支給されなくなることがほとんどである。

手当は，月を単位に支給され，2019年4月現在，全部支給で児童1人の場合4万2910円，児童2人の場合1万140円を加えた5万3050円，児童が3人以上の場合には，5万3050円に3人以上の児童1人につき6080円を加算した額である（同5条および5条の2，施行令2条の2）。手当は，前述のように加算額を含め年金制度同様，毎年の消費者物価指数の変動に応じて手当額を改定する**自動物価スライド**措置がとられている。児童手当では，第2子，第3子とむしろ逓増するような手当額の設定になっているのに対し，児童扶養手当の額は，年金制度同様，児童1人の場合の水準が相対的に高い一方，児童が増えてもそれほど増えない構造になっている。

受給資格者などに一定の所得がある場合には，手当の全部または一部の支給を停止する所得制限が設けられている。児童手当では，所得による制限が消極的な支給要件と位置づけられているのに対し，児童扶養手当では，支給要件に該当する受給資格者として認定された上で，所得制限により手当の支給が停止される支給停止事由とされている。2018年8月から，手当の全額を支給する全部支給の対象者の限度額が引き上げ（児童1人の親子2人世帯の場合，年収130万円→160万円）られた。手当額は，同法9条にもとづき，受給資格者の所得に応じ，手当の一部が支給停止になった場合（児童1人の親子2人世帯の場合，年収160万円～365万円）には，4万2900円から1万120円まで10円きざみで減少し，就労等による収入が増えた場合に，手当を加えた総収入がなだらかに増加するように設定されている(施行令2条の4)。なお,2002年の改正で,父(母)からの**養育費**の80%相当が母（父）の所得に算入されることになったが，疑問である（同9条2項，施行令2条の4第8項)。

前述のように，従来，支給対象となる児童自身や父母などが遺族基礎年金などの公的年金給付を受けられる場合，児童扶養手当は支給されないことが，消極的な支給要件として第4条に規定されていたが，2014年の法改正により制度上の位置づけが変わり，それらの場合は所得制限同様，支給要件ではなく，受給資格者の支給停止事由となり，政令で定めるところにより児童扶養手当の全部または一部を支給しないことが第13条の2に規定された。以下，3つの場合に分けて説明する。

まず，支給対象となる児童自身が父（母）の死亡について支給される遺族年金などの公的年金給付等を受けることができる（その全額について支給が停止されているときを除く）場合（法13条の2第1項1号，4号）である。次に，支給対象となる児童が父（母）に支給される公的年金給付の額の加算の対象となっている場合である（同13条の2第1項2号，3号)。これは，父（母）が障害の状態にある児童の場合で，国民年金法にもとづく障害基礎年金では，父（母）が年金の受給権を取得した当時，父（母）によって生計を維持している子があるときは，子の加算が行われていた（国年33条の2第1項)。2010年の国民年金法等の改正法により，2011年度から障害基礎年金の受給権取得後に子をもった場合（施行日以前にそうなった者を含む）にも，請求により子の加算がなされることになった（国年33条の2第2項）ため，時点にかかわらず，生計を維持する子を有する場合，加算が行われることになっている。さらに，母（父）または養育者が，老齢福祉年金を除く公的年金給付などを受けられる（その全額について支給が停止されているときを除く）場合（法13条の2第2項）である。これら3つの場合には，政令の定めるところにより，手当の全部または一部を支給しないとされ，施行令第6条の3，第6条の4で公的年金給付等の額が児童扶養手当の額よりも低い時は，その差額分の児童扶養手当を2014年12月から受給できるようになった。具体的には，養育者である祖父母が低額の老齢年金を受給している場合などが考えられるが，児童扶養手当の**併給調整**などのあり方については，年金の子の加算や後述の児童手当などとの関係を含め，体系的，総合的な整理，検討が必要であるように思われる。

なお，母または養育者の公的年金等の受給が消極的な支給要件とされ，受給資格者にならなかった当時にも，**老齢福祉年金**と**障害福祉年金**とは例外的に併給されるようになっていたが，もともとは併給されていなかった両福祉年金が併給される契機となったのが有名な**堀木訴訟**である（その後，1986年の年金制度改正で，障害福祉年金は障害基礎年金に裁定替えされたことから，例外的に併給されるのは老齢福祉年金のみとなった）。堀木訴訟では，障害福祉年金と児童扶養手当の併給調整規定の合憲性が争われた。第一審では原告が勝訴し，国も障害，老齢の両福祉年金と併給される法改正を行ったが，最高裁は，（1985年改正前の）児童扶養手当を母子福祉年金の補完的制度で，受給者の所得保障という点で公的年金制度と基本的に同一の性格を有し，いわゆる複数事故の場合の併給調整は，立法裁量の範囲に属すると判断した（最大判昭57・7・7民集36巻7号1235頁）。

受給資格者は，その受給資格および手当額について知事等の認定を受けなければならない（同6条）。年金の場合，保険事故の発生により当然に受給権が発生し，受給権者の請求にもとづき確認行為である裁定が行われる。一方，児童扶養手当においては，行政庁の認定時点が給付の始期となる仕組み（非遡及主義）が採用されていると考えられ，受給資格者が制度を知らない場合などには，要保障事由の発生と給付の開始との間に時間的なずれを生じさせる可能性がある。聴力障害者とその妻が国家賠償を求めた裁判例では，行政庁の**広報義務**の存否が争われ，非遡及主義をとる社会保障について，行政庁の広報義務を認めたものがあるが（京都地判平3・2・5判時1387号43頁），その控訴審は，法的義務としての広報を否定し，国の裁量に委ねられているとした（大阪高判平5・10・5訟月40巻8号1927頁）。手当の支払期月は，原則として，毎年4月，8月および12月とされ，それぞれ前月までの分が支払われていたが，2018年の生活困窮者自立支援法等の改正により，翌年11月から手当の支給回数を見直し，隔月で奇数月（年6回）に前2ヶ月分が支給されることとなった（同7条3項）。

手当に要する費用は，いわゆる三位一体改革に伴い，2006年度から国が3分の1，都道府県等が3分の2を負担する（同21条）。

（3）特別児童扶養手当

特別児童扶養手当は，重度の知的障害児についての重度知的障害児扶養手当として1964年に発足した。その後，重度の身体障害児を対象に加えて特別児童扶養手当へと発展し，さらに，内部障害や知的障害と身体障害の併合障害が支給対象となった。

特別児童扶養手当は，特別児童扶養手当等の支給に関する法律にもとづき，精神または身体に障害を有する20歳未満の障害児を監護している父もしくは母または養育者に支給される（特児扶手3条）。したがって，児童が福祉施設に入所しているときは支給されない。支給の主体は国で，手当を受けようとする者は，受給資格について都道府県知事，または指定都市の市長の認定を受けなければならない（同5条）。手当額（2019年4月現在）は，中度（2級）の障害児については，1人あたり月額3万4770円，重度（1級）の障害児については，1人あたり月額5万2200円であり（同4条等），自動物価スライド（同16条）する。手当は受給資格者又はその扶養義務者等の前年の所得が一定額以上であるときは，その支給が停止される（同6－8条）。手当に要する費用は，制度創設以来，全額国庫負担で賄われており，事業主負担のある児童手当や地方負担が導入された児童扶養手当とは対照的である。

（4）児童（の養育）に関する社会手当の課題と今後の方向性

わが国の児童手当は，前述のように，なしくずし的に変遷を重ねており，児童養育世帯が求められる育児費用の一部を社会化するものとしては，きわめて不十分なものといわざるをえない。人的資源に対する社会的投資の重要性がますます強調されるようになるなか，児童手当の子育ちの普遍的な支援という性格も不明確で，弱い。児童扶養手当については，**母子福祉年金**の補完的制度というあいまいな性格づけで実施され，その後の改革でも児童手当との関係は整理されず，普遍性の弱い貧弱な児童手当の上に，アンバランスに膨張し，別れた非監護親の扶養義務と無関係の児童扶養手当がのり，断片的，なしくずし的に変化するという先進国でも異例の制度体系になっている（**図 9-1**）。児童に関する社会手当全体としても，普遍的で存在感ある児童手当をひとり親や障害といったニーズに対する追加的な給付で補うといった体系化され，整合性，実効性ある所得保障制度になっていない。今後は，育児の経済的支援という共通の

図 9-1　生別母子（単親）世帯の所得保障制度体系図

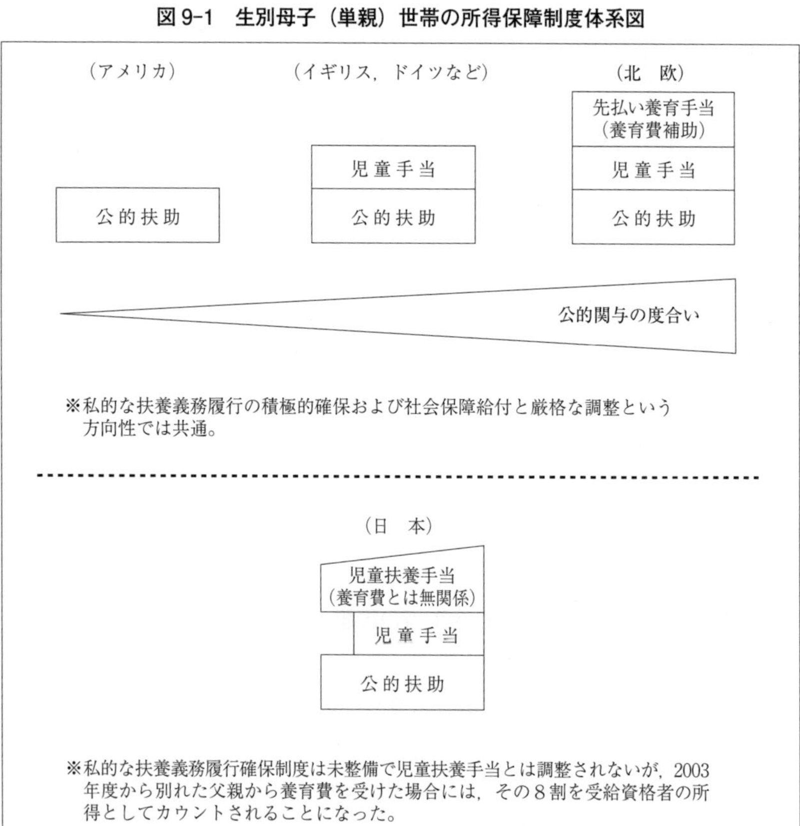

出典：筆者作成

機能を有する所得税制の扶養控除などとの関係や（特別）児童扶養手当などとの関係，保育などの児童福祉サービスとの関係などを含め，子育ち・子育ての社会的な支援策を体系的に構想し，総合的に充実させる――子ども・子育て支援法などの見直しも必要になる――中で，その重要な柱として児童手当制度の拡充（中低所得の児童養育世帯への住宅手当等の創設を含む）を，つぎはぎだらけになっている費用負担の在り方を含め，改めて検討する必要があろう。児童扶養手当については，給与からの養育費の天引きなど行政の積極的な関与により，非監護親の扶養義務の履行確保を図り，それとの調整を図る北欧型の私的な扶養義務を補完する制度に改めることを中期的に導入することを検討する必要がある。特別児童扶養手当，後述の障害児福祉手当については，障害児のニーズに対応した追加的なものとして財源を含めて整理，一本化すべきである。

3　障害児・者に対する社会手当

障害児・者に対する社会手当の沿革

障害児・者に対する社会手当には，従来，特別障害者手当，障害児福祉手当，経過的福祉手当の3つがあった。いずれも特別児童扶養手当等の支給に関する法律にもとづき支給されるが，その発展経緯は，おおむね以下のとおりである。在宅の重度障害者に対する社会手当としては，1974年に特別児童扶養手当法の改正により創設された重度の重複障害者に対する特別福祉手当があった。これが，福祉手当に改編され，年齢を問わず，在宅の重度障害者のうち，公的年金等を受給できない者に支給されるようになり，障害者にとっては，実質的に**障害福祉年金**と拠出制の障害年金の格差を埋める機能を果たした。**国際障害者年**などを契機に，障害者の生活保障を求める声が高まり，1985年の年金改革で障害基礎年金が創設されるとともに，福祉手当が再編されて特別障害者手当が設けられた。これは，障害者の自立生活の基盤となる所得保障制度を充実するため，障害基礎年金を創設して，20歳以上の障害者については，成人（制度加入）前に障害者になった者を含めて等しくその所得を保障し，給付水準を大幅に改善するとともに，併せてとくに多大の費用を要する在宅の最重度の障害者に対し，障害基礎年金と併給で重点的に手当を支給するものであった。また，在宅の重度障害児については，福祉手当が障害児福祉手当と名称を変更して存続され，さらに従来の福祉手当受給者のうち，20歳以上であって特別障害者手当の支給要件に該当せず，かつ障害基礎年金も支給されない者に，経過措置として従来の福祉手当（手当額は，障害児福祉手当と同額）が支給されることとなった。経過的福祉手当は，受給者が当初の30分の1程度まで逐年減少している。

（1）障害児福祉手当

都道府県知事，市長および福祉事務所を管理する町村長は，その管理に属する福祉事務所の所管区域内に住所を有する重度障害児（20歳未満であって，重度の障害の状態にあるため，日常生活において常時の介護を必要とする者）に対し，障害児福祉手当を支給する（特児扶手17条）。特別児童扶養手当が父母などの養育者に支給されるのに対し，障害児福祉手当は，障害児本人に対する手当である。手当は，在宅の重度障害児を対象とするものであり，児童福祉法に規定する障害児入所施設などに収容されている場合には支給されない（同17条2号）。支給を受けようとする者は，知事等の認定を受けなければならない（同19条）。手当額は，2019年4月現在，月額1万4790円で自動物価スライドする。在宅の重度（1級）の障害児については，1人あたり月額5万2200円の特別児童扶養手当が支給されるので，両方の手当を受給できる場合には，障害児養育世帯としてみると，合わせて月額で約6万7000円の所得を保障されることになる。手当は，受給資格者（重度障害児本人）またはその扶養親族等の前年の所得が一定額以上であるときはその支給が停止される（同20，21条）。支払いは，毎年2月，5月，8月，11月の4期に分けて前月分までがまとめて支払われる（同19条の2）。手当の支給に要する費用は，その4分の3を国が，4分の1を都道府県，市または福祉事務所を設置する町村が負担する（同25条）。

（2）特別障害者手当

特別障害者手当の支給事務は多くの点で，障害児福祉手当と共通する（特児扶手26条の5）。都道府県知事，市長および福祉事務所を管理する町村長は，その管理に属する福祉事務所の所管区域内に住所を有する特別障害者（20歳以上であって，著しく重度の障害の状態にあるため，日常生活において常時特別の介護を必要とする者）に対し，特別障害者手当を支給する。手当は，在宅の重度障害者を対象とするものであり，障害者総合支援法にもとづく障害者支援施設などに入所している場合や病院等に継続して3ヶ月を超えて入院している場合には，支給されない（同26条の2）。手当額は，2019年4月現在，月額2万7200円で自動物価スライドする。前述のように，最重度の障害者の所得保障に重点化するために，創設されたものであり，障害基礎年金などと併給される。したがって，障害基礎年金（1級）と特別障害者手当を併せて受給できる最重度の障害者は，年額で約130万円の所得を保障されることになる。手当は，障害者本人またはその扶養親族等の前年の所得が一定額以上であるときは，その支給が停止される。手当の支給に要する費用は，その4分の3を国が，4分の1を都道府県，市または福祉事務所を設置する町村が負担する。

（3）特別障害給付金

「国民年金制度の発展過程において生じた特別な事情にかんがみ，障害基礎年金等の受給権を有していない障害者に」（「特定障害者に対する特別障害給付金の支給に関する法律」1条）特別障害給付金を支給する制度が，2005年度から創設された。これは，学生の国民年金加入が任意だった1990年度前の未加入の時期や，被用者の被扶養配偶者が国民年金に任意加入だった時期に，未加入で障害を負ったため，障害基礎年金が受けられない者などを対象に国の負担で給付することになったものである。全国各地で障害基礎年金の支給を求める無年金障害者の訴訟が提起され，下級審で違憲判決（東京地判平16・3・24民集61巻6号2389頁など）が出されるなか（ただし，控訴審〔東京高判平17・3・25民集61巻6号2463頁〕，上告審〔最判平19・9・28民集61巻6号2345頁〕では違憲の主張を否定），特別な給付金を支給することになったもので，強制加入になって以降の未加入，未納による無年金者は対象外である。給付金の額は，2019年4月現在，障害基礎年金1級相当の場合，月額5万2150円，2級相当の場合，月額4万1720円であり，自動物価スライドする（同5条）。本人の前年の所得が一定額以上である場合には，全額または半額の支給が停止される（同9条）。

（4）障害児・者に対する社会手当の課題と今後の方向性

障害児福祉手当については，前述した児童手当の普遍的拡充を検討する際に，障害児の追加的なニーズに対応するものとして特別児童扶養手当との関係とともに，財源を含めた体系的な検討が必要であろう。障害者に対する社会手当の在り方については，**障害者雇用促進法**や**障害者総合支援法**による就労支援，福祉サービス関連制度の整備を踏まえ，障害（基礎）年金に対するマクロ経済スライドの適用が本格化する前に，最低賃金や年金，生活保護制度など他の所得保障制度との関係を含め，障害ごとに，所得保障ニーズにきめ細かく対応した所得保障制度の在り方を総合的に検討する中で，考えていく必要がある。また，たとえば，長期間施設に入所している障害者が，年金などにより，2000万円を超えるような貯蓄を有しているような場合もあることから，入所施設の利用者負担のあり方や家族を含めた関係者から障害者の権利を擁護するための実効ある制度の確立なども併せて検討する必要があろう。

〔参考文献〕

「第Ⅳ部　児童手当」『講座社会保障法第2巻　所得保障法』（法律文化社，2001年）

児童手当法，児童扶養手当法について，詳細に解説し，両法制度の今後のあり方を展望。

福田素生「第5章　子育ち・子育て支援の法体系とその展開」，増田幸弘「第8章　子育ち・子育てのための金銭給付」日本社会保障法学会編『新・講座社会保障法第2巻　地域生活を支える社会福祉』（法律文化社，2012年）

児童手当，児童扶養手当などの所得保障制度を含め子育ち・子育て支援策を概説するとともに，その歴史的展開を踏まえ，今後のあり方を展望。

福田素生『社会保障の構造改革――子育て支援重視型システムへの転換』（中央法規出版，1999年）

児童手当，児童扶養手当について歴史的経緯や主要国の動向などを詳細に検証し，具体的な改革案を提示。

福田素生「子育ち・子育ての経済的支援策の再検討――社会手当制度を中心に」日本社会保障法学会『子ども支援／遺族年金／引退と所得保障（社会保障法第32号）』（法律文化社，2017年）

福田素生「障害年金をめぐる政策課題」国立社会保障・人口問題研究所『社会保障研究』第4巻第1号，2019年

『五訂児童手当法の解説』（中央法規出版，2013年）

第10章

福祉サービス法

1　福祉サービス法の体系と法律関係

（1）福祉サービス法の定義

障害のある人や認知症の高齢者などは，食事，入浴，排せつなどの介助や地域生活支援がなければ，基本的人権を享有する個人としての尊厳にふさわしい日常生活または社会生活を営むことは困難である。福祉サービス法は，このような障害のある人，高齢者，児童および母子等が有する生活障害（発達障害）に関して，自立と社会参加に必要な福祉サービスを提供することを目的とする法である。福祉サービスは，今日では，日常生活上の身体的な介護のみならず，等しく基本的人権を享有する個人として，社会参加の機会が確保され，地域社会において他の人々と共生するために必要とされる個別の支援（パーソナル・アシスタンス）を含むものとして認識されている（障総1条の2，**障害者の権利に関する条約**19条等）。

福祉サービスの保障方法には，社会保険による方法（介護保険）と社会保険によらない方法（自立支援給付および措置方式など）がある。また福祉サービスの方法は従来施設サービスと在宅サービスに分けられてきた。しかし施設における隔離収容のあり方が反省されるにつれ，ノーマライゼーション（健常者，障害のある人が差別や隔てなく生活できる社会）と地域社会における共生の理念にもとづいて，施設サービスではなく地域生活の支援サービスを行うことが今日では原則とされていることに留意しておきたい。

（2）福祉サービス法の体系

福祉サービスに関連する実定法の展開　福祉サービスの提供に関連する立法としては，敗戦後において，児童や身体障害者等の困窮したニーズに対応していち早く制定された児童福祉法（1947年），身体障害者福祉法（1949年），生活保護法（1950年）および社会福祉事業法（1951年）があり，続いて1960年代以降の高度経済成長期において，救貧対策としての社会福祉から防貧対策としての社会福祉へ向けて拡充された精神薄弱者福祉法（1960年，現知的障害者福祉法），老人福祉法（1963年）および母子福祉法（1964年，現母子及び父子並びに寡婦福祉法）がある。

その後1980年代以降になると次第に，社会福祉は，貧困層や低所得層に限らず福祉サービスを必要としている人々に普遍的に対応すべきものとして捉えられるようになり，やがて，社会保険方式による介護の社会化を目指した介護保険法（1997年）の導入，戦後社会福祉の基礎構造改革を企図した社会福祉法（旧社会福祉事業法）の改正（2000年），および障害者自立支援法の制定（2005年）へと続いた。これにより，福祉サービスの提供方式は戦後長く続いた措置方式から新しい契約方式へと転換された。この間に，児童虐待防止法（2000年，児童虐待の防止等に関する法律），高齢者虐待防止法（2005年，高齢者虐待の防止，高齢者の養護者に対する支援等に関する法律）も制定されている。

さらに，**障害者の権利に関する条約**の採択（2006年国連総会）を受けて，関係国内法の改正と整備が求められるようになり，障害者基本法の改正（2011年），**障害者虐待防止法**の制定（2011年，障害者虐待の防止，障害者の養護者に対する支援等に関する法律），**障害者総合支援法**（旧障害者自立支援法）の改正（2012年），障害者雇用促進法の改正（2013年）および**障害者差別解消法**の制定（2013年，障害を理由とする差別の解消の推進に関する法律）が行われ，ようやく2014年にわが国も同条約を批准するに至った。また，少子化・人口減少対策の必要性が強調されるなかで，幼児期の学校教育・保育，地域の子ども・子育て支援を総合的に推進することを目的に，**子ども・子育て支援法**（2012年）が制定されている。

福祉サービス法の体系　上記の社会福祉法制を総称して本書では福祉サービス法という。その体系は通常，生活障害（発達障害）のある人々のグループ別に区分して，①児童福祉の法，②障害者福祉の法，③高齢者福祉の法，および④母子・父子・寡婦福祉の法等に分類される。

ただし，社会福祉法制を広く，何らかの生活障害のある人々に対する自立支援と社会参加促進の保障を目的とする法として捉えると，その保障内容は福祉サービスの保障のみならず，就労支援の保障，住宅の保障（一定範囲の公営住宅，ケア付き住宅等），教育の保障（障害のある人の教育へのアクセス保障等），犯罪被害者・災害被災者への支援保障なども含まれることに留意しておきたい。

（3）福祉サービスの法律関係

福祉サービスの提供には，福祉サービスの利用者，行政庁の実施機関，および民間の営利・非営利団体を含むサービス提供事業者の3者が関与する。3者の法律関係を大きく分ければ，①自立支援給付等の支給を請求する利用者と，利用者の福祉ニーズを調査・認定し，支給の要否および程度を決定する実施機関との間の法律関係（福祉サービスの保障をめぐる権利義務関係），②支給決定にもとづいてサービスの提供を受ける利用者とサービス提供事業者の間の法律関係（福祉サービスの提供をめぐる契約関係），および③サービス提供の監督と費用の支払いを行う実施機関とサービス提供事業者の間の法律関係（福祉サービス事業者の指定・監督と費用支払いの関係）に分けられる（**図 10-1**，**図 10-2** 参照）。

以下では，対象者グループ別の体系によらず，上記の3つの法律関係に沿って説明しよう。

2　福祉サービス給付の利用者と福祉行政機関

（1）福祉サービスの利用者

各福祉法における定義　児童福祉法において児童とは「満18歳に満たない者」（18歳未満はさらに年齢により乳児，幼児および少年に分けられる。

図 10-1　自立支援給付方式の法律関係

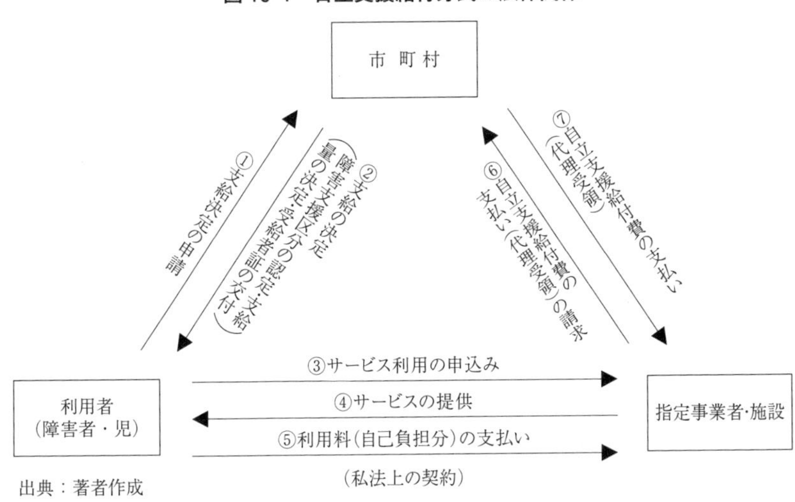

出典：著者作成

児福4条1項）をいい，障害児とは「身体に障害のある児童，知的障害のある児童，精神に障害のある児童又は治療方法が確立していない疾病等であって障害者総合支援法に定める程度の障害のある児童」（児福4条2項）をいう。

身体障害者福祉法において身体障害者とは，法律の「別表に掲げる身体上の障害がある18歳以上の者であって，都道府県知事から**身体障害者手帳**の交付を受けたもの」（身障4条）と定義されている。

知的障害者福祉法においては知的障害者の一般的な定義規定がおかれていない。実際上は，行政機関ごとに齟齬が生じることを避ける必要から，旧厚生省以来，通達で知的障害者にも身体障害者手帳に準じた「**療育手帳**」を交付することとしている（「療育手帳制度について」昭和48発児156）。

精神保健及び精神障害者福祉に関する法律において精神障害者とは「統合失調症，精神作用物質による急性中毒又はその依存症，知的障害，精神病質その他の精神疾患を有する者」（精神5条）をいい，**精神障害者保健福祉手帳**（精神45条）の制度はあるものの，その交付を要件としていない。

障害者総合支援法における障害者・児は，以上の児童，身体障害者，知的障

図 10-2　措置方式の法律関係

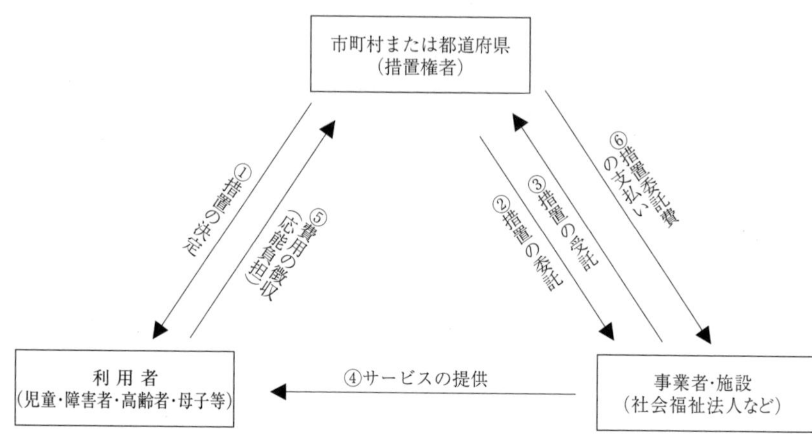

注：利用者は事業者・施設等を選択できない。利用者と事業者・施設の間に契約関係はないとされる。
出典：著書作成

害者および精神障害者の各福祉法における定義に加えて，治療方法が確立していない疾病等であって厚生労働大臣が定める程度の障害のある 18 歳以上のものである（障総 4 条 1 項，2 項）（コラム 10-1 参照）。

老人福祉法では老人の一般的な定義規定に代えて，個々のサービスごとにサービスを受給できる人の要件を定めている。たとえば特別養護老人ホームへの入所者は 65 歳以上の者（65 歳未満の者であってとくに必要があると認められるものを含む）とされているのがその例である（老福 5 条の 4 第 1 項，11 条 1 項 2 号）。

社会福祉法における「福祉サービスの利用者」

以上の児童，障害者および老人等は福祉行政機関，サービス事業者等との関係においては「**福祉サービスの利用者**」である。2000 年社会福祉法改正によって，それまで旧社会福祉事業法において用いられていた「要援護者等」「被援護者等」の表現が削除され，法文上「福祉サービスの利用者」（社福 1 条）という規定に変更された。「要援護者等」という語においては，福祉サービスを必要とする者は行政事務である援護，育成または更生の措置の対象であって，自らの意思によりサービスを選択し利用する主体とはされていなかった。これに対し「利用

❖コラム 10-1　障害者の範囲と手帳制度の課題

旧障害者自立支援法における**障害者の範囲**については，同法が各福祉法の定義・手帳制度を前提とすることにより，発達障害者支援法にいう発達障害者，難病等の慢性疾患，高次脳機能障害など「谷間の障害者」を置き去りにしているとの指摘があった。

これらの「谷間の障害者」問題は，障害者総合支援法の制定により改善されたが，障害者総合支援法に定められた自立支援給付を受けるためには，やはり身体障害者福祉法に定める身体障害者手帳の交付を受ける必要がある（障総４条１項）。身体障害者の定義は手帳の交付を要件としているから，手帳が交付されない場合，それ以後の自立支援給付等を受けることができない。知事の誤った判断により手帳が交付されないときは手帳の不交付それ自体を対象にして不服審査や取消訴訟で争わなければならない。

ただし身体障害者手帳は，障害者総合支援制度にとって本来は意味がないものであることを明確にしておく必要がある。なぜなら自立支援給付は障害者の有するニーズの程度に則して支給決定されなければならないところ，手帳はその意味においてニーズの程度を表すものではないからである。もっとも手帳制度それ自体は自立支援給付のみならずさまざまな措置の基礎として用いられており，その中には既得権化しているものがあることに留意しなければならない。

者」という語において初めて，社会福祉事業を経営する事業者と対等な立場にある主体として位置づけられることとなった。

（2）支給決定の実施機関と福祉行政組織

支給決定の実施機関

自立支援給付等の支給やその他の措置の決定は市町村が行う。地域におけるサービス利用者の福祉ニーズに即応することおよび地方分権を推進すること等の観点から，住民に身近な基礎自治体において行うよう，支給決定等の実施機関は市町村に一元化されている。ただし，児童福祉施設（保育所を除く）への入所事務等は児童福祉法にもとづき都道府県の所掌事務とされている。都道府県および市町村における所掌事務およびこれを実施するための福祉行政組織については後述する。

公的責任の範囲

社会福祉法等の改正（2000年）によって，障害者・児の福祉サービス利用方式が措置制度から契約による利用を基本とする制度へ変わったことによって，公（市町村等）の立場も，サービスそれ自体を提供する「措置の実施者」から，「契約による利用制度の管理・保証者」の立場へ基本的に転換された。

これに伴って福祉サービスに関する公的責任の規定に変化がみられる。まず，社会福祉法に「福祉サービスの提供体制の確保等に関する国及び地方公共団体の責務」（社福6条）が明記され，契約による利用が困難な場合の**やむを得ない事由による措置**の権限・義務等の規定（児福21条の6，身障18条1項・2項，知障15条の4および16条，老福10条の4および11条）が補完的に定められ，さらに障害者総合支援法等に，虐待の防止・早期発見その他の**権利擁護に必要な援助を行う責務**など，新たな責務も加えられた（障総2条1項3号，障害者虐待防止法4条，9条，19条，26条等）。

しかしながら運用の実態からみれば，①施設の整備，提供体制の確保が財政不足等のため進まず，そのため利用者はサービスの選択肢が限られているだけでなく，むしろ事業者・施設が経営上都合のよい利用者を選択して，手間のかかる利用者は排除される場合があること，②契約による利用が著しく困難な場合，上記のとおり「やむを得ない事由による措置」を採る権限（居宅における介護の措置，老福10条の4等）または義務（老人ホーム等への入所の措置，老福11条等）が市町村に課されているものの，市町村の裁量によって実際に措置される事例は限られていることなど，実際の運用において公的責任が後退していると指摘されることが少なくない。

社会福祉の行政組織　公的責任を遂行するために，国の機関としては，厚生労働省設置法にもとづいて社会・援護局（生活保護，地域福祉等を所管），雇用均等・児童家庭局（児童福祉等を所管），老健局（高齢者介護等を所管）および障害保健福祉部（障害者福祉等を所管）が設けられ，これらの部局において各福祉制度に関する企画・立案，予算編成，政府提出法案の作成，法令の解釈・施行，補助金等の交付，全国統一的な基準の作成などの任務を行う。この任務を遂行するにあたって厚生労働大臣の諮問機関として**社会保障審議会**のなかに社会福祉分科会がおかれている。

地方公共団体においては，都道府県（指定都市，中核市）に保健福祉部等の部局がおかれ，社会福祉法人の認可・監督，社会福祉施設の設置認可・監督・設置，児童福祉施設（保育所を除く）への入所事務，関係行政機関および市町村への指導等の任務を行う。また，都道府県の専門機関として**児童相談所**（児童福祉施設入所事務，児童相談・調査・判定・指導等，児童の一時保護，里親・保護受託者への委託を実施。児福12条，27条1項，32条1項等）のほか身体障害者更生相談所（身障11条），知的障害者更生相談所（知障12条）が設置される。各更生相談所は施設入所調整および障害者への相談･判定･指導などの専門技術的サービスのみを担当し，行政上の措置権限をもたない。

市町村では，市民福祉課等の部課において在宅福祉サービスの提供等を担当するほか，第一線行政機関として**福祉事務所**（社福14条－17条）が設置（ただし町村は任意設置）され，特別養護老人ホームへの入所事務等，身体障害者更生援護施設への入所事務等，知的障害者援護施設への入所事務等，助産施設・母子生活支援施設および保育所への入所事務等を実施している。

以上の行政機関のうち，中核となる福祉事務所には社会福祉主事，身体障害者福祉司，知的障害者福祉司など，また児童相談所には児童福祉司などの社会福祉専門職員が配置される。また社会福祉専門職員の人員確保，任用資格および福祉サービスの質の向上のため社会福祉士及び介護福祉士法（1987年）が制定されている。そのほか社会福祉事務の執行に協力する非常勤の職員として民生委員および児童委員がおかれる。

3　福祉サービス給付の範囲と手続き

（1）福祉サービスの利用方式とサービスの種類

福祉サービスの種類は，対象者グループ別の各福祉法に沿って，児童福祉サービス，身体障害者・知的障害者・精神障害者の福祉サービス，老人福祉サービス，母子・父子・寡婦福祉サービス等に大別して整理することも可能であるが，以下では，福祉サービスの利用方式の違いに着目して，障害者自立支援給付の方式，保育所等の選択利用方式およびその他の措置方式の3つの形式について説明する。

障害者自立支援給付の方式とそのサービスの種類・範囲

自立支援給付の基本的な法律関係は，ⅰ障害福祉サービスの利用について介護給付費・訓練等給付費などの支給を希望する者は，市町村等に対し**支給決定の申請**を行う。市町村等は省令で定める事項を勘案して支給の要否を決定する（利用者と市町村等の関係）。つぎに，ⅱ利用者は指定事業者・施設と契約を結びサービスの提供を受ける。その際，費用の一部を利用者負担として支払う（利用者と事業者・施設の関係）。最後に，ⅲ市町村等はサービスに要する費用から利用者負担を控除した額を自立支援給付として支給する。ここで利用者本人に支給する代わりに指定事業者・施設に支払う**代理受領方式**（事業者・施設と市町村等の関係）と，本人に直接支給する方式（償還払い方式）がある。

自立支援給付の種類は，大別して①障害福祉サービスに要する費用を給付する**介護給付費**と**訓練等給付費**，②サービスの利用，地域生活への移行等に関する相談支援に要する費用を給付する地域相談支援給付費（地域移行支援および地域定着支援を含む）と計画相談支援給付費（サービス利用支援および継続サービス利用支援を含む），③自立支援医療，療養介護医療に要する費用を給付する**自立支援医療費**等，および④補装具の購入または修理に要する費用を給付する補装具費に分類される（障総6条）。

このうち介護給付費は，9種類のサービス（居宅介護，重度訪問介護，同行援護，行動援護，療養介護，生活介護，短期入所，重度障害者等包括支援，施設入所支援）に要する費用を，また訓練等給付費は，4種類のサービス（自立訓練，就労移行支援，就労継続支援，共同生活援助）に要する費用を支給する（障自28条1項，2項）。

これらの障害福祉サービスは，主としてサービスを利用する場所，サービスの目的・機能に着目して，法律上の分類ではないが，在宅生活および外出を支援するサービス（**表10-1**），昼間の活動，訓練および相談支援に関するサービス（**表10-2**），および住まいの場としてのサービス（**表10-3**）の3類型に分けられる。

表10-1　在宅生活および外出を支援するサービス

	個別給付						地域生活支援事業
	居宅介護	重度訪問介護	同行援護	行動援護	短期入所	重度障害者等包括支援	移動支援事業
対象者（判断基準）	障害者および障害児	重度の肢体不自由者，知的障害者または精神障害者であって，常時介護を要する障害者	視覚障害により，移動に著しい困難を有する障害者等	知的障害または精神障害により行動上著しい困難を有する障害者または障害児であって，常時介護を要する者	障害者および障害児	常時介護を要し，意思疎通に著しい支障がある最重度の障害者および障害児	障害者または障害児であって，市町村が外出時に移動の支援が必要と認めた者
	区分1以上（障害児にあっては，これに相当する心身の状態）である者	区分4以上であって，下記のいずれにも該当する者 ①二肢以上に麻痺があること ②区分の認定調査項目のうち「歩行」「移乗」「排尿」「排便」のいずれも「できる」以外と認定されていること	区分2以上であって，歩行，移乗，排尿，排便等が見守りまたは一部介助以上を要すると認定されている者	区分3以上であって，区分の認定調査項目のうち行動関連項目等の合計点数が8点以上である者	区分1以上である者	区分6（障害児にあっては，これに相当する心身の状態）で， ①重度訪問介護の対象であって，四肢すべてに麻痺があり，寝たきりの状態にある障害者（筋ジストロフィー，ALS等），または ②障害支援区分の認定調査項目のうち行動関連項目の合計点数が8点以上である者	市町村において判断
サービス内容	短時間集中的に，主として以下のサービスを提供 ・入浴，排せつまたは食事の介護 ・調理，洗濯および掃除等の家事 ・その他生活全般にわたる援助 ・通院時における移動中の介護	同一箇所に長時間滞在し，主として以下のサービスを総合的に提供 ・入浴，排せつまたは食事の介護 ・調理，洗濯および掃除等の家事 ・その他生活全般にわたる援助 ・外出時における移動中の介護 ※日常生活に生じる様々な介護の事態に対応するための見守り等の支援を含む	外出時における必要な視覚的情報の支援（代筆・代読等），外出時における移動の援護，および外出時における排せつ・食事等の介護その他の援助を提供	主として以下のサービスを提供 ・行動する際に生じ得る危険等を回避するために必要な介護 ・その他行動する際に必要な介護	短期間の入所中に入浴・排せつおよび食事の介護サービスを提供	居宅介護，重度訪問介護，行動援護，生活介護，短期入所共同生活介護，自立訓練，就労移行支援，就労継続支援を利用者の必要に応じて組み合わせ，包括的に提供	社会生活上必要不可欠な外出および余暇活動等の社会参加のための外出の際の移動を支援

出典：障害者福祉研究会編『逐条解説　障害者自立支援法』（中央法規出版，2007年）53頁に障害者総合支援法による改正を加筆して修正

表 10-2　昼間の活動，訓練および相談支援に関するサービス

		対象者	サービス内容
個別給付	療養介護	病院等への長期の入院による医療的ケアに加え，常時の介護を必要とする区分5以上である者	病院において，機能訓練，療養上の管理，看護，医学的管理下における介護および日常生活上の世話を提供
	生活介護	地域や入所施設において，安定した生活を営むため，常時介護等の支援が必要な者であって，区分3（50歳以上の場合は区分2）以上である者	障害者支援施設などで，主に昼間に，入浴，排せつ，食事の介護その他日常生活上の支援，創作的活動の機会，身体機能の維持向上のための援助等を提供
	自立訓練（機能訓練）	地域生活を希望し，身体機能の向上に向け，支援を必要とする者	身体機能の向上のための訓練その他日常生活上の支援を提供
	自立訓練（生活訓練）	地域生活を希望し，生活能力の向上に向け，支援を必要とする者	生活能力の向上のための訓練その他日常生活上の支援を提供，宿泊型自立訓練を含む
	就労移行支援	一般就労を希望し，知識および能力の向上に向け，支援を必要とする者	就労に必要な知識および能力の向上のための訓練その他日常生活上の支援を提供
	就労継続支援A型	雇用契約にもとづく就労の機会の提供を希望する者	雇用契約にもとづく就労の機会その他日常生活上の支援を提供
	就労継続支援B型	雇用契約によらない就労の機会の提供を希望する者	雇用契約によらない就労の機会その他日常生活上の支援を提供
	地域相談支援（地域移行支援）	障害者支援施設，児童福祉施設（18歳以上の入所者），精神科病院等に入所（院）している者であって，地域生活移行の支援を必要とする者のほか，「地域における生活に移行するために重点的な支援を必要とする者」も対象に追加	住居の確保，外出時の同行，障害福祉サービス（生活介護，自立訓練，就労移行支援，就労継続支援に限る）の体験利用，および地域移行支援計画の作成等を提供
	地域相談支援（地域定着支援）	入所施設や精神科病院から退所（院）した者や地域生活が不安定な者等であって，緊急時等の支援が必要と認められる者	常に連絡がとれる体制を確保し，緊急に支援が必要な事態が生じた際に，緊急訪問や相談などの必要な支援を提供
	計画相談支援（サービス利用支援）	障害福祉サービスの申請または変更の申請を行う者もしくは障害のある児童の保護者等	障害のある者の心身の状況，環境，サービスの利用意向，その他の事情を勘案し，「サービス等利用計画案」の作成，および支給決定後にサービス事業者等との連絡調整と「サービス等利用計画」の作成等を提供
	計画相談支援（継続サービス利用支援）	指定特定相談支援事業者が提供したサービス利用支援により「サービス利用計画」が作成された支給決定障害者等	「サービス等利用計画」の利用状況の検証（モニタリング），「サービス等利用計画」の変更および関係者との連絡調整等を提供
地域生活支援事業	地域活動支援センター	市町村等が施設の利用が必要と認めた者および児童	創造的活動または生産活動の機会の提供等日常生活に必要な便宜を提供

出典：表 10-1 の出典 56 頁に加筆修正

表10-3　住まいの場としてのサービス

	個別給付		地域生活支援事業
	施設入所支援	共同生活援助（グループホーム）	福祉ホーム
対象者	生活介護を受けている者であって，区分4（50歳以上の場合は区分3）以上である者，その他自立訓練，就労移行支援の対象者も含まれる	身体障害者，知的障害者または精神障害者。2014年4月より共同生活介護（ケアホーム）は共同生活援助（グループホーム）へ一元化	家庭環境，住宅事情等の理由により，居宅において生活することが困難な者
サービス内容	施設に入所し，主に夜間に入浴，排せつまたは食事の介護等を提供	地域における共同生活を営む住居において，主に夜間に相談その他日常生活上の援助を提供	利用者の日常生活に関する相談，助言等を提供
人員配置	【利用者が50人の場合】 夜勤を行う生活支援員…1～3人	【利用者が30人の場合】 サービス管理責任者…1人 世話人…3～5人	【利用者が20人の場合】 管理人…1人

出典：表10-1の出典60頁に加筆修正

なお，**障害者総合支援法**の目的（1条）に，地域生活支援事業による支援を行うことが明記されたことを受けて，市町村および都道府県が行う地域生活支援事業の必須事業が法定化されている。市町村が実施する必須事業としては，新たに4事業を加え，9事業が定められている（同77条1項1号－9号）。すなわち，①「障害者等の自立した日常生活及び社会生活」に対する理解を深めるための研修・啓発の事業，②障害者等，その家族，地域住民等が自発的に行う「障害者等が自立した日常生活及び社会生活を営むことができるようにするための活動」に対する支援の事業，③障害者等の相談に応じ，必要な情報の提供および助言を行うとともに，虐待の防止，早期発見のための関係機関との連絡調整その他の権利擁護のために必要な援助を行う事業，④障害福祉サービスの利用の観点から成年後見制度の利用が有用であると認められる障害者で，その費用負担が困難なものにつき厚労省で定める費用を支給する事業，⑤市民後見人等の人材の育成・活用を図るための研修の事業，⑥意思疎通を図ることに支障がある障害者等につき，手話通訳等の派遣，日常生活用具の給付・貸与その他を供与する事業，⑦意思疎通支援を行う者の養成（手話奉仕員の養成等）の事業，⑧移動支援事業，⑨地域活動支援センター等に通わせ，創作・生産活動の機会の提供，社会との交流の促進を行う事業，の9事業である。市町村は上記9事業のほか，福祉ホームその他の事業（任意事業）を営むことができる（同77条3項）。

これらの事業は，自立支援給付（個別給付）と異なり，市町村が地域の実情に応じ，その裁量により実施する事業であるが，市町村の条例により申請についての規定を設け，支援の要件・内容を定めたものは，単なる反射的利益にとどまらず権利性を保障するものと解される。

子ども・子育て支援法によるサービス利用方式と保育所等の選択利用方式

子ども・子育て支援法（2012年）により，導入された「子どものための教育・保育給付」については，市町村による支給認定，契約による教育・保育施設の利用，そして施設型給付費等の支給（代理受領）というように，自立支援給付方式に類似の利用方式が定められている（子ども・子育て支援法11条，19条，20条，27条等）。ただし，保育所の利用については，当分の間，従来の選択利用方式を維持することとされている（子ども・子育て支援法附則6条1項4項，児福24条1項，56条3項等）。

選択利用方式は保育所，母子生活支援施設の利用方式であって，ⅰ利用者は市町村等に対し，希望する施設の利用を申し込む。ⅱ市町村等は利用者が希望する施設に対し，サービスの実施を委託する。ⅲ市町村等は利用者本人またはその扶養義務者から，負担能力に応じ費用の全部または一部を徴収する。ⅳ市町村等は利用者に対し，施設に関する情報提供を行う，という方式である。この方式は，利用者による事業者の選択が可能である点で自立支援給付方式と同じであるが，利用者と事業者の間に契約関係はないとされる点で異なる。

措置方式とそのサービスの種類・範囲

措置方式は，やむを得ない事由により自立支援給付や介護保険給付など契約利用方式の適用が困難な場合などに採られる方式であって，行政庁（市町村等）の行政処分（措置）によって，福祉サービスの対象者およびサービスの種類・程度を決定するというやり方である。この方式の下では措置の対象者はサービス事業者・

施設を選択することができない。措置の対象者とサービス事業者との間に契約関係はないとされる。措置に要する費用は，利用者本人またはその扶養義務者から負担能力に応じ徴収する額を除いて，公費により負担される。

措置方式によるサービスには，要保護児童の保護措置（たとえば，都道府県の採るべき措置として，「児童を小規模住居型児童養育事業を行う者若しくは里親に委託し，又は乳児院，児童養護施設，障害児入所施設，情緒障害児短期治療施設若しくは児童自立支援施設に入所させること」児福27条1項3号）のように，そのサービスの性質上，本来契約方式になじまず，措置方式とされるもののほか，やむを得ない事由により契約方式によるサービスの利用が著しく困難と認められる場合に例外的に措置方式とされるもの（身障18条1項・2項，知障15条の4，16条1項2号，児福21条の6，老福10条の4，11条等）が存在する。これらの措置には，規定上「できる措置」と「義務付け措置」があり，利用者の**措置請求権**の存否をめぐって，問題点が指摘されてきた。

（2）障害者自立支援給付の手続き

申請から障害程度区分の認定まで

障害福祉サービスの利用は，**自立支援給付**の支給決定の申請に始まる。申請は，支給決定を希望する障害者または障害児の保護者が，市町村に対して行う（障総20条1項）。市町村は，サービス利用の申請を行う障害者または障害児の保護者に対して，サービス等利用計画案の提出依頼を行う（障総22条4項）。申請を受理した市町村は**障害支援区分**の認定と支給要否の決定を行うため，障害者または障害児（以下，障害者等という）の心身の状況，環境など省令で定める事項を調査させなければならない（同20条2項）。

旧法の「障害程度区分」は知的障害，発達障害，精神障害の状態を適切に反映していないとの指摘を受けて，障害の多様な特性その他の心身の状態に応じて必要とされる標準的な支援の度合いを総合的に示すものとして「障害支援区分」へと改正された。とくに知的障害および精神障害については，コンピュータによる一次判定で低く判定され，二次判定で見直される割合が高かった。

その改善等を図るため，新しい認定調査項目では106項目から80項目へ整理されるとともに，新しく危険の認識，読み書き，集団への不適応等の6項目が追加された。しかし，80項目の調査項目には，地域活動や社会活動等，社会参加のニーズを独立に調査する項目は含まれていない。この調査項目は障害者の特性をふまえた判定が行われるよう改められた項目ではあるが，これにより果たして**障害者総合支援法**の目的・基本理念（1条，1条の2）に沿って「必要とされる標準的な支援の度合い」を判定できているかどうか引き続き検証が必要であろう。

障害支援区分の判定は，まず上記80項目の調査結果および医師意見書の一部項目をコンピュータソフトに入力して判定（一次判定）を行い，次いで**市町村審査会（「介護給付等の支給に関する審査会」）**において一次判定の結果，特記事項（障害支援区分認定調査で把握しきれない本人の状況についての調査）および医師意見書（一次判定で評価した項目を除く）をもとに審査判定（二次判定）を行う（**図10-3**参照）。審査判定にあたり審査会がとくに必要と認めた場合は，申請のあった障害者，その家族，医師その他関係者の意見を聴くことができる（同21条2項）。審査会委員は障害者等の保健，福祉に関する学識経験者のうちから任命するとされているのみで，障害当事者の代表は含まれていない（同16条2項）。

市町村は，市町村審査会の審査判定の結果にもとづいて障害支援区分の認定を行う（同21条1項）。障害支援区分は上記の厚生労働省令により6段階に分けられている。この認定は市町村が行う介護給付費等に係る行政処分であるので，不服がある障害者等は都道府県知事に対して審査請求をすることができる（同97条1項）。

支給要否の決定

障害支援区分の認定に続いて，市町村は支給要否の決定を行わなければならない。

支給要否の決定にあたって勘案するものとされる事項は，申請のあった障害者等の障害支援区分のほか，障害者等の介護を行う者の状況，介護給付費等の受給の状況，障害者等または障害児の保護者のサービス利用にかんする意向の具体的内容，障害者等のおかれている環境，およびサービス提供体制の整備の

図 10-3　障害者自立支援給付の利用手続き

1　相談・申請
・市町村の障害福祉担当窓口や相談支援事業者に相談する。
・サービス利用を希望する障害者または障害児（18 歳未満）の保護者は市町村に申請する。

↓

2　障害支援区分認定調査
・認定調査員の訪問調査により，障害者の心身の状況を把握するための 80 項目の調査（アセスメント）を行う。
（ただし，訓練等給付または地域相談支援給付のみを利用する人については，以下の 3～5 は行わない。）

↓

3　一次判定（コンピュータ判定）
・80 項目の認定調査結果と医師意見書の一部項目をもとに，コンピュータによる障害支援区分の一次判定を行う。

4　二次判定（審査会による判定）
・一次判定結果，特記事項，医師意見書（一次判定で評価した項目を除く）をもとに市町村審査会で二次判定を行う。

5　障害支援区分の認定・通知
・市町村は，市町村審査会による二次判定の結果にもとづき障害支援区分の認定を行い，申請者に通知する。

6　サービス利用意向の聴き取り，サービス等利用計画案の提出
・市町村は，サービス利用意向の聴き取りを行い，支給決定のための勘案事項として整理する。
・申請者は指定特定相談支援事業者が作成したサービス等利用計画案を提出する。

↓

7　支給決定
・市町村は，障害支援区分やサービス利用意向聴取の結果，サービス等利用計画案を踏まえ，支給決定案を作成する。
・市町村は，作成した支給決定案が当該市町村の定める支給決定基準等と乖離するような場合は，「非定型の支給決定」等として，市町村審査会に意見を求めることができる。
・市町村は，勘案事項，審査会の意見，サービス等利用計画案の内容を踏まえ，支給決定を行う。
・サービスの支給量等が決定されると，受給者証が交付される。

8　サービス等利用計画の作成
・決定した内容にもとづき指定特定相談支援事業者は，サービス担当者会議を開催してサービス事業者等との連絡調整を行い，サービス等利用計画を作成する（2015 年 4 月から全申請者を対象）。申請者自身による作成も可能。

9　サービスの利用開始
・申請者は，サービス提供事業者と契約を結び，サービスの利用を開始する。
・特定相談支援事業所がモニタリングを行う（2015 年 4 月から全申請者が対象）。

出典：筆者作成

状況である（同22条1項，障総則12条）。ただし，これらの勘案において，どこで誰と生活するかについての選択肢を奪うようなことがあってはならない（同1条の2，障害者の権利に関する条約19条）。サービス利用の意向については，指定相談支援事業者に依頼して作成されたサービス利用計画案などを聴取することによって判断される。サービス等利用計画案の提出は，2015年4月から全申請者に適用される。サービス等利用計画案は申請者自身による作成も可能である。市町村は支給決定にあたって必要があると認めるときは，市町村審査会，身体障害者更生相談所，知的障害者更生相談所，精神保健福祉センター，児童相談所その他の意見を聴くことができ，市町村審査会，身体障害者更生相談所等は，意見を述べるにあたって当該の障害者等，その家族，医師その他の関係者の意見を聴くことができる（障総22条2項，3項）。

市町村が決定しなければならない事項は，サービスの種類ごとに月を単位として支給するサービスの量（**支給量**）である（同22条7項）。

支給決定を行ったときは，市町村は支給量その他を記載した**障害福祉サービス受給者証**を交付しなければならない（同22条8項）。

以上の**障害支援区分**の判定から支給要否決定までの各段階にかんして注意すべき点は，①障害支援区分の判定の段階では障害者本人の社会活動等の意欲を考慮に入れることなく，障害者等の心身の状況だけで判定されること（同21条1項，障総令10条2項，厚生労働省令40），②支給要否決定の段階では障害支援区分だけでなく，地域生活，就労，日中活動などの社会活動や介護者，居住等の状況，サービスの利用意向等を勘案して決定されること（障総22条1項，障総則12条），および③支給量は個別の障害者等ごとに上限が設定される（この点で要介護度の区分ごとに在宅サービスの支給限度額が設定されている介護保険と異なる）ことである。

したがって，支給の要否および支給量の決定において市町村に一定の裁量権限が付与されていることは明らかである（**コラム10-2**参照）。しかし一方で，**障害者総合支援法**は目的規定（1条）において，「自立」という表現に代えて，「基本的人権を享有する個人としての尊厳にふさわしい日常生活又は社会生活を営

❖コラム 10-2　支給量判断基準とサービスガイドラインの実際と問題点

障害福祉サービスが一定の指標に従って公平・公正に調査され，かつ支給決定されるように，各市町村は**サービス支給量の判断基準**やサービス支給量の状態像を示すガイドライン等を定めている。ただ，そこには問題もあって，①障害当事者の生活実態と判断基準やガイドラインで示されるものとの間に大きな違いがあること（地方自治体によっては，たとえば，家事援助の基準時間として示される月27時間では毎日の3食の調理をするにも不足し，すべての家事援助を行える時間ではないこと，身体介護に関する基準時間のうち食事介助0.25時間〔15分〕は事実上不可能であり，入浴介助も1人介護1.5時間，2人介護1時間という基準は障害者の生活実態に照らして困難な場合があること，居宅介護や重度訪問介護の**総量基準〔単位〕**がたとえば夕食と就寝を連続して2時間ですませる，といった不適切なモデルプランをもとにした総量基準であること，など），②判断基準が単なるガイドラインでなくそれ以上の**「上限」基準**を意味するものとして機能していること，③総量基準が単位数（金額）で示されているため，非常にわかりにくく，むしろ個々のサービスの基準・支給量の決定・サービス利用の契約が時間数で示されていることと整合性をもたせて，総量基準も時間数で示されるべきであること，等の問題が指摘される。

むこと」と明記し，かつそのための支援は，「全ての障害者及び障害児が可能な限りその身近な場所において必要な日常生活又は社会生活を営むための支援を受けられることにより社会参加の機会が確保されること及びどこで誰と生活するかについての選択の機会が確保され，地域社会において他の人々と共生することを妨げられないこと並びに障害者及び障害児にとって日常生活又は社会生活を営む上で障壁となるような社会における事物，制度，慣行，観念その他一切のものの除去に資することを旨として，総合的かつ計画的に行われなければならない」というように，提供されるべき支援の一般的理念的基準が定められている。これらの理念的基準が支給要否決定における市町村の裁量をどこまで拘束すると解すべきかについては，そのことに関連して，旧障害者自立支援法にもとづく介護給付費の削減を違法とする司法判断が示されており，注目される（コラム10-3参照）。

❖コラム 10-3　支給量決定の違法性をめぐる裁判

支給量決定の違法性を争う裁判例が，近年，①第１次鈴木訴訟東京地裁平成 18 年 11 月 29 日判決（賃社 1439 号 55 頁），②第２次鈴木訴訟東京地裁平成 22 年７月 28 日判決（判タ 1356 号 98 頁，賃社 1527 号 23 頁），③船引町支援費訴訟福島地裁平成 19 年９月 18 日判決（賃社 1456 号 54 頁），④脳性まひで１日 24 時間の介護を求めた石田訴訟大阪高裁平成 23 年 12 月 14 日判決（賃社 1559 号 21 頁，判自 366 号 31 頁），⑤筋萎縮性側索硬化症（ALS）患者で１日 24 時間の介護を求めた和歌山 ALS 訴訟和歌山地裁平成 24 年４月 25 日判決（判時 2171 号 28 頁），⑥札幌高裁平成 27 年４月 24 日判決（控訴棄却，判自 407 号 65 頁）等，相次いでいる。

このなかで上記の④大阪高裁判決は，旧障害者自立支援法に基づく支給決定に関してであるが，「市町村が行う支給要否決定並びに支給決定を行う場合における障害福祉サービスの種類及び支給量の決定が裁量権の範囲を逸脱し又は濫用したものとして違法となるかどうかは，当該決定に至る判断の過程において，勘案事項を適切に調査せず，又はこれを適切に考慮しないことにより，上記の各決定内容が，当該申請に係る障害者等の個別具体的な障害の種類，内容，程度その他の具体的な事情に照らして，社会通念上当該障害者等において自立した日常生活又は社会生活を営むことを困難とするものであって，自立支援法の趣旨目的に反しないかどうかという観点から検討すべきである」と述べて，「個別事情に即した支給決定」原則を明示した点で，今後の司法審査の方向性を決定づけるものとなったといえよう。

支給決定の変更と取消　支給決定の際に勘案した状態が変化したことが明らかである場合，市町村は職権により，**支給量等の変更や取消**を行うことができるとされている（障総 24 条２項，25 条１項）。したがって支給決定の有効期間内であっても，いったん確定した支給量等を変更することは可能であると解される。ただし，指定障害福祉サービスの提供を事業者から受けた後に当該サービスに係る支給量を変更することはできないというべきである。なお，障害者手帳の等級は主に機能障害の状況に着目したものであって，支給決定の際の勘案事項とは判断基準が異なると考えられるから，手帳の等級が変更されたからといって，ただちに職権により支給量等の変更または取消を行うことは許されない。

障害福祉サービスの提供　支給決定を受けた障害者等は，指定事業者・施設に受給者証を提示して一連の契約を結ぶことによりサービスの提供を受けることになる（障総29条2項）。

(1)計画相談支援（ケアマネジメント）　一連の契約はまず「**計画相談支援**」の利用契約から始まる（同32条1項）。「計画相談支援」とはサービス利用支援と継続サービス利用支援から成る。前者のサービス利用支援は，利用者の心身の状況，おかれている環境，サービスの利用意向その他の事情を勘案し，サービスの種類・内容等を定めたサービス利用計画を作成するとともに，事業者等との連絡調整を行うことをいい（同5条20項），後者の継続サービス利用支援は，サービス利用計画やサービス利用状況が適切であるかどうか検証（モニタリング）等を行うことをいう（同5条21項）。「計画相談支援」に要する費用については，**計画相談支援給付費**が支給される。この場合利用者の負担はなく，10割給付である（同51条の17第2項）。

(2)サービス利用契約　上記のサービス利用計画にもとづいて，つぎに指定事業者・施設と個別に居宅介護，重度訪問介護，自立訓練等の障害福祉サービス利用契約を結ぶことにより，サービスの提供を受ける。

何らかの支援があれば本人の意見を確認できる知的障害者については，本人の意見により本人自ら契約できるよう，**日常生活自立支援事業**（**福祉サービス利用援助事業**）を活用することが可能である。しかし判断能力が不十分で契約締結能力がない利用者については**成年後見制度**を利用することが必要となる。成年後見人の選任を待たずに緊急にサービスを提供する必要があるときは，市町村は成年後見人が選任されるまでの間，措置によりサービスを提供する権限または義務を有する。

契約締結にさいして事業者には利用の申込み時の説明（努力義務，社福76条）および契約成立時の書面交付義務（社福77条）が定められている。そのさい市町村等は，視覚障害者や聴覚障害者，盲・聾重複障害者の場合，コミュニケーションの支援，手話通訳者等の派遣を活用して，契約の締結を支援することができる。

⑶給付費と代理受領方式　市町村は，支給決定障害者等が支給決定の有効期間内に指定障害福祉サービスを受けたときは，その障害福祉サービスに要した費用（食費，居住費等の特定費用を除く）について，介護給付費または訓練等給付費等を支給する義務を負う（障総29条1項等）。介護給付費または訓練等給付費の額は，サービスの種類ごとに指定障害福祉サービスに通常要する費用（特定費用を除く）として，厚生労働大臣が定める基準額から障害者等の負担能力その他の事情をしん酌して政令で定める額（基準額の1割が限度）を控除して得た額である（同29条3項）。

ただし，市町村はその給付費を本人に支給する代わりに指定事業者・施設に支払うことができる（**代理受領方式**）とされている（同29条4項）。したがって，実際上は現物給付化されているが，上記の代理受領方式は市町村の権限規定（できる規定）として定められているから，個々の市町村の判断により，代理受領によらず給付費を本人に支給すること（**償還払い方式**）も可能である。

指定事業者・施設から請求される介護給付費または訓練等給付費（代理受領）の審査・支払の事務は，国民健康保険団体連合会に委託される（同29条7項）。

4　福祉サービスの提供体制の確保

（1）提供体制の確保等に関する国・地方公共団体の責務

福祉サービスの提供に関する公的責任は，「**措置方式から契約方式へ**」の転換により，原則として，サービスそれ自体を提供する責任から，利用者が適切なサービスを利用できるよう，事業を監督し，サービス提供体制の基盤整備を図り，サービス利用に要する費用を補助する責任へ，つまりサービス（現物）保障から費用（金銭）保障へ改められた。

しかしこのような方式のもとでも，国・地方公共団体は公権力の行使の主体として「社会福祉を目的とする事業の広範かつ計画的な実施が図られるよう，福祉サービスの提供体制の確保に関する施策，福祉サービスの適切な利用の推進に関する施策その他の必要な各般の措置を講じなければならない」（社福6

条)。ここで「提供体制の確保に関する施策」とは，施設・設備整備費補助金，税制上の優遇等を指し,「福祉サービスの適切な利用の推進に関する施策」とは，利用者の選択を保障するための仕組み（情報の提供，質の確保）等の整備，公的な費用負担，サービス利用者の利益保護の仕組み（日常生活自立支援事業，苦情解決制度）などを指し，そして「社会福祉を目的とする事業の広範かつ計画的な実施」とは，地域福祉計画（社福107条，108条)，障害者基本計画（障基11条）等の策定を指す。

(2) 福祉サービスの質の確保と向上

施設の設備・運営の基準

都道府県は，社会福祉施設の設備の規模，構造および福祉サービスの提供方法，利用者等からの苦情への対応その他の社会福祉施設の運営について，必要とされる**基準**を定めなければならない（社福65条1項)。社会福祉法改正（2000年）により，施設の基準は施設の設備，構造や人員配置のような外形的基準だけでなく，サービスの提供過程の手続きや苦情への対応などの運営に関する基準をも定めることとされた。

こうした基準の拘束力については，施設設置者に基準の遵守義務があり（同65条3項)，都道府県知事に上記の基準に達しない施設設置者に対する改善命令，事業停止命令，認可取消等の権限があることから（同71条，72条，児福46条3項，4項，58条ほか)，上記基準は単なる行政指導の準則ではなく，利用者に上記基準を満たしたサービスを請求する権利を容認するものと解される。ちなみに重度の知的障害者が成人に達した後も児童福祉施設に引き続き入所させられている現状は，早急に改善されるべきであろう。

自己評価と第三者評価

社会福祉事業の経営者は，自ら提供する福祉サービスの質を評価し，常にサービスを受ける者の立場に立って良質かつ適切なサービスを提供するよう努めなければならない（社福78条1項)。国は**福祉サービスの質の評価に関する基準**の作成，第三者評価機関の育成等の必要な措置を講ずることにより，社会福祉事業の経営者の取り組みを支援する努力義務を負う（同78条2項)。

（3）事業経営の準則と民間社会福祉事業に対する公的規制

事業経営の準則

自立支援給付方式のもとでは，福祉サービスは利用者と指定事業者との契約にもとづき指定事業者によって提供されることが基本である。なお，要保護児童の保護措置の場合や契約によるサービス利用が著しく困難であって，やむを得ない事由によって行われる措置の場合は（福祉サービスが市町村によって直接提供される場合を除き），従来どおり市町村の措置委託にもとづいて委託を受けた民間事業者・施設によって提供されることになる。

このように福祉サービスの提供は民間事業者の協力によってなりたっていることから，公私の責任を明確にするとともに，民間社会福祉事業の適切な運営を確保するための公的規制が必要となる。

まず，公私それぞれの責任を明確にするために，社会福祉法は**事業経営の準則**として次の3原則を定めている。すなわち，①**公的責任転嫁禁止**（国および地方公共団体は法律にもとづくその責任を他の社会福祉事業を経営する者に転嫁し，またはこれらの者の財政的援助を求めてはならない。社福61条1項1号），②不当関与の禁止（国および地方公共団体は他の社会福祉事業を経営する者にたいし，その自主性を重んじ不当な関与を行ってはならない。同61条1項2号），および③不当な公的支援要求の禁止（社会福祉事業を経営する者は不当に国および地方公共団体の財政的，管理的援助を仰いではならない。同61条1項3号），という3原則である。

民間社会福祉事業に対する公的規制

つぎに，民間社会福祉事業が適切に行われるようにするため，社会福祉法は大きく2つの面から規制を加えている。第1は社会福祉事業の経営主体に関する規制であり，第2は社会福祉事業そのものに関する規制である。

第1の経営主体に関する規制としては，社会福祉事業を**第1種社会福祉事業**（入所施設の経営事業のように個人の人格にたいして非常に大きな影響を及ぼし得るものであって，相対的に強い公的規制が必要な事業）と**第2種社会福祉事業**（居宅介護の事業のように第1種ほどの強い公的規制が必要でないもの）に分けて，第1種社会福祉事業は国・地方公共団体または社会福祉法人が経営することを原則とするとともに（社福60条），社会福祉法人に対する認可および監督（一般的監督，収益事業にたいする監督および助成にともなう監督）を定めている（同22条－59条）。一方，第2種社会福祉事業の在宅サービス（居宅支援事業）については上記の経営主体に関する規制はなく社会福祉法人以外の多様な事業主体の参入を認める。

第2の社会福祉事業そのものに関する規制としては，社会福祉法は社会福祉事業の開始（同62条，67条，69条1項），変更（同63条，68条，69条2項）および廃止（同64条，68条，69条2項）についての届出または許可，**施設の基準**（同65条），事業経営の状況の調査（同70条），改善命令（同71条），事業経営の制限・停止または許可の取消し（同72条）等を定めている。このほか各福祉法において福祉領域ごとに，事業の開始，変更，廃止および監督に関する規定をおいている（児福34条の3，34条の4等，老福14条－14条の3等，障総79条－86条等）。

さらに障害者総合支援法には，自立支援給付費の支給対象となる事業者・施設の指定手続き，**指定基準**および監督に関する規定がおかれている。

（4）サービス提供体制の計画的整備

福祉サービス法では，市町村等の地方公共団体に対して計画の作成を義務づけることにより，福祉サービス基盤の計画的整備とサービスの円滑な実施の確保を図るという手法が採られてきた。老人福祉法にもとづく**老人福祉計画**，介護保険法にもとづく介護保険事業計画，障害者基本法にもとづく**障害者計画**，社会福祉法にもとづく**地域福祉計画**，そして障害者総合支援法にもとづく**障害福祉計画**がそれである。

このうち障害福祉計画は，厚生労働大臣が定める基本指針に則して，市町村障害福祉計画を定めることとされている。作成にあたっては市町村の区域における障害者等の数，その障害の状況その他の事情を勘案して，①各年度における指定障害福祉サービス，指定地域相談支援または指定計画相談支援の種類ごとの必要な見込量，②その必要な見込量の確保のための方策，③地域生活支援事業の種類ごとの実施に関する事項，および④その他障害福祉サービス，相談支援および地域生活支援事業の提供体制の確保に関し必要な事項を定めるものとされている（障総88条2項，3項）。なお，各年度の指定障害者支援施設の必要入所定員総数，指定障害者支援施設のサービスの質の向上のための措置については，都道府県障害福祉計画の中に定められる（同89条2項，3項）。

5　福祉サービスの利用者負担と財政

（1）障害福祉サービスの利用者負担

障害者総合支援法による給付費は，指定障害福祉サービス等に通常要する費用（特定費用を除く）につき，「厚生労働大臣が定める基準により算定した費用の額」から，「当該障害者等の家計の負担能力その他の事情をしん酌して政令で定める額（厚生労働大臣が定める基準額の10/100以内）」を控除して得た額と定められている（障総29条3項。ただし計画相談支援給付費については介護保険におけると同じく全額給付，同51条の17第2項）。したがって利用者は障害福祉サービスに要する費用の1割を上限とする額を直接，サービス提供事業者に支払うこととなるほか，特定費用，すなわち食費，光熱水費その他厚生労働省令で定める費用（同29条1項）についてはその実費を負担しなければならない。このように，旧障害者自立支援法における定率1割という応益負担原則から，負担能力をしん酌する応能負担原則へ改められたが，負担の上限は1割とされているから，応益の要素も残しており，「応能応益負担」へ修正されたことになる。

応能負担の観点から，障害者等の家計に与える影響その他の事情をしん酌して，次の負担軽減措置が採られている（同29条4項）。

⑴所得層に応ずる月額負担上限額の設定　　障害福祉サービスの自己負担は，世帯の収入等に応じた4区分の**月額負担上限額**が設定され，1月に利用したサービス量にかかわらず，それ以上の負担は生じないこととされている。世帯の収入状況を判断する際の**世帯の範囲**は18歳以上の障害者（施設に入所する18，19歳を除く）の場合は，障害者とその配偶者に限り，障害児（施設に入所する18，19歳を含む）の場合は，保護者の属する住民基本台帳での世帯として取り扱わ

れる。

⑵療養介護を利用する場合の個別減免（医療型個別減免）　療養介護を利用する場合，医療費と食費の個別減免が行われる。

⑶高額障害福祉サービス費　同じ世帯のなかで障害福祉サービスを利用する人が複数いる場合や障害福祉サービスと介護保険のサービスを重複利用した場合でも，上限額を超えた分は**高額障害福祉サービス費**として支給される（償還払い方式，障総76条の2）。

⑷食費等実費負担の軽減措置　障害者総合支援法は食費，居住・滞在に要する費用等を給付費の範囲から除き（障総29条1項），利用者の実費負担とする一方，低所得者については特定障害者特別給付費（**補足給付**）を支給すると定めて（同34条1項），食費・光熱水費負担の軽減を図っている。

⑸最後の軽減措置——生活保護への移行防止　以上の軽減措置を講じても自己負担や食費等実費負担により，生活保護の対象となる場合は，生活保護の対象とならない額まで自己負担の月額上限額や食費等実費負担額が引き下げられる。

（2）障害福祉サービスの公費負担

自立支援給付にかかわる費用は，サービス量と所得に着目した利用者負担と実費負担の部分を除き，残りは公費（租税）によって賄われる。その公費負担の方法は，自立支援給付・地域生活支援事業の実施主体である市町村または都道府県がさしあたり費用を支弁し，最終的に国，都道府県，市町村が次の割合で負担するという方法が採られる。

すなわち，市町村が支弁する介護給付費，訓練等給付費など障害福祉サービス費等にかかわる費用，自立支援医療費に要する費用，および補装具に要する費用については，国2分の1，都道府県4分の1，市町村4分の1の割合で負担し，市町村が行う**地域生活支援事業**に要する費用については，国2分の1以内，都道府県4分の1以内の補助を受けて残りは市町村が負担する。都道府県が支弁する自立支援医療費に要する費用については，国2分の1，都道府県2

分の１の割合で負担し，都道府県が行う地域生活支援事業に要する費用については，国２分の１以内の補助を受けて残りを都道府県が負担する（障総92条−95条）。

なお，措置方式における利用者負担と公費負担については，①措置権者（市町村長等）が費用を支弁する，②費用を支弁した者が，措置を受けた本人またはその扶養義務者から，その負担能力に応じ，**措置に要する費用の全部または一部を徴収**することができる（児福56条，身障38条，知障27条，老福28条，精神31条），そして③国，都道府県，市町村が利用者負担分を除いた残りの費用を，最終的に自立支援給付の場合と同様の割合で公費負担する，という方法が採られる。

6　これからの課題と展望

障害福祉サービスのあり方や支給決定のあり方等，基本的な事項について，障害者総合支援法1条の2に規定する基本理念を勘案し，同法の施行後3年（2016年４月）を目途に検討を行い，その結果にもとづいて所要の措置を講ずることが規定されている（障総，附則（平成24法51）３条）。これを受けて行われた社会保障審議会障害者部会による検討を踏まえ，障害者総合支援法及び児童福祉法の一部改正法（平成28年法65）が2016（平成28）年５月に成立，同年６月公布された。その概要は，第１に障害者の望む地域生活の支援に関して，①施設入所支援や共同生活援助を利用していた者等を対象として，定期的な巡回訪問や臨時の対応により，円滑な地域生活に向けた相談・助言等を行うサービスを新設する（自立生活援助），②就業に伴う生活面の課題に対応できるよう，事業所・家族との連絡調整等の支援を行うサービスを新設する（就労定着支援），③重度訪問介護について，医療機関への入院時も一定の支援を可能とする，および④65歳に至るまで相当の長期間にわたり障害福祉サービスを利用してきた低所得の高齢障害者が引き続き障害福祉サービスに相当する介護保険サービスを利用する場合に，障害者の所得の状況や障害の程度等の事情を勘案し，当該介護保険サービスの利用者負担を障害福祉制度により軽減（償還）できる仕組みを設けること。第2に障害児支援のニーズの多様化へのきめ細かな対応に関しては，①障害の重度等により外出が著しく困難な障害児に対し，居宅を訪問して発達支援を提供するサービスを新設する，②保育所等の障害児に発達支援を提供する保育所等訪問支援について，乳児院・児童養護施設の障害児に対象を拡大すること等，および第3にサービスの質の確保・向上に向けた環境整備に関しては，①補装具費について，成長に伴い短期間で取り替える必要のある障害児の場合等に貸与の活用も可能とすること等である。

以上のほか「成年後見制度の利用の促進に関する法律」（平成28年法29）が交付され，代行決定偏重から「本人の意思の尊重」へ一定の改善が図られた。

こうした見直しにおいて，障害者総合支援法1条の2の基本理念，ひいては**障害者の権利に関する条約**に謳われた諸権利（とりわけ**パーソナル・アシスタンス**を含め地域社会支援サービスを利用する権利を定めた第19条）が真に実現されたかどうか，引き続き検証していくことが必要である。

〔参考文献〕

日本社会保障法学会編『新・講座社会保障法第2巻　地域生活を支える社会福祉』（法律文化社，2012年）

「地域社会で自立して生活する権利」（障害者の権利条約19条）の視点から，わが国の児童，障害者，高齢者のための福祉サービス法の焦点が検討されている。

河野正輝・阿部和光・増田雅暢・倉田聡編『社会福祉法入門〔第3版〕』（有斐閣，2015年）

高齢者福祉，障害者福祉，児童・母子福祉，低所得者福祉の各法の内容と全体に通ずる論点がわかりやすく解説されている。

河野正輝「障害者の自己決定権と給付決定の公正性―イギリスにおける自己管理型支援の法的試み」障害学会編『障害学研究9号』（明石書店，2013年）

パーソナル・アシスタンス等の支援のあり方や支給決定のあり方など，わが国の福祉サービス法のこれからの諸課題を考えるうえで，先進国の試みは参考になる。

第11章

公的扶助法

1 現代の貧困と生活保護法

最後のセーフティネット

公的扶助法とは，一般に，社会保障制度の中の「**最後のセーフティネット**」として雇用や他の社会保障システムによる支援が機能せず，生活困窮に陥った人の**最低生活**を保障する制度（**最低生活保障制度**）である。日本では現在，主に生活保護法がこの役割を担っている。社会全体の経済活動が順調で，雇用によって生活が安定し，あるいは各種の社会保険や医療制度などがきめ細かい生活保障機能を果たしている場合には，「最後のセーフティネット」としての生活保護法の果たすべき役割は小さいものとなる。

現代日本の貧困

現代の日本では，とくに1990年代半ば以後，バブル経済の崩壊と規制緩和政策が行われるなかで，**日本型雇用**システムの大幅な変化が起こり，失業率の上昇，**非正規雇用**の急増，正規雇用自体の低賃金化が急激に進行している。日本のこれまでの社会保障制度は日本型雇用と連動する形で構築されてきたため，こうした雇用形態の変化は，社会保障制度がカバーする網の目を粗くすることになり，その結果生活保護に頼らざるを得ない人々の増大につながる。

現在日本では，雇用が不安定なパート・アルバイト・派遣社員・契約社員という非正規雇用労働者の数が急増している。1960年代の高度経済成長期の日本では「終身雇用」が標準的雇用形態といわれ，学校を卒業すると同時に終身雇用・正規社員に移行する「新規学卒一括採用」方式が広く行われていたが，正規雇用労働者数は1990年代半ばから急激に減少し，それに対応して非正規雇用労働者が増大していった。今や非正規雇用労働者は雇用労働者の38.4％を占め，2196万人に達するに至っている（2019年10月労働力調査）。さらに，正規雇用労働者も含めて，低賃金労働者が増大している。国税庁の民間給与実態統計調査によると，全給与所得者の中で年間給与が200万円以下の人の比率は，2018年度では21.8％，1098万人に達している。

このように就労していても生活が困難な**ワーキングプア**や，**ネットカフェ難民**，**ホームレス**といわれる人たちが広く存在している。

2015年の相対的貧困率（等価可処分所得の中央値の半分以下の貧困線に満たない人々の割合）は15.6％に達している。子どもの貧困率は13.9％となっているが，とりわけ重要なのが「ひとり親家庭」の貧困の問題である。「大人が一人で子どものいる現役世帯」の相対的貧困率は50.8％にもなっている（2016年国民生活基礎調査）。こうした貧困を受け止める最後のセーフティネットとして，生活保護法の役割が問われている。

生活保護法の成立経過

最低生活保障制度は，歴史的には**救貧法**といわれる中世封建社会から近代社会に移行する時期に成立する制度にルーツがあるが，日本では，明治時代に制定された1874年**恤救規則**がはじまりと考えられる。その後第一次世界大戦後の**米騒動**をきっかけに貧困問題と労働問題が社会問題化するなかで，1929年に国の救護義務を前提とした**救護法**が成立する（1932年施行）。1945年の敗戦の後，GHQの示した「社会救済に関する覚書」にもとづいて1946年に旧生活保護法が制定される。**旧生活保護法**は，わが国における最初の近代的で総合的な最低生活保障法ということができるが，その中には怠惰な者や素行不良の者をあらかじめ救済の対象から排除する「絶対的欠格条項」が含まれており，また，被保護者からの不服申し立ても認めないという欠陥を有していた。その後，社会保障制度審議会の「生活保護の改善強化に関する勧告」にもとづいて1950年に成立したのが現在の生活保護法である。社会保障制度審議会は，**1950年の社会保障制度勧告**で，社会保険，社会福祉，公衆衛生とならんで「国家扶助」を社会保障制度の一部門としてあげ，社会保険を補完して国が直接国民に最低限度の生活を保障する制度であるとしている。ここでいう国家扶助が公的扶助に当たり，具体的には同年に成立した現行生活保護法（以下，「法」という）がそれである。

生活保護法の機能と受給者構造　日本の生活保護法の保護受給者実数の変動をみると，1950年代初めには200万人を超えていたがその後減少し，1991年には100万人を下回り，1995年には90万人以下になっている。保護受給率は，1951年には2.42%であったが，1990年代末には0.7%にまで低下している。しかしその後受給者実数，保護率とも上昇してきた。とりわけ2008年末の「年越し派遣村」をひとつのきっかけに，貧困が社会的に顕在化して生活保護受給者の増大につながり，2013年には生活保護受給者数は戦後最高となる。他方で，こうした生活保護受給者の増大に対し，2012年にマスコミでいわゆる「**生活保護バッシング**」がはじまる。こうした生活保護バッシングや生活保護基準の引下げ，そして景気の回復などの結果，2013年以後保護受給者数は増加傾向から停滞ないし減少傾向になってきている。

2019年11月の時点での保護受給者は207万1747人，保護率は1.64%となっている。そして，保護受給世帯類型構造をみると，高齢者世帯が55.1%，母子世帯が5.0%，傷病・障害者世帯が25.1%，となっている。稼働能力を有する世帯員がいると考えられる「その他の世帯」の占める割合は14.9%となっている。

政策的には，2003年に老齢加算と母子加算の廃止が決定されたが，2009年の政権交代後2010年に母子加算が復活するなどの動きが見られた。しかし，その後また生活保護の引き締めの方向に政策が転換している。その中で，生活保護基準が2013年7月から2015年にかけて実額として大幅に引き下げられることになる。また，2013年には，生活保護法の改正が行われた（以下，「2013年改正」という）。またその具体化にかかわる省令についても，省令案に対するパブリックコメントで批判が多く寄せられ，最終的に当初案が修正された。全体として，これまでの裁判例や行政実務の内容を大きく変えるものとはなっていないといえる。

2　生活保護法の原理

(1) 生存権保障原理

憲法25条にもとづく生存権　生活保護法の理念的基礎は憲法25条の生存権にある。法1条は，生活保護法の目的が，生活に困窮する者の最低生活を保障するとともに，その自立を助長することであるとしている。そして，その実施について国が直接責任を負うことを明らかにしている。憲法25条の法的効力をめぐっては，**朝日訴訟**上告審（最大判昭42・5・24判時481号9頁）は，「すべての国民が健康で文化的な最低限度の生活を営み得るように国政を運営すべきことを国の責務として宣言したにとどまり，直接個々の国民に対して具体的権利を賦与したものではない。具体的権利としては，憲法の規定の趣旨を実現するために制定された生活保護法によって，はじめて与えられているというべきである。」と判示し，「健康で文化的な最低限度の生活」という概念は，「相対的概念」であって，その認定判断は厚生大臣の裁量にゆだねられているとして，一審原告の訴えをしりぞけている。しかし，同訴訟一審判決（東京地判昭35・10・19行集11巻10号2921頁）が最低限度の生活水準を判断するについて留意すべきこととして指摘した，「その時々の国の予算の配分によって左右さるべきものではないということである。予算を潤沢にすることによって最低限度以上の水準を保障することは立法政策としては自由であるが，最低限度の水準は決して予算の有無によって決定されるものではなく，むしろこれを指導支配すべきものである。その意味では決して相対的ではない。」という判示は，現在なお説得力をもっている。

生存権保障と外国人　法1条が「すべて国民に対し」と規定していることに関連して，生活保護法の権利主体は日本国籍を有する者に限られるかが問題となる。厚生労働省は，「すべて国民」という文言と，生存権保障の責任は出身国にあるという理由や，外国人の場合出身地における自立の可能性を判断できないなどの理由をあげて，出入国管理及び難民認定法別表第2記載の**永住的外国人**に対しては生活保護法を「準用する」としている（「生活に困窮する外国人に対する生活保護の措置について」昭29・5・8社発第382号，改正平26･6･30社援発0630第1号）が，しかし**非永住的外国人**（同別表1に該当する）や非正規滞在状態の外国人にはこうした準用すら認めないという運用が行われている。永住的外国人の生活保護の訴訟について，福岡高裁は，「一定範囲の外国人も生活保護法の準用による法的保護の対象になるものと解するのが相当であり，永住的外国人である控訴人がその対象となることは明らかである。」（福岡高判平23・11・15賃社1561号36頁）と判断したが，最高裁は「外国人は，行政庁の通達等に基づく行政措置により事実上の保護の対象となりえるにとどまり，生活保護法に基づく保護の対象となるものではなく，同法に基づく受給権を有しない」（平26・7・18判自386号78頁）と判示した。しかし現実に多数の外国人が生活保護を受給している実態が存在する以上，そうした保護行政に対して全く司法審査が及ばないという趣旨であるならば法治国家原理から見て疑問である。ただ，この判決のあと，老齢加算廃止をめぐる訴訟では，外国籍の人の訴えを最高裁は却下でなく棄却している（平26･10･6判例集未登載）。また，行政訴訟ではなく損害賠償請求が認められる余地があると思われる。

最低生活保障と自立助長

法1条は，生活保護法の目的として，最低生活保障とともに自立助長をあげている。この両者の関係については立法当時，「**自立助長**」とは生活保護法の「社会福祉性」を示すものであり，保護受給者に対するケースワークを行うことであると説明されていた。その後生活保護行政実務において，単に保護を廃止することが「自立」であるかのような誤った理解が広がっている。両者の関係は，最低生活保障か自立かという二者択一ではなく，最低生活保障を行いつつ自立した生活が可能になるよう保護受給者に対して個別相談助言活動を行うことが法の趣旨である。また，自立助長の目的は，就労などにより最低生活保障給付を必要としなくなる**経済的自立**だけを意味するのではなく，身体的精神的に健康を維持して日常生活において自立した生活を送ることと，社会的つながりを回復・維持するなどの社会生活における自立も含んでいることに注意しなければならない（「生活保護の在り方に関する専門委員会報告書」2004年12月15日)。

自立支援プログラム 2004年の「生活保護のあり方に関する専門委員会報告書」は，生活保護制度を「利用しやすく自立しやすい制度」にする，という方向を提起した。これを受けて2005年度から「自立支援プログラム」が導入され，2013年法改正により，就労による自立を促進するための就労自立給付金制度が創設された(生保55条の4,5。2014年7月1日施行)。これは保護受給中の就労収入の最大30%相当を「仮想的に」積立て，安定した職業について保護を必要としなくなったと認められた時点で支給する制度(上限額は単身10万円,多人数世帯15万円)である。さらに就労支援の相談に応じ，必要な情報提供及び助言を行う事業（被保護者就労支援事業）も新たに設けられている（生保55条の6。2015年4月1日施行)。さらに，こうした生活保護法改正と並行して**生活困窮者自立支援法**が制定され，自立相談支援事業，住居確保給付金支給制度等が2015年4月1日から実施されている。

（2）無差別平等保護と保護請求権

法2条は，生活保護を請求する権利を認め，これをすべての国民に無差別平等に保障する規定であると考えられる。これにより，生活保護を受給することは恩恵ではなく権利であり，最低生活水準を下回る生活を営んでいる者がいないような社会をつくることが国の責任であることが宣言されたわけである。また，現行生活保護法は無差別平等原理を宣言することによって，旧生活保護法が定めていた，特定の対象者をあらかじめ保護から排除する「**絶対的欠格者**」という考え方を廃止し，保護を受けるに至った原因や，人種，信条，性別，社会的身分，門地等を問わずに，要件を満たすかぎり，保護を実施するという立場をとっている。つまり，生活保護法は，保護の対象を母子世帯とか高齢者世帯等の特定の特徴をもつ生活困窮者に限定する「**制限扶助**」の立場をとらず，生活に困窮しているすべての人に対し最低生活保障を行うという「**一般扶助**」を基本原理として採用していることになる。

（3）健康で文化的な最低生活保障の原理

法3条は，生活保護法が保障する最低生活の水準は，いわばかろうじて生存を維持することができるという程度のものではなく，人間らしい「健康で文化的な生活水準」でなければならないと定めている。この原理を受けて，法8条「基準及び程度の原則」は，厚生労働大臣が保護の基準を定め，これにより測定された要保護者の需要を基として最低生活費が算定されることになっている。こうした法律上の規定を受けて，具体的には厚生労働大臣が，毎年厚生労働省告示という形式で保護基準を定め公表している。なお，こうした保護基準の具体的な取扱いや運用，解釈については詳細な厚生労働次官通知，社会・援護局長通知，保護課長通知が出されている。ある意味で，生活保護行政は「**通達行政**」の最たるものとなっている。

（4）補足性の原理

生活困窮と補足性の原理　法4条1項は，「保護は，生活に困窮する者が，その利用し得る資産，能力その他あらゆるものを，その最低限度の生活の維持のために活用することを要件として行われる。」としている。法1条が「生活に困窮する」者に対して最低生活保障を行うとしていること，法2条が欠格条項を廃止して無差別平等に保護を行うことを謳っていることを考えると，生活保護の支給要件の中心は「生活に困窮していること」である。生活困窮の判定は，保護基準にもとづいて測定された需要と認定された収入の対比によって判断される。本条による保護受給を求める人の資産や能力の活用は，「生活に困窮している」ことが明らかな場合には，現実的に可能な範囲にとどまらざるをえないことに留意しなければならない。

資産の活用　生活保護を受給するには，「利用し得る資産」の活用が求められることになるが，何が「利用し得る資産」であるのか，「活用」とはどうすることかについて，生活保護法上は明記されておらず，行政通達がさまざまに定めているが，個別具体的な事例について裁判で争われることになる。

すでに収入認定した収入や保護費として支給された金銭を被保護者が貯めていた場合（「**累積金**」といわれる），これを再度「資産」として認定して保護費を減額することができるのかが争われている。加藤訴訟判決（秋田地判平5・4・23判時1459号48頁）は，「このような預貯金は，収入認定してその分保護費を減額することに本来的になじまない性質のもの」であると判示した。また，被保護者が貯めた金銭をもとに加入した**学資保険**をめぐって中嶋訴訟が提起されている。これについては，地裁判決（福岡地判平7・3・14判自137号67頁）と高裁判決（福岡高判平10・10・9賃社1240号37頁）の判断が分れた。上告審（最判平16・3・16判時1854号25頁）は，「要保護者の保有するすべての資産等を最低限度の生活のために使い切った上でなければ保護が許されないとするものではない。このように考えると，生活保護法の趣旨目的にかなった目的と態様で保護金品等を原資としてされた貯蓄等は，収入認定の対象とすべき資産には当たらないというべきである。」と判示して高裁の判断を支持した。また，現在行政通知では，保護受給者の**自動車保有**を制限しているが，借用して自動車を使用したことを理由とする母子世帯の保護廃止決定を，「**比例原則**」違反として，取り消した事例（福岡地判平10・5・26判時1678号72頁），障害者の自動車保有をより広く認めた事例（福岡地判平21・5・29賃社1499号26頁，大阪地判平25・4・19賃社1591・1592号64頁）がある。

能力の活用　法4条1項の能力とは稼働能力を指す。能力の活用が保護の要件である，という意味は，能力を活用していないことが明らかな場合にのみ保護を行わない，という趣旨である。そこで，稼働能力の活用とは具体的にどういうことを意味するのかが争点になる。稼働能力の不活用を理由とする保護申請却下の取消が争われた初期の事例について林訴訟一審判決（名古屋地判平8・10・30判タ933号109頁）と二審判決（名古屋高判平9・8・8判タ969号146頁）で，同じような判断枠組みに依拠しながら結論が分れた。

しかしその後，「法は不可能を強いることができない」として，「稼働能力を活用する意思は，真正なもの」であれば足りると判示し保護申請却下決定を取り消した事例（東京地判平23・11・8賃社1553・1554号63頁。控訴審である東京高判平24・7・18賃社1570号42頁），「履歴書作成費用や面接のための交通費などが必要となる」という具体的事情を考慮しなければならないとして，保護申請却下決定を取り消した事例（大津地判平24・3・6賃社1567・1568号35頁），就労の場を得るには雇用契約の締結が必要であり求職者だけの努力では如何ともしがたいことがあり「抽象的には就労の場を得ることが可能であるとして，保護を行うことを認めない」のは法の趣旨に反するとして保護申請却下を取り消した事例（大阪地判平25・10・31賃社1603・1604号81頁）が続いている。しかも，前2事例は保護開始決定の義務付け請求も認容している。失業者の生活保障について他の社会保障制度が十分対応できていない中，生活保護が果たすべき役割は否応なしに増大してきている。そうした現実を直視した判決が定着してきたと評価できる。

扶養の優先

法4条2項は，扶養と他法の扶助は，生活保護給付に「優先」する旨を規定している。この「優先」規定は，同条1項が資産・能力の活用を「要件」とするとしているのと異なり，事実上扶養が行われている範囲で保護を行わないという，保護の順位を示しているにすぎない。これは，旧生活保護法が扶養をなしうる扶養義務者が存在する場合には保護を受給する資格がないものとしていたのと決定的に異なっている。つまり，現行生活保護法の下では，扶養義務者が存在することをもって，保護を却下したり，保護の変更・廃止決定を行ったりすることはできない。つまり，現在の生活保護法では，実際に扶養が提供されていない場合には，たとえ扶養能力を有する扶養義務者が存在したとしても，それだけで保護支給を拒否することはできない。なお生活保護法上優先される扶養とは，民法上の扶養義務のことであり，生活保護受給に際してとくにその範囲や程度が拡大されているわけではない。そして民法の学説上，扶養の程度に関しては，配偶者間（民752条）および未成熟子に対する親の**生活保持義務**とそれ以外の直系血族および兄弟姉妹（同877条1項）の**生活扶助義務**が区別されており，この区別は，生活保護法における扶養についても共通している。扶養照会（扶養の意思の確認および扶養が可能である場合の扶養の程度の調査）も，要保護者と生活保持義務関係にある者，それ以外の親子関係にある者で扶養の可能性が期待される者，その他特別な事情があり，扶養能力がある者に限定して行われる。明らかに扶養能力がない場合（扶養義務者が被保護者である場合や，所得税非課税であることが明らかな場合等）や，長期にわたって音信不通など明らかに扶養を期待できない場合には扶養照会も行わないこととされている。保護実施機関は，保護実施後扶養義務の範囲内で実施した保護費について扶養義務者から費用を徴収することができる（生保77条）。2013年法改正により，「知れたる扶養義務者」（その時点で把握できている扶養義務者）のうち一定の範囲の者に対して（施行規則2条）保護開始決定の際に通知することになった。また保護実施機関は一定の範囲の扶養義務者に対して報告を求めることができ（生保28条2項），さらに，調査のため関係者に報告を求めることができる（生保29条1項2号）。

他法他施策の優先

法4条2項は，扶養のみでなく，他の法律による扶助も生活保護に優先するとしている。他の法律による扶助とは，各種社会福祉法上の給付や社会保険法上の給付を意味する。これがつまり生活保護法が社会保障制度の中における最後のセーフティネットとしての役割を引き受けるということの意味である。このように，生活保護法上他法他施策が優先されることになっていることから，生活保護行政は，二つの責任を負っているということに注意しなければならない。一つは，要保護者に対して他の社会保障制度の活用を教示・援助する義務を負うことになるということである（大阪高判平17・6・30賃社1402号44頁）。二つには，そうした他法他施策が存在しない場合に最終的に最低生活保障を引受ける義務を負っているということである。

急迫保護

法4条3項は，資産・能力の活用，あるいは扶養義務や他法他施策の優先の規定にもかかわらず，「急迫した事由がある場合に，必要な保護を行うことを妨げるものではない」としている。これは，現在具体的生活に困窮している者に対して資産や能力の活用の抽象的可能性を論じることで法1条の目的が達せられないことのないように，という趣旨である。なお，法63条では，被保護者が，急迫の場合等において資力があるにもかかわらず保護を受けたときは，保護の実施機関は，支給した保護の範囲で実施機関が定めた金額の返還を請求することができることになっている。

3　保護の種類と方法

生活保護の種類は，当初7種類であったが，2000年4月からの介護保険法の実施に伴い介護扶助が加わり8種類となった。これらは，要保護者の必要に応じて単給または併給として支給される。

生活扶助　衣食その他日常生活の需要を満たすために必要なものと移送を保障する（生保12条）。生活扶助は，居宅保護および金銭給付を原則とし，1ヶ月を限度として前渡で支給するものとされている（同30条，31条）。生活扶助の額は，個人別で算定する1類と，世帯単位で算定する2類，それに世帯類型によって加えられる加算（母子加算，妊産婦加算，障害者加算，在宅患者加算，児童養育加算）を累計することで算定される。例外として施設における保護の実施も定められており，救護施設，更生施設，医療保護施設，授産施設，宿所提供施設がある（同38条）。生活扶助における**居宅保護原則**をめぐって，野宿生活者が野宿生活からただちにアパート入居による居宅保護を求めたのに対し，施設入所決定を行った行政決定の取消が争われた事例がある（大阪地判平14・3・22賃社1321号10頁，大阪高判平15・10・23賃社1358号10頁）。また，老齢加算が2004年度から段階的に廃止された。これに対して全国的に訴訟が提起され，福岡高判平22・6・14（賃社2085号76頁）が廃止決定の判断過程を厳密に審査し，加算減額決定を取り消した。しかしその後最高裁はこの判決を福岡高裁に差し戻した（最判平24・2・28判時2145号3頁）。差戻し審は一審原告の請求を棄却し（福岡高判平25・12・16裁判所ウェブサイト），最高裁で確定している（最判平26・10・6判例集未登載）。各地の裁判所は請求を棄却し，最高裁も東京や京都の訴えについてこれを退けている（最判平24・4・2判時2151号3頁，同平26・10・6判例集未登載）。また，2013年から実施されている保護基準引き下げに対しても大量の審査請求が提起されて，各地で訴訟に発展している。

教育扶助　義務教育に伴って必要な教科書や通学用品，あるいは学校給食の費用を支給する（生保13条，32条）。1950年の立法当初ですら，給付対象を義務教育に限定するのは要保護世帯の自立助長という生活保護法の目的からみて不十分ではないかと指摘されていた。高校進学率が90%を超える現在，教育扶助の対象を高校まで広げることが求められている。

住宅扶助　家賃，間代，地代等住居の費用と住宅の補修費を支給する。金銭給付で目的を達しがたいとき等については，宿所提供施設の利用という現物給付を行うこともできる（生保14条，33条）。家賃等の住宅扶助の基準額は，ほとんどの場合，都道府県知事または政令指定都市ないし中核都市の長が厚生労働大臣の承認を得て公営住宅の家賃を参考として各年度ごとに定めている。さらに一定の要件の下で敷金や権利金，礼金，手数料，さらに更新料も支給される。

医療扶助　診察，薬剤または治療材料，医学的処置および手術，居宅における療養の管理，入院，移送の現物給付として支給する。現物給付は医療扶助のための指定を受けた医療機関でなされることになっている（生保15条，34条）。生活保護受給者は国民健康保険法から適用除外とされており（国保6条6号），被用者保険に加入していない場合には，医療費は全額，生活保護法の医療扶助によって賄われることになる。医療扶助には，入院，転院，退院，通院，健診命令による受診または外泊に伴う交通費が「**移送費**」として含まれる。

介護扶助　介護保険法の発足に伴い，生活保護法にも居宅介護（居宅介護支援計画にもとづき行うものに限る），福祉用具，住宅改修，施設介護，移送を内容とする介護扶助が設けられた（生保15条の2）。介護扶助は現物給付によることとされている（同34条の2）。ただ65歳以上の被保護者は，介護保険に加入し，介護保険料は生活扶助の加算として支給されることになっている。

出産扶助　分娩の介助，分娩前後の処置，衛生材料を支給する（生保16条，35条）。

生業扶助　これは，現に生活に困窮している場合だけではなく，そのおそれのある者に対しても支給されることになっている。小規模の事業を営むために必要な資金または必要な器具・材料のための生業費の支給や，技能修得費，就職支度費が支給される（生保17条，36条）。また，中嶋訴訟最高裁判決の翌年2005年度から高校修学費として高校の入学料，授業料，受験料，交通費などが生業扶助の一種として支給されるようになっている。

葬祭扶助　検案，死体の運搬，火葬または埋葬，納骨その他祭葬の費用を支給する（生保18条，37条）。

保護施設による保護　居宅保護のほか，**救護施設**，**更生施設**，**医療保護施設**，**授産施設**，**宿所提供施設**による保護が行われる（生保38条以下）。

4　保護の実施手続

（1）最低生活費と保護受給要件

世帯単位　生活困窮であるかどうかを判定する際の最低生活費と収入については，生活保護法では，世帯を単位として認定することになっている（生保10条）。世帯は，民法の扶養義務関係とは異なる概念で，実際に同一の住居に居住し，生計を一にしている者を生活保護法上同一世帯と認定することになっている。それゆえ，**ルームシェアリング**のように，同一居住であっても生計が別になっている場合には，同一世帯ではないと認定されることになる。現在の生活保護行政は，事実上の概念である世帯概念と民法上の身分関係である扶養義務関係を結びつける運用を行っている。居住を一にしていなくとも一定の親族関係にある場合には，同一世帯とする場合を

❖コラム 11-1　生活保護の誤解

ホームレスの人は生活保護を受給できない，という誤解がある。しかし厚生労働省も，居住地がないことや稼働能力があることのみをもって保護の要件を欠くものではない，といっている。自分で**土地家屋**をもっている人は生活保護を受給できない，という誤解もある。土地や家屋を実際に居住のために利用している場合，原則として当該土地家屋の処分を求められることはない（ただ 2007 年度から，65 歳以上の人を対象とした**リバースモゲージ制度**が始まり，これを利用できる場合には，そちらを先に利用することになっている）。消費者金融などから借金をしている人（**多重債務者**）は，そうした借金を返済してからでないと生活保護を受給できない，という誤解もある。これも間違っている。2005 年度以後実施されている自立支援プログラムでは，生活保護行政は，最低生活保障を行うと同時に保護受給者の多重債務の処理を支援する援助を行っている。**住宅扶助上限額を超える家賃**のマンション等に居住している場合，住宅扶助上限額以内のところに転居することが保護受給の要件であるかのような誤解も存在する。しかし保護の受給要件と現に居住している住居の家賃とは関係はない。

広く認める傾向が強い。しかし同時に他方では，まったく親族関係がない場合でも事実として同一居住，同一生計であると認定されれば同一世帯と認定するという運用を行っている。こうした運用から生じた矛盾が問われた例として，第一次藤木訴訟一審判決（東京地判昭 47・12・25 判時 690 号 17 頁）がある。なお，同一世帯である場合であっても，世帯単位で運用することが適切でない場合には，個人を単位に保護の要否を決定することもできることとされている（**世帯分離**。法 10 条但書）。

最低生活費と収入充当額　生活困窮の判定は，世帯単位で算定される最低生活費と最低生活の維持にあてられるべきものとされる収入（収入充当額）との対比によって行われる。つまり最低生活費を収入充当額が下回る場合には基本的に生活に困窮していると判定され，保護が支給される。最低生活費の算定は，生活扶助の一類と二類の額および該当する加算を足し合わせ，これに住宅扶助を加え，さらに，教育費および高校就学に必要な経費，そして介護，医療，出産，生業，葬祭に必要な経費を累計して算出する。他方，収入は月額単位で認定することになっており，収入がほぼ確実に推定できるときはその額を認定することになっている。収入が勤労収入の場合には，社会保険料，所得税，労働組合費，通勤費などの実額が必要経費として控除される。さらに，就労に伴う収入の場合には，収入額に対応して定められる基準に従って一定額が控除されることになっている（**基礎控除**）。また，高校生などのアルバイト収入については，未成年者控除が認められる。2014年度からさらに「就労や早期の保護脱却に資する経費」が認められるようになった。また高校生に対する奨学金を収入認定したことについて国家賠償が認められた事例（福島地判平30・1・16賃社1708号35頁）や，高校生のアルバイト収入の未申告が不正受給だとした費用返還決定が取消された事例（横浜地判平27・3・11賃社1637号33頁）があり注目される。

（2）申請保護の原理

生活保護の実施は，要保護者，その扶養義務者またはその他の同居の親族の申請にもとづいて開始されることになっている（生保7条，24条）。2014年7月から，それまでは生活保護法施行規則に定められていた申請者の氏名および住所または居所，要保護者の性別，生年月日，住所または居所，職業および申請者との関係，保護開始を必要とする事由を書いた書面を提出することが本文の24条1項に取り入れられた。しかし，保護の申請は要式行為ではない（**非要式行為**），という従来の考え方には変更はない。それゆえ，保護の申請は口頭でも可能であり，また手紙の形をとったようなものであっても生活保護支給の申請として法的効力を有する。なお，申請意思は表示されなければならないが，生活保護制度の知識が乏しい市民の申請意思をどのような態度・言動から認定するかは解釈論上の問題である（大阪地判平13・3・29賃社1298号67頁，大阪高判平13・10・19賃社1326号68頁）。厚労省は2010年度から生活相談に訪れた市民に対して「申請意思の確認」を行うように保護の実施機関に対して求めている。そして，厚労省の再審査請求に対する裁決例で，「請求人が生活に困窮しており，保護の申請意思を有していることも優に推定される」にもかかわらずこうした申請意思の確認を怠った場合に，「明確に口頭で保護を受けたいという申請の意思」が示されなかったという理由で申請を認めなかった原処分庁の判断を取り消し，申請の存在を認めた例がある（厚労省再審査裁決例平26・2・14賃社1611号10頁）。2013年改正により法24条2項に，申請書以外にも「厚生労働省令で定める必要な書類」を添付する義務が定められた。しかし省令はとくに必要な書類を規定していない。このため実施機関が，申請時にたとえば就労不能であるとする診断書を添付するよう求めて，それがなければ申請がなされていないとして取扱うことは違法である。なお，急迫した状況にあるときは申請がない場合でも保護の実施機関は職権で保護を開始しなければならない（**職権保護**，同25条）。

（3）調査と保護の決定

調　査

保護の申請があった場合には，保護の実施機関は，その者が保護の要件を満たしているかどうかを調査することができ，そのために，福祉事務所の職員は要保護者に報告を求め，あるいはその居宅に立入ることや，検診を命じることができる（生保28条1項）。また，扶養義務者や要保護者であった者にも報告を求めることができる（同条2項）。必要な場合には，要保護者または扶養義務者の資産および収入状況についての調査を官公署に嘱託したり，銀行，信託会社，雇用者等に報告を求めることもできる（同29条）。官公署は，要保護者または被保護者に関しては回答義務を負う。立入り調査を拒んだり，検診命令に従わない場合には保護申請を却下したり，保護を変更または停廃止することができるとされている（同28条5項）。1981年に，保護申請時に申請者から，福祉事務所が関係先の調査を行うことにあらかじめ包括的に同意する書面を提出させるように，との保護課長・監査指導課長名の通知が出されている（いわゆる「123号通知」）。しかし，調査の具体的必要性を明示せず，調査先も特定しないで包括的に関係先の調査に同意を求めることは，法29条の趣旨に反している。

要否判定と必要即応の原則

保護の要否判定の基準は，各種の通達によってあらかじめきわめて詳細に画一化されている。ただし，こうした保護基準には一般基準と特別基準があり，一般基準以外に，個々の保護受給者の個別の需要については，「必要即応の原則」に対応して厚生労働大臣による特別基準の設定という方法も設けられている。高訴訟（金沢地判平11・6・11賃社1256号38頁，名古屋高金沢支判平12・9・11判タ1056号175頁，最決平15・7・17賃社1351・1352号124頁）は，障害者に対する介護費用の特別基準をめぐって争われた。

保護の要否決定手続　保護の要否の判定の結果は，書面で，決定理由を付して通知しなければならないことになっている。しかもこの通知は申請のあった日から14日以内に行うこととされている。扶養義務者の資産状況の調査に日時を要する等特別な事情がある場合にはこれを30日まで延長することができる。決定までの日数が14日を越える場合には，その理由を書面に明示しなければならない。さらに，申請後30日を越えて決定がなされない場合には，申請者は，申請が却下されたものとみなして不服申し立ての手続きをとることができる（**みなし却下**，生保24条）。

（4）保護の実施と指導指示

指導指示　保護の実施が決定された場合には，決定内容にそった金銭の給付や，医療や保護施設の利用というサービスが提供されることになる。この場合被保護者は，決定内容にそった保護費の支給を求める請求権を保護実施機関に対して有することになる。他方，保護の実施機関は被保護者に対して，生活の維持，向上その他保護の目的達成に必要な指導または指示を行うことができるとされている（生保27条）。この指導指示は，法律上も，被保護者の自由を尊重し，必要の最小限度にとどめなければならないとされており，被保護者の意に反して，指導または指示を強制しうるものと解釈されることを禁じている。指導指示に対しては，それに違反して保護の変更ないし停廃止が行われる（同62条）以前の段階で，指導指示そのものの取消を求めて争うことができると考えられる（上記加藤訴訟判決）。また，指導指示の内容は書面自体に記載しなければならないとした最高裁判決（平26・10・23

賃社1628号65頁）は重要である。

保護受給中の外国滞在　保護受給中に外国に出かけた場合，その期間の生活扶助を減額できるかどうかが争われ，最高裁が，生活の根拠が日本にあると認められるかぎり，「要保護者が国内に現在していることを保護の要件とする規定は存在しない。」と判示した例が注目される（最決平20・2・28裁時1454号7頁，大阪高判平16・11・5判自320号53頁，大阪地判平16・2・26判自257号87頁）。

（5）廃止決定手続と保護辞退届

保護廃止手続　保護の廃止決定がなされるのは，被保護者の要保護性が消滅した場合（生保26条1項），要保護者が立入り調査を拒んだ場合や検診命令に従わなかった場合（同28条4項），そして被保護者が保護の実施機関の指導指示に従わなかった場合（同27条，62条）である。被保護者の要保護性の消滅は，定期収入の増加等によっておおむね6ヶ月を超えて保護を要しない状態が継続する見通しがある場合に行われるものとされている。収入の臨時的な変動等で差し当たり要保護性が消滅しても，6ヶ月以内に再び保護を要する状態になると予想される場合には，保護の廃止ではなく保護を停止するものとされている。また，指導指示の不服従を理由とする廃止については，書面による指導指示に従わなかった場合に限定されており（施行規則19条），また，あらかじめ処分しようとする理由，弁明すべき日時および場所を通知して，弁明の機会を与えなければならないことになっている（同62条4項）。制裁的な保護の廃止は，こうした場合に限定されていて，これ以外に行政手続的な制約もないまま制裁的な廃止決定が許容される余地はないと解されている（京都地判平5・10・25判時1495号112頁）。ところが，入院して生活保護支給決定がなされた場合に，退院となったとたんに要保護性が継続しているにもかかわらずただちに保護廃止決定がなされる例が行政実務上たびたびみられる。こうした実務に対して，退院後，収入を得て最低限度の生活を維持しているかどうかについて具体的に検討せずに保護廃止決定をした場合について，保護行政の過失を認めた裁判例が注目される（京都地判平17･4･28判時1897号88頁）。

保護辞退届　被保護者から保護辞退届が出されたことを理由に保護が廃止する例が実務上多くみられる。しかし，辞退届というものについて生活保護法上の規定が存在しない。また，保護を辞退する必要がないことを十分に理解しないまま保護行政担当者の言動などによって「保護を辞退しなければならないと誤信して」保護辞退届を作成・提出した場合には「保護辞退届の意思表示には，その根幹の部分に錯誤があった」として，保護辞退届が提出されたことを根拠とする保護廃止決定を取り消しただけでなく，当該保護廃止決定において行政の過失を認めて国家賠償を認めた裁判例が注目される（広島高判平18・9・27賃社1432号49頁，広島地判平17・3・23賃社1432号58頁）。

（6）法63条返還

法63条は，「被保護者が，急迫の場合等において資力があるにもかかわらず，保護を受けたときは，保護に要する費用を支弁した都道府県又は市町村に対して，すみやかに，その受けた保護金品に相当する金額の範囲内において保護の実施機関の定める額を返還しなければならない。」と定めている。たとえば**交通事故による損害賠償請求権**がいつの時点から被保護者の資力と認められるかが問題になる。最高裁は「交通事故による被害者は，加害者に対して損害賠償請求権を有するとしても，加害者との間において損害賠償の責任や範囲等について争いがあり，賠償を直ちに受けることができない場合には，他に現実に利用しうる資力がないかぎり，傷病の治療等の保護の必要があるときは，同法4条3項により，利用し得る資産はあるが急迫した事由がある場合に該当するとして，例外的に保護を受けることができる」と解し，「このような保護受給者は，のちに損害賠償の責任範囲等について争いがやみ賠償を受けることができるに至つたときは，その資力を現実に活用することができる状態になつたのであるから，同法63条により費用返還義務が課せられる」と判示している（最判昭46・6・29判時636号28頁）。こうした63条返還の問題は年金の遡及支給の場合等にも生じる。次に，返還すべき額の決定が問題となる。厚生労働省は，「当該世帯の自立更生のためにやむを得ない用途に充てられたもの」について返還額から控除することを認めている（課長問答13の5）。このように返還額決定という「裁量権の行使が逸脱濫用に当たるか否かの司法判断においては，その判断が裁量権の行使としてされたことを前提とした上で，その判断要素の選択や判断過程に合理性を欠くところがないかを検討し，その判断が重要な事実を欠くか，又は社会通念に照らし著しく妥当性を欠くと認められる場合に限って，裁量権の逸脱又は濫用として違法となる」とし，返還決定が被保護者の自立更生に当てられるべき費用を具体的に考慮しない場合は当該返還決定は違法となるという判決があり注目される（福岡地判平26・2・28賃社1615・1616号95頁）。

2013年改正により第三者の行為により医療扶助又は介護扶助が支給されることになった場合，都道府県又は市町村は，被保護者の損害賠償請求権を取得することになった（法76条の2）。

5　生活保護の行政組織と財政

ナショナル・ミニマム　国民全体の最低限の生活水準（ナショナル・ミニマム）を維持する責任は国にあることは明らかである。この間の地方分権化の流れの中で従来のいわゆる機関委任事務制度が廃止され**法定受託事務**と**自治事務**に分類されることになった。これに伴い，生活保護行政も保護の決定・実施に関する事務や監査は法定受託事務，助言等の援助事務は自治事務とされることになった。しかし，保護行政の現場で生活保護法のもつ最低生活保障と自立助長の役割が統一的に行われることが要請されていることに変わりはない。

福祉事務所　生活保護の実施機関としては都道府県知事，市長および社会福祉法に規定する福祉事務所を管理する町村長があたる。それぞれの実施機関は，その管理に属する福祉事務所の所管区域内に居住地を有する要保護者（**居住地保護**），または居住地がないか，または明らかでない要保護者であって，その管理に属する福祉事務所の所管区域内に現在地を有する者（**現在地保護**）に対して実施責任を負うことになっている（生保 19 条）。

都道府県知事，市長および福祉事務所を設置している町村長は，保護の決定および実施に関する事務の全部または一部をその管理に属する行政庁である福祉事務所長に委任することができ，多くの自治体では福祉事務所長が保護の実施に関する決定を行っている。福祉事務所を設置していない町村長は保護の実施機関とはならないが，とくに急迫した状況にある要保護者に対して応急的処置としての保護を行うほか，要保護者の発見・通報，保護の申請の受け取り・送付，保護金品の交付等の義務が課せられている。また判例上適切な助言・教示を行い，必要に応じて保護申請意思を確認し，さらに申請援助する職務上の義務が認められている（たとえば福岡地小倉支判平 23･3･29 賃社 1547 号 10 頁など）。

ケースワーカー

保護受給者に対する具体的な処遇は，補助機関として社会福祉主事が行うものとされている（生保 21 条）。この社会福祉主事は，人格が高潔で，思慮が円熟し，社会福祉の増進に熱意があることが求められている（社福 19 条）。福祉事務所における職員の数は従来法定されていたが（たとえば市部で被保護世帯 80 に対して職員 1 人），地方分権化と規制緩和の流れのなかで，法定された基準ではなく「標準」となった（社会福祉法 16 条）。最近では被保護世帯 400 に対して職員 1 人，という自治体すら出現してきている。また，旧生活保護法では補助機関とされた**民生委員**は，市町村長，福祉事務所長または社会福祉主事の事務の執行に協力する協力機関として位置づけられている。

生活保護財政

保護に必要となる費用は，国が，市町村および都道府県が支弁した保護費，保護施設事務費および委託事務費の 75％を負担する（生保 75 条）。1985 年までは国の費用負担は 80％であったが，1985 年から 1988 年まで 70％に引き下げられた。その後 75％とされた。こうした生活保護法上の国の負担のほか，地方交付税の中で，生活保護支出が積算の基礎とされている。広い意味で自治体の生活保護費用は地方交付税という形ででも補填されていることは注意しなければならない。

6　保護受給者の権利と義務および権利救済手続

保護受給権救済手続

生活保護の決定に不服がある場合には，市町村長が保護の決定および実施に関する事務の全部または一部を福祉事務所長に委任した場合は，当該事務に関する処分についての審査請求は，都道府県知事に対してするものとされている（生保 64 条）。行政不服審査法の直近上級庁に対して審査請求を認める規定の例外である。審査請求についての都道府県知事の裁決に不服がある者は，厚生大臣に対して再審査請求をすることができる（同 66 条）。生活保護法上の処分の取消の訴えは，当該処分についての審査請求に対する裁決を経た後でなければ，提起することができないとされ，いわゆる**審査請求前置主義**がとられている（同 69 条）。

平成 28 年 4 月 1 日から行政不服審査法改正が施行され，審理員による審理や第三者機関である行政不服審査会への諮問手続が都道府県でも導入された（生活保護に関する裁決例のデータベースがつくられている。（http://seihodb.jp））。

保護受給権の救済手段として最近注目されているのが司法上の仮の救済手続

❖コラム 11-2　ワーキングプア

NHK の番組ではワーキングプアという言葉を，「働いても，生活保護水準以下の生活を強いられている人」という意味で使っている。**貧困ライン**をどこに設定するかについては，OECD は，等価可処分所得での中位所得（Medianlohon）の 3 分の 2 未満とし，EU は，週 15 時間以上の労働者，中位所得の 60%の所得未満をもってするなど議論がある。しかしいずれにせよ日本でワーキングプアが社会問題となってきたのは，「ぜいたくを言いさえしなければ『働く場所』は見つかるはずだ」，「『働けば』，それなりの生活ができるはずだ」という二重の「はず」が，非正規労働の蔓延で，成立しなくなってきたのが最大の原因である。そして，ワーキングプアの問題は若者層の生活問題と重なっている。このためワーキングプアに対する対応策として，これまで社会保障給付の対象としては取り上げられてなかった若者層に対する生活保障，職業訓練の提供等が重要になっている。

の活用である（那覇地決平20・6・25賃社1519・1520号94頁，那覇地決平21・12・22賃社1519・1520号98頁，福岡高那覇支決平22・3・19賃社1519・1520号103頁，松山地決平26・7・11賃社1662号63頁，津地決平27・4・6賃社1642号59頁，名古屋高決平27・5・15賃社1642号61頁）。

保護受給権の保護　被保護者は，正当な理由がなければ，すでに決定された保護を，不利益に変更されることがない（生保56条）だけでなく，保護費として支給されたものについては，租税その他の公課を課せられないし（同57条），差し押えられることもない（同58条）。また保護を受ける権利を譲り渡すことができない（同59条）。

被保護者の義務　被保護者は健康保持増進義務と生活上の義務（生保60条），届出の義務（同61条）を負っている。また，不実の申請その他不正な手段により保護を受け，または他人をして受けさせた場合には，経済的関係の処理として，保護費を支弁した都道府県または市町村の長は，その費用の全部または一部のほか，徴収額40％分までの額を加えて，その者から徴収することができる。さらに生活保護法上，3年以下の懲役または100万円以下の罰金という刑事罰が定められている（同85条）。この生活保護法上の規定を適用するのか刑法の詐欺罪の適用か，という問題と，法85条適用要件をめぐっては議論がある（最判平3・3・29判時1381号138頁）。

〔参考文献〕

阿部彩『子どもの貧困』（岩波新書，2008年）『子どもの貧困Ⅱ』（岩波新書，2014年）
　子どもの貧困に焦点を当てて，詳細なデータを駆使して問題を明らかにし，特に『Ⅱ』では，解決策の提起を行っている。
NHKスペシャル取材班『高校生ワーキングプア』（新潮社，2018年）
　見逃したり見ないようにしているがゆえに「見えない」貧困を事実として把握することの重要性を，具体的に示すものである。
雨宮処凛『14歳からわかる生活保護』（河出書房新社，2012年）
　生活実感のレベルから貧困の現実と，生活保護の具体的利用方法について書かれている。
大阪弁護士会貧困・生活再建問題対策本部編集『Q＆A生活保護利用者をめぐる法律

相談』（新日本法規，2014 年）

生活保護利用者の支援を行っている弁護士が具体的な問題に即した解説。大変実践的で具体的であり，生活保護制度利用上の問題がリアルに論じられている。

さいきまこ『陽のあたる家――生活保護に支えられて』（秋田書店，2013 年）
柏木ハルコ『健康で文化的な最低限度の生活』（小学館，2014 年～）＊既刊 8 巻（2019 年末時点）

いずれもマンガである。生活保護をめぐる様子がリアルにえがかれている。生活保護をめぐる問題をマンガという手法で社会に問いかけることで，新たな議論が広がることが期待される。

第Ⅲ編

現代的課題と国際化

第12章

社会保障の歴史と現在

1　社会保障の歴史的展開

(1) 社会保障前史——明治から終戦まで

社会保障という言葉は，戦後，日本国憲法の制定を契機に広く用いられるようになった。それまでは，現在の社会福祉に相当する**社会事業**と，健康保険に代表される**社会保険**がそれぞれに整備されてきた。

社会事業

近代国家の建設を急いだ明治政府が一般的な窮民救済のために定めたのが**恤救規則**(じゅつきゅうきそく)(1874年)であった。しかし，これは「人民相互ノ情誼(じょうぎ)」によることを基本としていたことなどから，第一次世界大戦後の恐慌などによる社会的貧困には対応できなかった。このため，市町村の公的救護義務を定めた**救護法**が1929年に制定された。

社会保険のスタート

社会保険の分野では，明治時代に**鉱業法**（1905年），**工場法**（1911年）が制定され，業務上災害に対する事業主の扶助義務が規定された。1922年には**健康保険法**（健保法という）が制定され，鉱業法，工場法適用事業所で働く労働者を対象に業務上及び業務外の両方の傷病をカバーする医療保険制度としてスタートした。

戦時体制下での社会保険立法の発展

1938年には，農業者，自営業者等の非被用者を対象とする医療保険として**国民健康保険法**（国保法という）が制定されたが，これは戦時体制下での健兵健民策として位置づけられていた。年金については，明治初期から軍人を対象とした恩給制度があったが，1941

年に民間労働者を対象とする**労働者年金保険法**が制定された。これも，その強制貯蓄的性格に着目した戦時国家財政対策としての側面が強かった。同法は，1944 年に名称を厚生年金保険法（厚年法という）に改め，現在に至っている。このように，戦時体制下に現在の社会保険制度の大枠が作られた。

（2）社会保障の確立期――終戦から皆保険・皆年金まで

終戦翌年の 1946 年 11 月に日本国憲法が制定され，わが国は，自由と民主主義を基調とした新たな社会の建設に取り組むことになる。とくに，憲法25条は，健康で文化的な最低限度の生活を営む権利をすべての国民に保障し，社会保障制度の確立が国の責務であることを明確にした。

生活保護法の制定　終戦直後，わが国は混乱と貧困のなかにあり，失業者，戦災者，海外引揚者などの生活困窮者対策が緊急の課題であった。このため，憲法制定に先立つ 1946 年 9 月，救護法に代わって（旧）**生活保護法**が制定された。しかし，同法には，憲法で定める最低限度の生活の保障や無差別平等原則が明記されておらず，不服申立に関する規定もないなどの問題があったため，1950 年に現在の生活保護法に全面改正された。

福祉 3 法体制　戦後，戦災孤児対策に始まった児童福祉だが，1947 年には児童一般の健全育成を目的とする児童福祉法が制定された。傷痍（しょうい）軍人対策としてスタートした身体障害者福祉についても，対象を身体障害者一般に広げて 1949 年に身体障害者福祉法が制定された。この 2 法と生活保護法を合わせて福祉 3 法と呼んだ。

労働立法の整備　勤労条件の基準の法定（憲 27 条）を受け，1947 年に**労働基準法**と**労働者災害補償保険法**（労災保険法という）が制定され，業務上の傷病等に対する事業主の無過失賠償責任が法定され，事業主の補償責任は労災保険法で補償されることになった。同時に健保法も改正され，同法の対象は業務外の傷病等に限定された。

また，膨大な失業者の存在を背景に，国民の勤労権（憲 27 条）を具体化するため，1947 年**失業保険法**が制定され，順次拡充が図られていく。

社会保障制度審議会勧告　社会保障制度の応急的な整備が進むなかで，1950年10月，内閣総理大臣の諮問機関である社会保障制度審議会が，統一ある社会保障制度の整備を図るため，「社会保障制度に関する勧告」を出した。この勧告は，わが国で初めて社会保障制度の概念を明らかにし，社会保険，国家扶助，公衆衛生および医療，社会福祉などの各分野について，国家の責任と国民の社会連帯の精神にもとづき，即時に実現すべき制度案を提示した。その内容がすべてそのまま実現されたわけではないが，勧告が示した体系的・総合的な社会保障制度案は，その後の社会保障制度形成に大きな影響を与えた。

皆保険・皆年金の実現　1961年に皆保険・皆年金が実現した。医療保険については，市町村に国保事業の実施を義務づけ，市町村に住所を有する者は，被用者保険加入者などを除きすべて国保の被保険者とすることによって，皆保険が実現された。年金については，非被用者を対象とする国民年金制度を創設することにより，皆年金が実現された。社会保険方式をとりながらすべての国民を何らかの制度に強制的に加入させる皆保険・皆年金は，世界に類例のないわが国独自のものであった。

（3）社会保障の充実期――高度経済成長下の拡充（1960年代～70年代）

この時期には，高度経済成長の追い風を受け，社会保障が拡充されていく。高齢化の問題が社会的に認識され始めた時期でもあり，通勤途上災害や公害問題など高度経済成長のひずみも露呈する。

社会保険制度の充実　高度経済成長と歩調を合わせ，社会保険制度も充実していく。国保では，世帯主の7割給付（1963年），世帯員の7割給付（1968年）が実現し，健保の被扶養者も7割に引き上げられた（1973年）。1973年には，高額療養費制度が創設され，さらに，70歳以上の高齢者の医療費自己負担を無料にする**老人医療の無料化**も始まった。

年金制度では，厚生年金の場合，1万円年金（1965年改正），2万円年金（1969年改正），5万円年金（1973年改正），9万円年金（1976年改正）と改正のたびに年金水準が引き上げられ，1973年の改正で物価スライド制も導入された。

社会保障の大幅な充実が図られた1973年を福祉元年と呼ぶが，皮肉なことに，その年に第一次石油危機が起き，高度経済成長の限界が明らかとなった。

福祉6法体制の確立

社会福祉の分野でも，制度の拡充が続いた。精神薄弱者福祉法（現,知的障害者福祉法）（1960年），老人福祉法（1963年），母子福祉法（現，母子及び父子並びに寡婦福祉法）（1964年）が相次いで制定され，福祉3法と合わせて福祉6法と呼ばれた。福祉6法体制は，援護を必要とする者ごとに縦割りで法律が作られた点に特色がある。1970年には，心身障害者対策の総合的な推進を図るため，心身障害者対策基本法が制定されている。

社会手当法の制定

社会的援助を要する者に対して必要な手当を支給する社会手当法もこの時期に誕生した。生別母子家庭に対して手当を支給する児童扶養手当法（1961年），重度の精神薄弱児に対して手当を支給する重度精神薄弱児扶養手当法（現，特別児童扶養手当等の支給に関する法律）（1964年），児童（第3子から）に対して手当を支給する児童手当法（1971年）が制定された。

労働立法の拡充

労災保険法も拡充が図られた。長期傷病者補償の新設と傷害補償の年金化（1960年），遺族補償給付の年金化等給付体系の抜本改正（1965年）により，労基法の補償体系から離れて独自の補償体系へと歩み出す。1969年には,適用を5人未満事業所に拡大するとともに,失業保険との保険料徴収等の一元化を図るため，**労働保険の保険料の徴収等に関する法律**が制定された。さらに1973年の**通勤途上災害**の労災保険給付化,1976年の給付改善，労働福祉事業の創設などにより，労災保険の総合保険化がいっそう進んだ。

失業保険法についても，適用の拡大，給付改善等が行われてきたが，1974年,雇用に関する総合的機能をうたった**雇用保険法**に全面改正された。

（4）社会保障の見直し期——福祉国家の危機と国の役割の後退（1980年代）

1980年代になると，各国とも高度経済成長から安定成長への転換を余儀なくされるなかで，福祉国家の考え方を批判し，社会保障のあり方を見直そうとする動きが出てくる(**福祉国家の危機**)。その代表例にサッチャリズム(英)やレーガノミックス（米）と呼ばれる政策があり，これらは規制緩和による経済効率性の向上，小さな政府の実現と福祉予算の削減といった点で共通していた。わが国では，家族を福祉の含み資産と捉える日本型福祉社会論が主張され（1977年版厚生白書)，1981年には第二次臨時行政調査会が設置されて，年金制度の一元化，医療費の適正化，国の高率補助の見直しなどが提言された。

医療保険制度の見直し　1973年の老人医療の無料化は，医療費の急騰を招き，国保をはじめとする医療保険財政を圧迫した。このため，1982年，老人に定額の一部負担を求めるとともに，老人医療費を各医療保険制度が共同で負担する**老人保健法**が制定された。また，1984年には，健保本人への1割負担導入，退職者医療制度の創設などの改正が行われた。

基礎年金の創設　1985年には，全国民共通の基礎年金の導入，給付と負担の適正化などを内容とする年金改革が行われた。1989年には，被用者年金制度間で2階部分の財政調整が実施された（1997年廃止)。

医療保険制度の見直し　社会福祉の分野では，機関委任事務の団体委任事務化等の事務事業の見直しと国庫補助率引下げが一体で行われ，1985年から1989年にかけて，生活保護費の国庫負担率が10分の8から4分の3に，社会福祉施設の措置費は10分の8から2分の1に引き下げられた。

労働立法の動向　雇用保険では，高齢化に対応するための高年齢求職者給付制度の創設（1984年)，パートタイム労働者への適用拡大（1989年）などが行われた。

(5) 社会保障の再構築期——少子高齢化への対応（1990年代）

バブル景気の1989年に消費税が3%で導入され，その見返りに「高齢者保健福祉推進10か年戦略」（ゴールドプラン）が策定された。これを契機に，介護保険創設に向けて保健・医療・福祉の総合化が進められるなど，少子高齢化に対応するための制度の再構築が始まる。

ゴールドプランと介護保険法の成立　ゴールドプランは，向こう10年間の保健福祉サービスの達成目標を具体的数値で示し，介護サービス基盤の整備を進めただけでなく，福祉分野における計画行政の先駆けとなった。1994年にはエンゼルプランが，1995年には**障害者プラン**が策定されている。

1990年には**福祉8法改正**が行われ，サービス決定権限の市町村への一元化などの体制整備が行われた。1995年には社会保障制度審議会が公的介護保険制度の創設を勧告し，1997年に介護保険法が成立した（2000年4月実施）。

社会福祉基礎構造改革　2000年には，措置から契約への転換をめざす社会福祉の基礎構造改革が行われ，障害者福祉の分野について支援費制度の導入などが行われた（2003年4月実施）。

年金の支給開始年齢の引き上げ　年金制度では，高齢化に対応するため，厚生年金の1階部分（1994年）と2階部分（2000年）の支給開始年齢が，それぞれ段階的に60歳から65歳に引き上げられた。また，JR共済等（1996年）と農林漁業団体職員共済組合（2001年）がそれぞれ厚生年金に統合された。

少子化対策のスタート　1994年には，「今後の子育て支援のための施策の基本的方向について」（エンゼルプラン）が，1999年には，新エンゼルプランが策定され，少子化対策がスタートする。

少子高齢化に向けた労働立法　労災保険法では，介護（補償）給付の創設など介護施策の拡充が図られ（1995年），過労死の増加等に対応するための二次健康診断等給付の創設（2000年）などが行われた。雇用保険法でも，高年齢雇用継続給付や育児休業給付の創設（1994年），介護休業給付の創設（1998年）など少子高齢化に対応した改正が行われた。

また，高年齢者雇用安定法によって，1986年には事業主の60歳定年努力義務が，1990年には事業主の定年後再雇用努力義務が定められた。

（6）社会保障の構造改革期――人口減少社会への挑戦（2000年代）

この時期は，バブル崩壊後の長期不況に始まり，世界一の高齢化と人口減少が現実のものとなるなかで，負担増・給付減の改革が相次いで行われるとともに，少子化対策への本格的取組みが始まる。

医療保険改革　健保本人負担の2割への引上げと薬剤一部負担導入（1997年），高齢者への月額上限付き定率1割負担導入（2000年），現役世代の自己負担3割統一と高齢者の定率1割（2割）負担導入（2002年）という負担増の改正を経て，2006年に医療費適正化の総合的な推進，高齢者医療制度の創設等を内容とする医療制度の抜本改革が行われた。

年金改革　2004年，持続可能な年金制度を構築するため，保険料水準固定方式，マクロ経済スライドの導入等を内容とする改革が行われた。2007年には年金記録問題が政治問題となり，年金時効特例法などの対策が講じられた。

介護保険改革　2005年には，急増した要支援・要介護認定を抑制し，保険料負担の増大を防ぐため，予防重視型システムへの転換，施設入所者の食費・居住費負担導入，地域密着型サービスの創設などの改革が行われた。

障害者自立支援法　支援費の予算不足が大きな問題となったことなどから，2005年に支援費制度は廃止され，代わりに障害者自立支援法が制定された。同法は，精神障害も含めた障害福祉サービスを再編一元化するとともに，国の財政責任を明確にし，利用者に1割の応益負担を求めた。

少子化対策の進展　2003年に**少子化対策基本法**と**次世代育成支援対策推進法**が成立し，少子化対策に取り組む体制が整備され，具体的な少子化対策が実施されていく。児童手当の支給期間の延長（2000年，2004年，2006年），額の引上げ（2007年），育児休業期間の延長（2004年），育児休業給付の引上げ（2007年）などのほか，仕事と生活の調和（**ワーク・ライフ・バランス**）をめざしたさまざまな取組みが始まる。

高年齢者雇用の促進　高年齢者雇用安定法では，2000年に事業主の65歳までの雇用確保努力義務を定め，2004年には65歳までの雇用確保措置を事業主に義務化した。さらに，2012年には希望者全員の65歳までの継続雇用を義務化するに至っている。

政権交代と社会保障・税一体改革　2009年8月の総選挙で，月3万円の子ども手当などをマニフェストに掲げた民主党が政権の座に就いた。民主党政権は，生活保護の母子加算の復活，子ども手当の支給（2010年4月～月1.5万円），特定求職者支援法の制定など社会保障の充実に取り組んだものの，財源の確保が課題となった。このため，2012年に社会保障財源の安定的確保と財政再建を同時に達成するための社会保障・税一体改革に着手した。2012年末に自民党が政権に復帰しても，社会保障・税一体改革は継承された。

障害者法制の整備と権利条約の批准　2011年，障害者虐待防止法が制定され，また，障害者基本法が改正されて，障害の社会モデルの考え方が導入された。2012年には障害者自立支援法が障害者総合支援法に改正され，利用者負担は応能負担に改められ，難病等が障害者の範囲に加えられた。さらに2013年には，障害者差別解消法が制定され，障害を理由とする差別の禁止等が定められるなど障害者法制が整備された。これを受け，2014年，わが国はようやく障害者権利条約を批准するに至った。

全世代型社会保障　ポスト一体改革として「全世代型社会保障」が政策目標に掲げられた。その狙いは，応能負担の強化により，現役世代の負担を抑制しつつ，高齢世代の負担を増やすことにある。

2　社会保障の現代的課題

（1）少子高齢・人口減少社会の到来

高齢化の状況　わが国の**高齢化率**（全人口に占める65歳以上人口の割合）は，2018年現在，28.1％と世界最高水準となっており，今後も世界一の水準を維持すると見込まれている。

都道府県別では，秋田県の36.4％が最も高く，沖縄県の21.6％が最も低い（2018年現在）。市町村別にみると，最高が群馬県南牧村の60.5％となっており（2015年），地域によって高齢化に大きな格差があるものの，すでに団塊の世代は高齢者となっており，首都圏のような都市部でも高齢化の急速な進行が問題と

図 12-1　高齢化率の推移

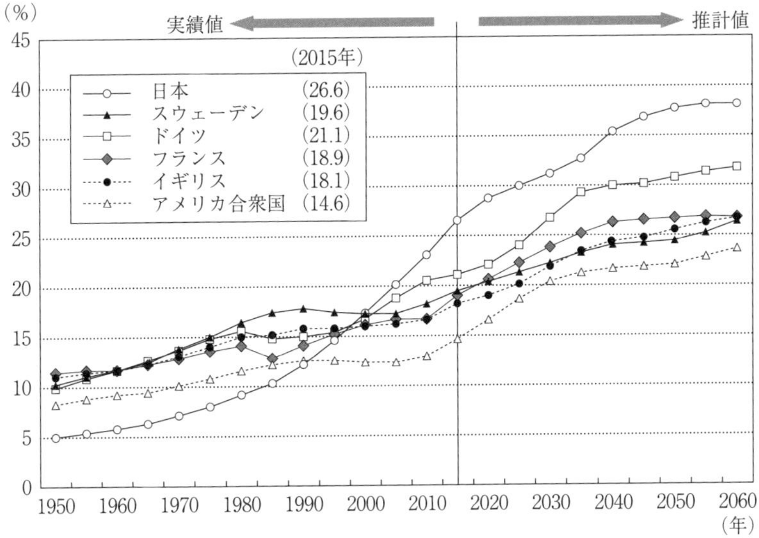

出典：『令和元年版高齢社会白書』

なっている。

高齢化の要因には，**平均寿命の伸長**による高齢者の増加と，**出生率の低下**による若年人口の減少がある。わが国の平均寿命は，2018年現在，男81.25歳（世界2位），女87.32歳（世界1位）といずれも世界最高水準にある。戦後間もない1947年当時は，男50.06歳，女53.96歳であり，戦後70年間で男女ともに平均寿命が30歳以上伸びたことになる。

少子化の状況

わが国の**合計特殊出生率**（1人の女性が生涯に産む平均の子ども数）は，2018年現在，1.42となっており，人口置換水準（人口が同じ規模になるよう置き換えるために必要な出生率であり，2.1程度とされている）を大きく下回っている。諸外国でも出生率は低下しているが，わが国はその中でもとくに低くなっている。

人口減少社会の到来

少子化が進み，出生数が死亡数を下回るようになると，人口減少が始まる。わが国では，2007 年に人口の自然増減（出生児数－死亡者数）が初めてマイナスとなり（－2000 人），人口減少が現実のものとなった。今のままの状態が続けば，ピーク時の 2008 年には 1 億 2808 万人だった総人口が 2065 年には 8808 万人まで減少すると予測されている。

人口減少社会は，人類が未だ経験したことのない社会であり，社会や経済にさまざまな影響を及ぼすことが予想されている。出生数の減少による若年労働力の減少は，社会全体の活力を失わせるだけでなく，これを上回って生産性が向上しないかぎり，経済全体の規模を縮小させ，現在の社会生活水準を維持することも困難になっていく。過疎地などでは，住民が減少し，生活基盤も維持できなくなるなど地域共同体が崩壊するところも出てきている。とくにわが国

図 12-2　合計特殊出生率の推移

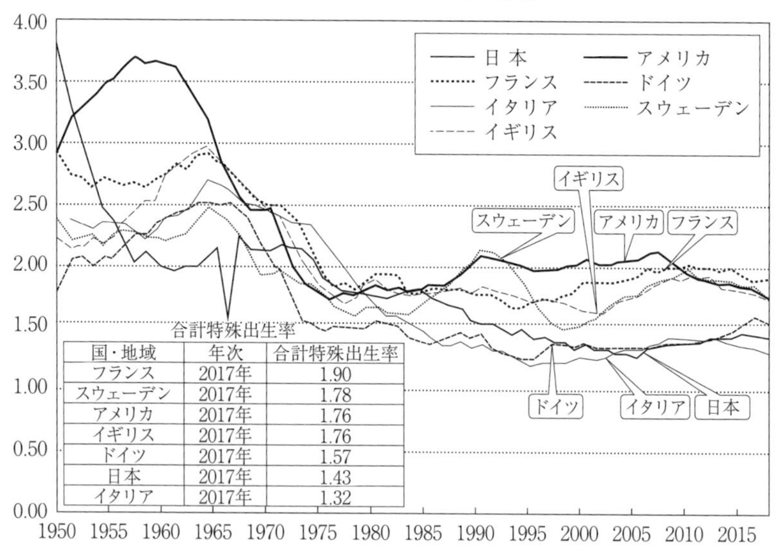

国・地域	年次	合計特殊出生率
フランス	2017年	1.90
スウェーデン	2017年	1.78
アメリカ	2017年	1.76
イギリス	2017年	1.76
ドイツ	2017年	1.57
日本	2017年	1.43
イタリア	2017年	1.32

出典：令和元年版少子化社会対策白書

の場合，人口減少に急速な高齢化が加わるため，高齢者医療や介護の費用が急増し，これをどう負担するかが大きな問題となっている。

社会保障制度の持続可能性 人口減少社会を迎え，社会保障制度の持続可能性に対する不安が広がっている。しかし，年金制度については，5年ごとの財政検証によって人口減少を織り込んだ長期的な財政見通しが立てられ，財政均衡を維持するためのマクロ経済スライドも導入されているので，人口減少への制度的仕組みはできている。問題は，医療保障と介護保険であり，これらの分野では，高齢者の増加に伴い増大する費用をいかに適正化するか，また，医療・介護の人材をいかに確保するかが課題となっている。

（2）社会保障・税一体改革と社会保障

一体改革の目的 **社会保障・税一体改革**（以下「一体改革」という）とは，社会保障の充実・安定化と財政健全化の同時達成をめざすものであり，そのため，2014年4月に消費税率が5%から8%に引き上げられた。さらに，2015年10月には10%に引き上げられる予定だったが，2014年11月と2016年6月の2度にわたって引上げが延期され，2019年10月に10%へと引き上げられた。

一体改革では，消費税収が社会保障財源化された（消税1条2項）ものの，消費税5%による増税分13.5兆円（2012年見込み）のうち社会保障の充実に充てられるのは2.7兆円にすぎず，過半の7兆円は「後代への負担のつけ回しの軽減」として赤字公債の縮減に充てるとされ，当初から財政再建に重点があった。しかも，社会保障の充実とともに「重点化・効率化」として社会保障の給付抑制と負担増が改革のメニューに掲げられており，国民は，消費増税との二重の負担を強いられた。

一体改革の歩み 一体改革の歩みをたどると，一連の年金関係改正法として，年金機能強化法（2012年8月成立）では，基礎年金国庫負担1/2の恒久化，年金受給資格期間の短縮（25年→10年），短時間労働者に対する被用者保険の適用拡大，父子家庭への遺族基礎年金の支給などが行

図 12-3　消費税 5%引上げによる社会保障安定財源の確保（満年度ベース）

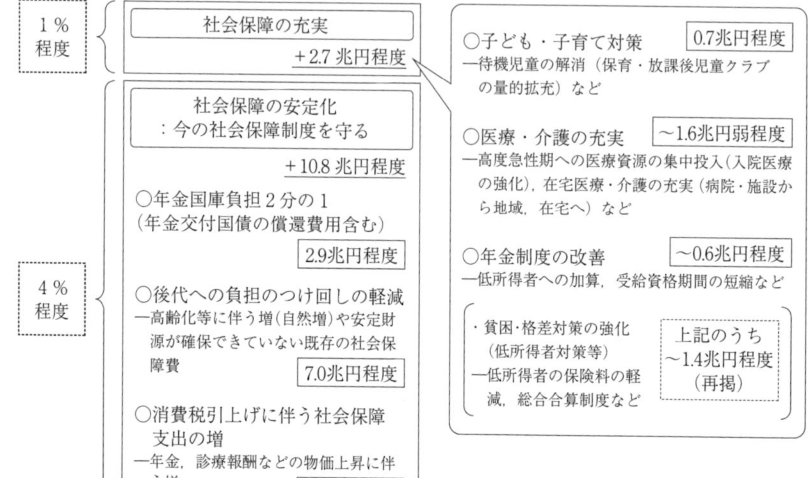

出典：2012年1月6日の一体改革素案時の資料

われた。また，被用者年金一元化法（2012 年 8 月成立）により，共済年金が厚生年金に一元化された。さらに，年金生活者支援給付金支給法（2012 年 11 月成立）によって，低所得の基礎年金受給者に対し，月 5000 円を基準として年金生活者支援給付金が支給されることになった。また，子ども・子育て対策として，子ども・子育て支援法，認定こども園法改正法および関係法律整備法の，いわゆる子ども・子育て関連 3 法が 2012 年 8 月に成立した。

しかし，年金制度の一元化や後期高齢者医療制度の見直しなど民主・自民・公明 3 党の意見がまとまらない事項については，2012 年 8 月に成立した社会保障制度改革推進法に基づき設置される社会保障制度改革国民会議に検討が委ねられた。翌 2013 年 8 月，同会議は報告書を出し，これを踏まえて，同年 12 月，持続可能な社会保障制度の確立を図るための改革の推進に関する法律（以下「**プログラム法**」という）が成立した。

プログラム法では，少子化対策（3 条），医療制度（4 条），介護保険制度（5 条）

および公的年金制度（6条）について，改革の内容，その実施時期と関連法案の国会提出時期の目途を規定した。同法を受け，2014年に医療介護総合確保法や難病法が成立した。

教育分野への拡大　2017年12月には「新しい経済政策パッケージ」と題して，消費税率の8％から10％への引上げを前提に，それによる増収分5兆円強のおおむね半分程度を幼児・高等教育の無償化，待機児童の解消，介護人材の処遇改善等に充てることが閣議決定された。これを受け，2019年10月から，幼児教育の無償化（3歳～5歳の子どもおよび0歳～2歳までの住民税非課税世帯の子どもの幼稚園，保育所等の費用の無償化），介護職員の更なる処遇改善（勤続年数10年以上の介護福祉士について月額平均8万円以上相当の処遇改善を行える水準の改善）等が実施されている。

社会保障費用の将来推計　2012年3月，一体改革の内容を踏まえ，社会保障に係る費用の将来推計が出された。これによると，社会保障給付費は，2012年の109.5兆円から2025年には148.9兆円（従来のままだと144.8兆円）へと36％増え，したがって，医療および介護の保険料も，制度によって異なるが，1.1倍から2倍に増えると見込まれている（年金保険料は，2004年改正の保険料水準固定方式で定められた水準のままである）（**表12-1**）。

国民負担率の国際比較　租税は社会保障以外の施策にも用いられるので，**国民負担率**（租税負担と社会保険料負担を合計した国民負担が国民所得に占める割合）＝社会保障のための負担ではないが，社会保障関係費は国の歳出の中で高い割合（2019年度で34％）を占めることを考えると，社会保障のあり方は国民負担に少なからぬ影響を与えることになる。わが国は，高齢化率が世界一にもかかわらず，国民負担率だけでなく，財政赤字を含めた潜在的国民負担率もアメリカに次いで低く，欧州諸国を下回っている。他方，社会保障水準はこれらの国と遜色がないことを考えると，わが国の社会保障制度はかなり効率的なことがわかる。

国民負担率については，それが高くなると経済成長に悪影響を与えるという意見がある。しかし，社会保障に係る負担は，社会保障給付として，国民の所

表 12-1　社会保障にかかる保険料負担の将来推計

制　度		2012 年度	2015 年度	2020 年度	2025 年度
年　金					
	国民年金	月額 14,980 円	月額 16,380 円（平成 16 年度価格）	月額 16,900 円（平成 16 年度価格）	月額 16,900 円（平成 16 年度価格）
	厚生年金	16.412%（～8月） 16.766%（9月～）	17.474%（～8月） 17.828%（9月～）	18.3%	18.3%
医　療					
	国民健康保険（2012 年度賃金換算）	月額 7,600 円	月額 8,100 円程度	月額 8,800 円程度	月額 9,300 円程度
	協会けんぽ	10.0%	10.8%程度	10.9%程度	11.1%程度
	組合健保	8.5%	9.2%程度	9.2%程度	9.4%程度
	後期高齢者医療（2012 年度賃金換算）	月額 5,400 円	月額 5,800 円程度	月額 6,200 円程度	月額 6,500 円程度
介　護					
	第 1 号被保険者（2012 年度賃金換算）	月額 5,000 円	月額 5,700 円程度	月額 6,900 円程度	月額 8,200 円程度
	第 2 号被保険者（国民健康保険, 2012 年度賃金換算）	月額 2,300 円	月額 2,700 円程度	月額 3,300 円程度	月額 3,900 円程度
	第 2 号被保険者（協会けんぽ）	1.55%	1.8%程度	2.3%程度	3.1%程度
	第 2 号被保険者（組合健保）	1.3%	1.5%程度	1.9%程度	2.5%程度

出典：厚生労働省「社会保障に係る費用の将来推計について（平成 24 年 3 月）」

得となり（年金や生活保護），サービスの担い手の報酬（医療・介護サービス）となるなど国民経済の中で循環しており，経済成長と両立しうるものである。

（3）少子化対策と子ども・子育て支援

少子化対策と子どもをもつ自由

人口減少が現実のものとなり，また，景気回復により労働需給がひっ迫することによって，**少子化対策**の必要性が強く主張されるようになった。ちなみに，少子化対策とは，社会全体の少子

図 12-4　国民負担率の国際比較

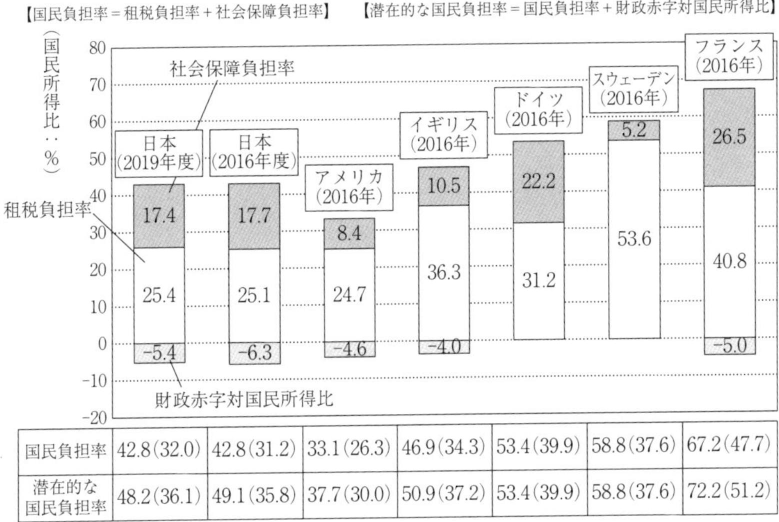

	日本（2019年度）	日本（2016年度）	アメリカ（2016年）	イギリス（2016年）	ドイツ（2016年）	スウェーデン（2016年）	フランス（2016年）
国民負担率	42.8(32.0)	42.8(31.2)	33.1(26.3)	46.9(34.3)	53.4(39.9)	58.8(37.6)	67.2(47.7)
潜在的な国民負担率	48.2(36.1)	49.1(35.8)	37.7(30.0)	50.9(37.2)	53.4(39.9)	58.8(37.6)	72.2(51.2)

出典：財務省

化の進展に歯止めをかけ，出生率の向上を目的とする施策をいうのに対し，社会保障は，個人の生活保障を直接の目的としており，両者はその目的を異にしている。

そもそも，子どもをもつかどうか，何人の子どもをもつか（以下「**子どもをもつ自由**」という）は，個人にとってもっとも基本的な自由の１つであり，少子化対策の名の下に，世論などの間接的圧力によってであれ，子どもをもつ自由が侵害されてはならない。ただし，少子化対策の掛け声の下で，子ども・子育て支援策が進み，子どもを生み育てる環境が整備されること自体は，望ましい。もっとも，少子化対策によって人口減少にどの程度歯止めがかかるかは不明であり，人口減少による労働力不足を危惧するのであれば，女性や高齢者の活用は当然として，移民を含めた外国人労働者の活用のあり方も検討する必要があろう。

新たな子ども・子育て支援策　一体改革では，保護者が子育てについての第一義的責任を有するという基本的認識の下に，幼児期の学校教育・保育，地域の子ども・子育て支援を総合的に推進することとし，2012年に**子ども・子育て関連3法**が成立して，新たな制度体系が構築された。

子ども・子育て支援法では，認定こども園，幼稚園，保育所を通じた共通の給付（「施設型給付」）および小規模保育等への給付（「地域型保育給付」）を創設するとともに，国の基本指針の下に，市町村が子ども・子育て支援事業計画を，都道府県が子ども・子育て支援事業支援計画を策定し，子ども・子育て支援策を計画的に推進することとした。

また，同法によって，従来，学校教育法，児童福祉法に分かれていた幼稚園と保育所が施設型給付として一元化された。施設型給付を受給しようとする保護者は，市町村から受給資格の認定を受けた上で，自ら施設を選択し，施設と直接契約をすることになる（私立保育所については，現行制度と同様に，市町村が施設に対して保育に要する費用を委託費として支払う）。幼稚園や保育所等の施設は，「正当な理由」がある場合を除き，契約を断ることができない（応諾義務）。施設型給付は，保護者に対する現金給付という形をとるが，法律上，施設が代わりにこれを受領する法定代理受領が認められ，現物給付化されるので，保護者は，自己負担となる保育料を施設に対して支払えばよいことになる。

待機児童問題　子ども・子育て支援法に基づく新制度は2015年4月からスタートしたが，都市部を中心に保育所に入所できない待機児童の数は減少せず,2015年には全国で2万3167人に達した。このため，国は，2017年に「子育て安心プラン」を策定し，女性就業率80％に対応できる32万人分の受け皿を遅くとも2022年度末までに整備して待機児童を解消することを目標に掲げた。さらに,2017年の「新しい経済政策パッケージ」では，その目標を2年前倒しして2020年度末までに整備するとした。

地方自治体の努力もあり，待機児童数は，2019年4月には1万6772人まで減少した。しかし，同年10月からの保育所の無償化により女性の就労が促進され，保育を必要とする児童の数も増えたため，待機児童の解消実現はより困

図 12-5　子ども子育て支援法の構造

市町村子ども・子育て支援事業計画

計画的な整備

子どものための教育・保育給付

認定こども園，幼稚園，保育所
＝施設型給付の対象

小規模保育事業者
家庭的保育事業者
居宅訪問型保育事業者
事業所内保育事業者
＝地域型保育給付の対象

（施設型給付・地域型保育給付は，早朝・夜間・休日保育にも対応）

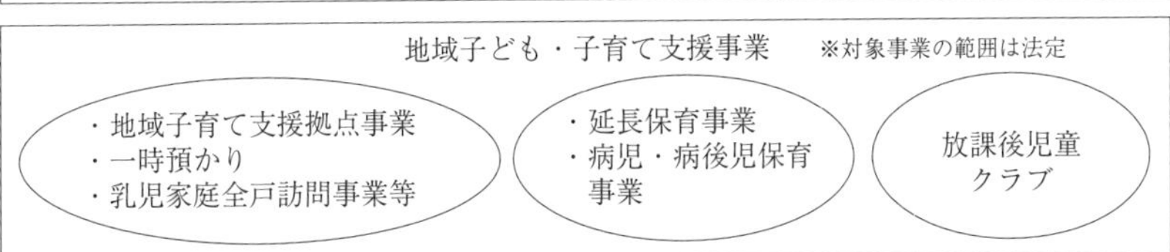

出典：内閣府

図 12-6　施設型給付の利用手続き

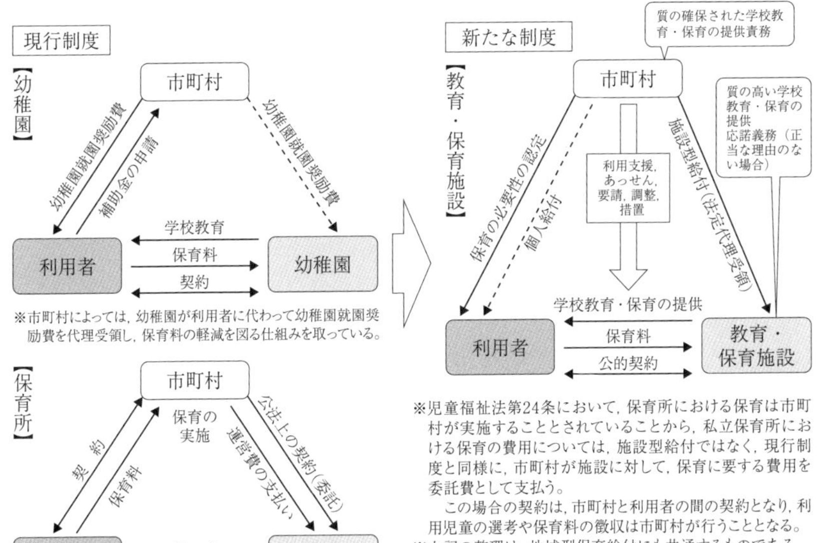

※児童福祉法第24条において，保育所における保育は市町村が実施することとされていることから，私立保育所における保育の費用については，施設型給付ではなく，現行制度と同様に，市町村が施設に対して，保育に要する費用を委託費として支払う。
　この場合の契約は，市町村と利用者の間の契約となり，利用児童の選考や保育料の徴収は市町村が行うこととなる。
※上記の整理は，地域型保育給付にも共通するものである。

出典：内閣府

難となっている。

（4）一億総活躍から外国人労働者受入へ

人口減少への3つの選択肢　人口減少への対応としては，大きく，①人口減少をそのまま受け入れる，②日本人の出生率や就業率を向上させる，③外国から労働者を受入れる，の3つの選択が考えられる。政府は，当初，一億総活躍プランによって②の道を選択したが，これでは人手不足に対応できなかったため，特定技能制度を設けて③の道も併用することにした。

図 12-7　日本の総人口の推移（出生中位・死亡中位推計）

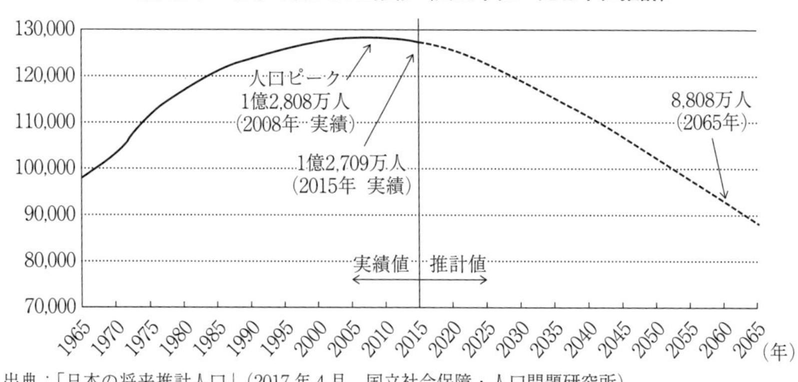

出典：「日本の将来推計人口」（2017年4月，国立社会保障・人口問題研究所）

ニッポン一億総活躍プラン　2016年6月，政府は，アベノミクス第2ステージとして「ニッポン一億総活躍プラン」を閣議決定した。これは，第1の矢「希望を生み出す強い経済」（GDP600兆円），第2の矢「夢をつむぐ子育て支援」（希望出生率1.8），第3の矢「安心につながる社会保障」（介護離職ゼロ，生涯現役社会）を3つの柱として，一人ひとりの日本人誰もが活躍できる「一億総活躍社会」の実現を目指そうとするものであり，希望出生率1.8の実現によって50年後も人口1億人を維持できるとしている。そのねらいは，子育て支援による出生率の向上と女性・高齢者の就労促進で人口減少を乗り切ろうとすることにあった。

外国人労働者受入れとその課題　しかし，一億総活躍社会プランでは目先の人手不足に対応できなかったため，政府は，2018年に出入国管理難民認定法を改正し，従来の技能実習制度に加え，新たに特定技能制度を設けて外国人労働者の受入に舵を切った。これは，人手不足の状況にあり，外国人により人材の確保を図るべき特定産業分野に限って，一定の専門性・技能を有する外国人労働者を受け入れようとする制度であり，介護，建設，農業等の14分野に限り，2023年までの5年間で34.5万人を上限に外国人を受入れることを決めた。

外国人労働者を受入れるためには，日本人と同等の賃金などの平等待遇のほか，労働基準法などの労働関係法令や医療保険，年金などの社会保障法の適正な適用が求められる。また，外国人，とくに宗教的文化の異なるイスラム教徒を日本社会に受入れるためには，外国人に対する日本語や日本の習慣等の教育・啓発だけでなく，ハラール食品，サラート（礼拝），ラマダーン（断食月）といった異文化・習慣の理解に向けた日本人の努力も求められる。

さらに，現在は，特定技能のうち専門性の高い特定技能2号に限って家族の帯同が認められているが，外国人を労働力でなく労働者として迎えるためには，家族の帯同をより広く認める必要があろう。

（5）格差社会への対応

グローバリゼーションと格差社会　現代は，市場主義が世界中に広まり，情報，資本，物そして人も国境を越えて自由に移動できるようになっている（**グローバリゼーション**）。グローバル化した社会では，企業は常に国際的な競争にさらされ，効率性を追求し，競争力を高めないと生き残れない。このため，できるだけ安いコストで労働力を調達することが必要となり，少数の正規労働者の下で，多くのパートや派遣などの非正規労働者を働かせようとする。その結果，労働者間の賃金格差は拡大し，しかもそれが生涯にわたって固定する傾向にある（**格差社会**）。

❖コラム 12-1　市場主義とは何か

市場主義という言葉はさまざまな意味で用いられるが，ここでは「財・サービスの配分は，競争的市場を通じて行われるとき最も効率的である」という考え方と定義しておく。これは，経済学で広く認められている考え方であり，私的な財・サービスの配分については基本的に妥当する。近年，社会保障分野にもできるかぎり市場主義を導入すべきであり，サービス提供に関する参入規制はできるだけ撤廃すべきことが主張されている。

しかし，**情報の非対称性**（医師と患者では医療に関する知識･情報に格差があるように，取引の両当事者が同じ情報をもっていないこと）や**逆選択**（保険への自由な加入を認めると，リスクの大きい者だけが保険に加入する結果となり，保険が成立しなくなること）などがある場合には，必ずしも効率的な資源配分が行われるわけではなく（**市場の失敗**），何らかの形で政府の介入が必要になる。問題は，どのような場合に，どのような方法で，どこまで政府が介入すべきかということである。

格差社会では，社会保障の役割はより重要となる。単に最低生活を保障する（憲 25 条）だけでなく，新たな技能を身につけ，希望する職業に就けるように支援するなど，**社会的包摂**（ソーシャル・インクルージョン）に向けた取り組みが必要であり，個人の幸福追求に向けた支援が重要となる（憲 13 条）。このため，2013 年には生活困窮者支援法が成立し，自立相談支援や就労準備支援などが行われるようになった。また，低所得の学生に限定してではあるが，2020 年度から高等教育の無償化も始まる。引き続き，格差の固定化を防ぐための施策の強化が必要となる。

AI と BI

現代の科学技術の進歩は，かつてないほど急速である。特にロボットや AI（人工知能）の発達によって，これまで人間が携わってきた肉体労働のみならず，知的労働もそれらに取って代わられようとしている。このような社会になると，人間は，ごく少数の AI を使う者と大多数の AI に使われる者に分かれ，両者の所得格差は極大化していくだろう。さらに，シンギュラリティ（技術的特異点）が実現し，かつ，ロボットが労働を担うようになれば，創造的労働や感情労働など一部の分野を除き，「労働者」は不要になるという予測もある。

シンギュラリティはまだ先のこととしても，AIやロボットは急速に実用化されつつある。これらの普及は，現在の社会保障制度の枠組みを構成する「使用者」，「被用者」，「労働者」といった概念では包摂できない社会実態を生み出す（フリーランスなど専門性の高い高・中所得の独立自営業，AIの指示に従って配送などの単純業務を担う低所得の自営業，さらにはAIとロボットからなる工場から多大な利益をあげる資本家・投資家など）。このような社会変動に対応して社会的公正を実現するためには，新たな理念に基づく新たな再分配の仕組みが必要となる。考えられる理念としては「個人の尊厳」があり，制度としては，すべての住民に無条件に定額の現金を給付するBI（ベーシック・インカム）がある。BIについては，既存の社会保障給付との関係をどうするのか，巨額な財源をどう確保するのかといった問題が指摘されているが，AIなどの急速な普及を考えれば，その実現可能性を真剣に議論すべき時期にきているのではなかろうか。

〔参考文献〕

厚生省五十年史編集委員会『厚生省五十年史』（中央法規出版，1988年）

1938年の厚生省創設以来50年間の社会保障行政の歩みをまとめたもの。時代背景等に関する記述も充実している。

各年版『厚生労働白書』

その年の社会保障政策の動向を把握するだけでなく，テーマ部分も興味深い。

J. E. スティグリッツ（藪下史郎訳）『公共経済学上』（東洋経済新報社，2003年）

市場主義的な考え方も含め，経済学の立場で社会保障をどう考えるのかを知るために最適。

日本社会保障法学会編『新・講座社会保障法第３巻　ナショナルミニマムの再構築』（法律文化社，2012年）

社会保障法学の立場から，貧困・格差問題に対処するため，ナショナルミニマム，雇用・労働問題などが論じられている。

ルトガー・ブレグマン（野中香方子訳）『隷属なき道－AIとの競争に勝つ　ベーシックインカムと一日三時間労働』（文藝春秋，2017年）

波頭亮『AIとBIはいかに人間を変えるのか』（幻冬舎，2018年）

AIとBIについては様々な文献が出ているが，入門書として上記２冊をあげておく。

第13章

国際化と社会保障

1 「国際化と社会保障」の意味と諸相

人の移動と社会保障

社会保障制度は各国によって大きく異なっている。また，その制度設計や運営をどうするかということは各国の主権に属する。社会保障制度の適用に関して，外国人を自国民と同等に取り扱うか，各制度の目的・趣旨等に照らし何らかの区別を行うのかも，基本的には当該国の決め方の問題である。これは，社会保障制度がもともと自国民を対象とする国内政策として生成発展してきたという沿革もさることながら，その財源が国家の強制徴収力に裏打ちされた保険料や租税であることに本質的な理由がある。つまり，国家の強制力が及ぶのは基本的には自国領土の国民であり，保険料や租税を強制徴収しそれをいかに再配分するかは，自国民の納得・合意を前提にした各国の政策選択の問題だからである。いずれにせよ，社会保障制度は主権国家の枠組みと分かちがたく存立し，その意味で国境により隔てられてきた。そして，基本的には今日でもなお隔てられているといってよい。

しかし，人は国境を越えて移動する。とりわけ経済の**グローバル化**の進展は，商品・サービスや資本の移動はもとより人の大規模な移動を促す。実際，生産拠点の多角化や海外取引の活発化等に伴い各国間での人の移動は急増している。たとえば，外務省の「海外在留邦人数統計」によれば，海外在留邦人のうち長期滞在者（3ヶ月以上の滞在者で永住者ではない者）の数は，1985年には約24万人であったのが2017年には約87万人に達している。また，法務省の「在留外国人統計（旧登録外国人統計）」によれば，在留外国人数も，1985年の約85万人から2018年末には約273万人に増加している。このように国境を越えた人の移動が頻繁かつ大規模になると，各国の社会保障の相違等に起因するさまざまな問題が顕在化することになる。社会保障はもはや各国の専権事項というだけではすまされなくなるのである。

「国際化と社会保障」の諸相　一口に「国際化と社会保障」といっても，これには次元や性格を異にするさまざまな問題が含まれる。たとえば，国際化に伴い増加する外国人に対する社会保障の適用の問題もあれば，社会保障制度あるいは社会保障法の国際化という問題もある。ここでは，必ずしも網羅的ではないが，「国際化と社会保障」の諸相のイメージがわくように，代表的な問題を3つばかりあげてみよう。

第1は，保険料の二重負担や掛け捨ての問題である。たとえば，日本人が外国に派遣され就労する場合，海外派遣中も日本の厚生年金制度などに継続加入するのが普通である。他方，派遣された国では，就労していることに伴い当該国の社会保障制度の保険料等の支払義務が生じることがある（**保険料の二重負担問題**）。なお，以上は日本からみた場合であるが，外国から日本に派遣される場合も，わが国では外国人就労者も社会保険の適用対象になるため同様の問題が生じる。

また，年金は給付要件として一定年数以上の加入期間（最低加入期間）を求めることが通例であり，たとえば，日本は10年（2017年3月までは25年であった），ドイツは5年，米国は10年となっている。このため，短期間外国に派遣された者は，当該国の最低加入期間の要件を満たすことができない場合がしばしば生じる。さらに，外国人に対する年金給付の支払いは自国内に居住する場合に限定する国もある。いずれの場合も，外国で負担した保険料は給付に結びつかず掛け捨てになってしまうという問題が生じることになる（**保険料の掛け捨て問題**）。

こうした保険料の二重負担や掛け捨ての問題は，人の移動が頻繁なヨーロッパ諸国では，二国間あるいは多国間で**社会保障協定**を締結し調整が図られてきた歴史がある。それでは日本ではどうか。結論からいえば，1996年に締結された日独社会保障協定を最初として，2019年8月現在では22ヵ国と社会保障協定が署名（うち19ヵ国は発効済み）されている。その内容や意義等については，適法滞在者の社会保障の適用に関する一般原則ついて先に述べる必要があるので，第4節で論じることにする。

第2は，**不法滞在者**に対する社会保障適用をめぐる問題である。一口に不法滞在者といっても，そもそも不法に入国したケース，適法に入国したが在留期限が過ぎ在留しているケース，就労可能な在留資格を有さずに就労するケースなどさまざまであるが，ここではその区別に立ち入らない。いずれにせよ，第1で述べたのが適法に滞在し就労する者の不利益を解消するという問題であるのに対し，第2の問題は不法滞在者に対する社会保障制度の適用の有無の問題である。

いうまでもないことであるが，不法滞在は入国管理法制上認められておらず強制退去の対象となる。しかし，現実には各国間で経済格差がある限り「流出・流入圧力」が生じ，不法滞在を根絶することは至難である。実際，法務省の報道発表資料（「本邦における不法在留者数について」）によると，日本における不法残留者は2019年1月1日現在で7.4万人いるとされる。たとえば，こうした不法滞在者が医療を必要とする状態に陥った場合どうするのか。人道上の見地から医療保険あるいは生活保護（医療扶助）の適用はされるのか，それとも日本に滞在することがそもそも認められていないのだから一切適用はないのか，あるいはそれ以外の救済の方途があるのか，といった問題が生じる。これについては第3節で述べることとしよう。

第3は，国際化が進んでいるなかで，各国の社会保障制度の“足並み”を揃えられないのかという問題である。これはさらに2つに分けられる。ひとつは，日本に限らず世界各国で社会保障制度改革が行われているが，そこには共通する方向あるいは潮流といったものはないのかという問題である。仮にそのようなものがあるならば，わが国で社会保障制度改革の議論を行う際，有益な示唆や視座を与えられることになろう。これについては，各国の社会保障制度はなぜ大きく相違するのかということから論じる必要があり，第2節で述べることにする。

もうひとつは，社会保障制度が各国で異なっているにせよ，どの国も最低限遵守しなければならない規範・基準はないのかという問題である。日本国憲法は，前文で「いづれの国家も，自国のことのみに専念して他国を無視してはならないのであつて，政治道徳の法則は，普遍的なものであり，この法則に従ふことは，自国の主権を維持し，他国と対等関係に立たうとする各国の責務であると信ずる」と謳い，98条で「日本国が締結した条約及び確立された国際法規は，これを誠実に遵守することを必要とする」と規定する。いわゆる**国際協調**主義の規定であるが，社会保障の関係で各国との協調の下に遵守すべき普遍的な規範・基準とは一体何かが問題となる。これは，世界共通の「**国際社会保障法**」の可能性の有無とも結びつく問題であるが，これについては最後の第5節で論じることにする。

2　社会保障制度の各国固有性と普遍性

社会保障制度の固有性

社会保障制度は自然発生的に存在したものではなく，すぐれて近代産業社会の産物である。すなわち，農村共同体では生産機能と扶助機能は家族や地域（村落）という単位の中で結合していた。しかし，産業革命はこれを分断する。そして，慈善団体や同業組合等による扶助にとどまらず，国家レベルで傷病や貧困等の問題に対応する必要に迫られることになる。1601年にイギリスにおいて社会保障立法の嚆矢とされるエリザベス救貧法が成立したのは，産業革命が最も早く進み都市労働者問題が深刻化したからである。イギリスの社会保障制度はその後さまざまな変遷を辿るが，第二次世界大戦後，ベヴァリッジ報告にもとづき1946年に年金に関し国民保険法が制定された。また，医療については税方式によるNHS（国民保健サービス）が1948年に創設され今日に至っている。他方，産業革命が遅れたドイツでは，1883年から1889年にかけて，疾病保険法等の3つの立法（いわゆる「ビスマルク社会保険三部作」）が成立をみた。これはギルドなどの同業組合による共済制度を母体とし，これを国家が再編成したとみることもできる。そして，その後公的保険の強制適用者の対象拡大が行われてきているものの，今日でも，ドイツの社会保険は労働者中心という性格が色濃く残っている。それではわが国はどうか。第一次世界大戦後，労働争議が頻発するなかで，1922年に本格的な労働立法として健康保険法が誕生し，その後1941年には労働者年金保険法の制定，1938年には農村の疲弊の救済策として国民健康保険法の制定をみた。健康保険法はドイツの疾病保険法がモデルになっているが，国民健康保険法はわが国の独創である。いずれにせよ，1961年に実現した国民皆年金・皆保険も「白紙の上に絵を描いた」わけではなく，戦前に二本建ての社会保険制度の骨格が形成されていたことに留意すべきである。

以上，3国のみについて述べたが，これは各国の社会保障制度の沿革の概略を紹介することが目的ではない。それを述べるには紙幅が足りないし，本章の趣旨にも合わない。ここで強調したいことは，以上述べたことだけからもわかるように，社会保障制度は歴史・経済・政治・文化等の所産であり，国によって，保険方式か税方式という相違や保険集団の括り方の違いなど，基本的な制度設計が大きく異なっているということである（社会保障制度の固有性）。

社会保障制度の普遍性　もうひとつ強調したいことは，今述べたことと矛盾するようであるが，社会保障制度には普遍性があることである。先進諸国は他国の社会保障改革の手法や成果に多大な関心を寄せており，政府レベルでも研究者レベルでも国際比較が盛んに行われている。そして，自国の社会保障制度改革において他国の改革手法を採り入れる例も現実にみられる。それは一体なぜなのか。ひとつの理由は，社会保障制度の目的は共通だからである。たとえば医療については，質の高い医療を公平かつ効率的に提供するという目的は世界共通である。また，年金については，老後の生活等を支えるために，必要な財源を調達し一定の所得を保障するという目的は同じである。もうひとつの理由は，先進諸国は**社会保障制度の持続可能性**をいかに確保するかという共通の悩みを抱えているからである。その背景には，高い経済成長が望めない一方，高齢化の進展，（医療でいえば）医学・医術の進歩，国民の価値観の多様化が進んでいることがある。さらに，社会保障制度は社会経済に規定されるが，単にその影響を受けるという一方的な関係にあるのではない。今日のように社会保障の規模が大きくなれば，そのあり方（例:給付水準，事業主負担）が社会経済に跳ね返るという側面もあり，社会保障は経済政策等との関係でも微妙な舵取りが求められている。いずれにせよ，各国は，国際的な潮流や他国の改革の動向に多大な関心を払っているが，それは，社会保障制度が各国固有の形態をとりながらも，普遍的なものが存在することが前提となっている。

社会保障制度改革の潮流　こうした社会保障制度改革の潮流も「国際化と社会保障」の一態様だとすれば，本章でも簡単にふれておく必要があろう。

第1は，社会保障全体を通じた潮流であるが，雇用の促進を重視する傾向がみられる。1990年代前半から展開されてきた**EU雇用戦略**はその典型である。これは，若年層に限らず高齢者や女性を含む就業拡大，就業能力の向上等による雇用の質の向上などが柱となっており，イギリスやドイツなどの雇用政策の基調となっている。また，米国でも「福祉から雇用へ」という旗印の下で福祉改革が進められている。ただし，留意すべきことは，雇用の促進が，米国では「貧困の罠」（稼得しても，その分だけ生活保護費が減額されること等により就労のインセンティブが働かないこと）からの脱却といった文脈で語られることが多いのに対し，EU雇用戦略では，できる限り誰もが社会全体の発展に参加する機会を与えることに主眼がおかれていることである。つまり，ヨーロッパ諸国では，就労は単なる稼得手段というにとどまらず，個人の尊厳を高め社会とのかかわりを強化するものであり，雇用の促進によって社会連帯の基盤はより強固なものとなり，社会の持続可能性も高まるという理念が存在する。これは，ヨーロッパで「**社会的包摂**」（貧困に限らず雇用・住宅・教育などあらゆる面で社会的に疎外された者を包摂すること）の議論が盛んである理由とも結びつく。

第2は，経済政策との調和が重視されていることである。既述したように，社会保障は経済成長がなければ持続できないが，社会保障制度のあり方が経済にも影響するという側面もある。その端的な例としては，社会保険料の増加の抑制があげられる。社会保険料は賃金に保険料率を乗じ算出されるが，その一定割合は事業主も負担するのが通例である。このため，社会保険料の増加は，商品やサービス価格への転嫁を通じ企業の国際競争力の低下につながるだけでなく雇用を抑制させる要因になりかねない。実際に国際競争力や雇用にどの程度影響を与えているかは議論の余地があるが，社会保険料負担が大きい国では，社会保険料の伸びを極力抑制する施策が採られている。たとえば，フランスで，1991年の一般社会拠出金（CSG）の導入およびその引き上げにより，社会保険料の租税代替化が進んでいる。また，ドイツでも，1998年に付加価値税率1%相当分が，2000年には環境税収入の一部が，連邦補助金として年金財源に繰り入れられるなどの改正が行われている。

第3は，医療制度であるが，医療の質と効率性の調和の重視，医療財政（ファイナンス）に加え医療供給（デリバリー）の改革の重視という傾向を指摘できる。前者については，2004年5月，OECDの主催の下に保健医療大臣会合が行われたが，そのテーマは「質の良い効率的な医療システムに向けて」であった。医療技術の革新が進む一方，財政制約が厳しいなかで，医療の質を向上させつつ医療制度の効率性を高めていくことは先進国共通の難題であり，医療の質の指標を開発することなど国際的協力や研究も行われている。また，医療改革については診療報酬の支払に関しDRG（診断群分類による包括評価）の導入などが各国で進んでいるが，こうした改革と併せて，イギリス，ドイツ，フランスでは，家庭医やプライマリケアの役割を重視する改革が行われている。なお，ドイツ，オランダ，イギリスなどでは，医療の質や効率性を向上させる手法として競争原理を導入する試みも行われているが，国によってアプローチの違い等があり，その成否の評価は慎重を要すると思われる。

第4は，年金制度であるが，基本的な問題は，経済や人口構造が変化するなかで制度の持続可能性をいかに確保するかである。公的年金については多くの国が実質的に賦課方式を採っているが，低成長基調のなかで老年従属人口指数（高齢者人口を生産年齢人口で除した割合）が高まれば，①給付の見直しを行う

（例：年金の現役世代賃金に対する割合である所得代替率を下げる，支給開始年齢を上げる）か，②保険料の引き上げを行うか，のいずれか（あるいは双方の組合わせ）が必要になる。②は企業の国際競争力や雇用抑制につながりかねないといった問題があり，①も年金は現在あるいは将来の生活設計に組み込まれているため大幅な見直しは容易ではない。ちなみに，EUの年金戦略は，年金の持続可能性を確保するには高齢者の就業率の引き上げが不可避というものであり，第1で述べたEU雇用戦略と重なり合う。各国の改革の動向をみると，高齢化のスピードや積立金の水準等の差異もあり改革の内容は一様ではないが，現役世代の負担が過剰にならないよう，①受給者と被保険者の比率や平均寿命の延伸を考慮し給付の伸びを調整する仕組みの導入，②給付建てから拠出建てへの転換，③公的年金の給付縮減と企業年金等による代替，といった傾向が指摘できる。

以上，社会保障制度改革の国際的潮流について概説したが，日本における最近の改革もこれと無縁ではないことが理解できよう。たとえば，2006年や2014年の医療制度改革は，医療供給サイドの改革を重視し医療の質と効率性の向上をめざすものであり，第3で述べた考え方と一致する。また，2004年の年金制度改革（マクロ経済スライドや将来の保険料水準の固定）や社会保障・税一体改革の一環として行われた2012年の年金制度改革（いわゆる年金関連四法の成立）は，第2や第4で述べたことと符合する。ただし，他国の改革を参考にすることは有用であるが，社会保障制度の枠組み，社会経済状況，国民性の相違などの諸条件を十分吟味しないと，「木に竹を接ぐ」結果となることに留意する必要がある。

3　外国人に対する社会保障の適用問題

外国人に対する日本の社会保障制度の適用については，適法滞在と不法滞在に場合分けして考える必要がある。これは，「一般の社会保障法についてこれを外国人に適用する場合には，そのよって立つ社会連帯と相互扶助の理念から，わが国内に適法な居住関係を有する外国人のみを対象者とすることが一応の原則である」（最判昭53・3・30民集32巻2号435頁）からであり，実際，各社会保障制度の適用は大きく異なっている。

適法滞在外国人への適用　わが国の社会保障法の中には，健康保険法のようにもともと国籍要件がないもの，厚生年金保険法のように戦後間もなく**国籍条項**を削除したものもあるが，国民年金法や国民健康保険法をはじめ国籍条項を設けている法律が少なからず存在した。しかし，わが国は，1979年に国際人権規約Ａ規約を，1981年には難民の地位に関する条約を批准し，これにあわせて国内法の国籍要件の撤廃等の整備を行った。その結果，日本に適法に滞在する外国人については，基本的には，**内外人平等原則**の下に，日本人と同様に社会保障が適用されている。代表的な制度について述べれば次のとおりである。

第1に，被用者であれば健康保険および厚生年金の適用対象となる。ここでいう被用者とは，適用事業所において**常用的雇用関係**（所定労働時間・日数が同種の業務に従事する他の通常就労者のそれのおおむね4分の3以上であることなど）にある者をいうが，これは日本人と同様である。なお，厚生年金については，比較的短期間日本に滞在する場合は10年の最低加入期間を満たすことができないが，被保険者期間が6月以上ある外国人であって老齢年金の受給資格期間を満たしていない者が帰国後2年以内に請求を行った場合には所定の脱退一時金が支給される。

第2に，被用者でない外国人（例：自営業者，留学生）については，適法に3月を超えて在留する外国人であって日本国内に**住所**（生活の本拠）を有する者は国民年金および国民健康保険の適用対象となる。なお，国民年金でも厚生年金と同様に脱退一時金の仕組みが設けられている。

第3に，生活保護法については，国籍条項は撤廃されていないが，いわゆる「準用」措置が採られている。すなわち，生活保護の請求権は憲法25条にもとづく法律上の権利として認められるものであり，生活保護法は日本国民のみを適用対象としている（生保1条・2条参照）。ただし，適法に日本に滞在し，活動に制限を受けない永住や定住等の在留資格を有する外国人については，国際道義上・人道上の観点から，予算措置として，日本人と同一要件の下で同一内容の給付が受けられることとされている（「生活に困窮する外国人に対する生活保護の措置について」昭29・5・8社発382号等を参照）。

不法滞在外国人に対する適用　以上のとおり，適法滞在外国人については原則として日本人と同様に社会保障が適用されているが，不法滞在外国人に対する取扱いはこれとはまったく異なる。

第1に，不法就労外国人に対しては，健康保険および厚生年金は適用されないという実務運用がなされている。健康保険法や厚生年金保険法の条文上は，被保険者資格の要件は「適用事業所に使用される」（健保35条，厚年13条）ことだけであり，この運用はやや疑問であるが，「不法な就労を前提とした使用関係はきわめて不安定なものであり，『常用的雇用関係』にあるとは認められないため，適用され」ない（厚生省「外国人に係る医療に関する懇談会報告書」1995年5月26日参照）という行政解釈が採られている。ちなみに，法の目的・趣旨が異なるので単純な比較はできないが，労働基準法や労働者災害補償保険法は不法就労者にも適用される（「外国人の不法就労等に係る対応について」昭63・1･26基発50号･職発31号。なお，出入国管理法上の通報も行わないこととされている。平元・10・31基監発41号参照）。

第2に，不法滞在外国人の国民健康保険および国民年金については，退去強制の対象となるものであり「住所」を有するとは認められないため適用されない。なお，不法滞在外国人に対して国民健康保険が適用されないことについては法令上明記されている（国保規1条）。その経緯等については**コラム13-1**を参照されたいが，保険料を負担する意思や能力がある者（たとえば，適法に国民健康保険に加入していた外国人が日本人と結婚し在留資格の変更申請を行ったが，出入国管理上の審査が遅延し不法滞在状態になっている者）まで一律に適用除外としたことは疑問が残る。

第3に，生活保護については，不法滞在外国人は，出入国管理法上，退去強制の対象とされていること，生活保護の対象とすることが結果的に不法在留を容認することになるため，生活保護は適用されないこととされている。ちなみ

❖コラム 13-1　不法滞在外国人の国民健康保険の適用に関する最高裁判決とその顛末

不法滞在外国人は国民健康保険法５条の「住所」を有しないという行政解釈が採られてきた。しかし，これについては学説上争いがあり，下級審判決の判断も分かれていた。こうしたなかで，最高裁は，一定の要件を満たす場合には，不法滞在外国人であっても「住所」を有する（すなわち被保険者資格がある）ことを認めた（最判平 16・1・15 民集 58 巻 1 号 226 頁）。

事案は，大韓民国で出生し同国での永住資格を喪失するなど特殊な境遇にあったため日本に長期間残留し，調理師として働きながら妻と日本で生まれた子と定住し家庭生活を営んでいた者（外国人登録をし在留特別許可も求めていた）が，在留資格がなく被保険者に該当しないとして被保険者証の交付をしない旨の処分が行われたため，違法な処分により損害を被ったとして国家賠償法にもとづき損害賠償を請求したものである。

最高裁は，在留資格を有しない外国人であっても，外国人登録をし，在留特別許可を求めており，入国の経緯，入国時の在留資格の有無および在留期間，配偶者や子の有無，日本における滞在期間，生活状況等に照らし，当該市町村の区域内で安定した生活を継続的に営み，将来にわたって維持し続ける蓋然性が高いと認められる場合には，「住所」を有すると認められる場合がある旨を判示し，この事案については，上記の事情等を考慮し「住所」を有するとした（ただし，損害賠償請求は認めなかった）。

しかしながら，最高裁は，その一方で，国民健康保険法６条の委任にもとづく施行規則等において在留資格を有しない外国人を適用除外者として規定することが許されるということも判決の中で述べた。このため，この判決の後，厚生労働省は，不法滞在外国人については国民健康保険法５条の適用除外とする旨の施行規則の改正を行った。本最高裁判決は，不法滞在外国人であっても一定の要件を満たせば国民健康保険の適用があることを認めながら，その適用の途を一切閉ざすという結果を誘引したことになる。

（参考）この最高裁判決については多くの評釈がある。島崎謙治「判例研究」『季刊社会保障研究』40 巻 4 号 387 頁，国京則幸「外国人と社会保障」『別冊ジュリスト社会保障判例百選〔第４版〕』34 頁および両論文に掲げられている文献を参照されたい。

に，不法滞在外国人の生活保護の適用をめぐり最高裁まで争われた事案があるが，最高裁は憲法 25 条，14 条に違反しないとして，実務の取扱いを支持している（最判平 13・9・25 判時 1768 号 47 頁）。

外国人適用に関する政策課題　外国人に対する社会保障の適用の有無は以上のとおりであるが，現実には数多くの問題が生じている。重要なものを３つあげる。

第1は，適法滞在外国人に対する社会保険の適用が必ずしも適正に行われていないという問題である。その背景には，健康保険・厚生年金保険の保険料は原則労使折半負担となっているため，事業主が社会保険の被保険者資格取得の届出を忌避するとともに，外国人の側もとくに年金については被保険者資格の取得を望まないということがある。しかし，改めていうまでもなく，社会保険は一定の要件に該当する場合は強制加入が大原則であり，職権適用を含めその徹底を図ることが必要である。

第2は，外国人研修・技能実習制度の規制が強化されているものの，その違反事例が後を絶たないことである。たとえば，技能習得という本来の目的に反し，研修という名目の下で，労働基準法等の適用を受けずに事実上低賃金労働力として使用することは，その典型例である。また，技能実習（これは労働に該当する）においても，最低賃金の割り込み，時間外労働に対する割増賃金の不払い，社会保険への未加入といった実態もみられる。悪質なブローカーや事業所の摘発等を行うとともに，外国人研修・技能実習制度のあり方について抜本的な検討が必要であると考えられる。

第3は，不法滞在外国人の傷病の取扱いである。既述したように，不法滞在外国人については社会保険各法および生活保護の適用はないというのが行政実務である。しかし，現実に不法滞在外国人が緊急に医療を必要とする場合，それを放置することは人道上許されず，医師は医師法19条1項の応招義務も負っていると考えられる。ただし，その結果，医療機関が診療費を回収できないこと（未収金の発生）は，社会的公平の見地から問題であるとともに，実態上診療拒否を招きかねない。その対応としては，①行旅病人及行旅死亡人取扱法の適用，②無料低額診療事業（社福2条3項9号参照）の活用，③緊急医療の未払費用の補填助成などが考えられる。若干補足すると，①の法律は明治時代にできた法律でいささか古めかしいが，現実に同法を不法滞在外国人に適用した事例もみられる。②の無料低額診療事業は第二種社会福祉事業に位置づけられ，固定資産税や不動産取得税の非課税など税制優遇措置が講じられている。その社会的役割・使命に照らせば，不法滞在外国人の緊急医療に関する対応も求められよう。③については，現在でも，救急救命センターに対する国の補助金の中で，公的保険未加入の外国人に係る救命救急医療の未収金のうち1件20万円を超える部分について，3分の1の補助（都道府県も3分の1の補助を行うことが前提である）が行われている。

以上，社会保障制度の外国人適用の問題について述べたが，なぜこうした政策課題を強調するのか付言しておく。日本経済は現状でも技能実習外国人等の労働力抜きには成り立たない。そして，今後さらに生産年齢人口の減少が見込まれるなかで，労働力不足がいっそう深刻な問題となることは間違いない。また，海外からの「流出圧力」もしばらく働くであろう。実際，インドネシア，フィリッピンおよびベトナムとのEPA（経済連携協定）交渉において，看護・介護分野における労働力の受入れに関し強い要請があり，日本も一定の条件（例：受入施設で就労するが，日本の国家資格の合格を目標とする研修を実施）の下でこれを受け入れた。そして，日本は出入国管理法を改正し，2019年度から，外国人労働力の本格的な受け入れに舵を切った。しかし，とくに単純労働力の受け入れについては，諸外国の例をみても大きな覚悟と法整備が必要である。受け入れの拡大にあたっては，その条件等を十分吟味するとともに，その前提として，技能実習外国人等に関し現在でも深刻化している問題（社会保障制度の未加入問題のほか外国人の子どもの教育や社会的不適応といった問題を含む）の解決を図る必要がある。

4　保険料の二重負担や掛け捨ての問題と社会保障協定

社会保障協定の内容と意義

第1節で述べたとおり，他国で就労する場合に社会保険料の二重負担や掛け捨ての問題が生じるが，これらの問題の解消のために社会保障協定を締結する措置が講じられている。社会保障協定は，①保険料の二重負担を回避するための適用調整措置，②両国の年金**加入期間の通算**措置，③両国間の社会保障制度の実施機関による相互間協力の3本柱で構成されているが，その具体的な内容は次のとおりである（**図13-1**）。

第1に，社会保険料の二重負担の問題については，就労している国の社会保障制度にのみ加入することを原則（就労地主義）とし，外国への派遣期間が短い場合には派遣元の国の社会保障制度にのみ加入するという基本的考え方に立って整理が行われている。これにより，派遣期間の長短を問わず，就労地国

図13-1　社会保障協定の内容

二重負担の防止	○日本または協定相手国の社会保障制度のいずれかのみに加入する。

〈例：日本の企業に勤務する者が米国にある支店や駐在員事務所などに短期派遣される場合〉

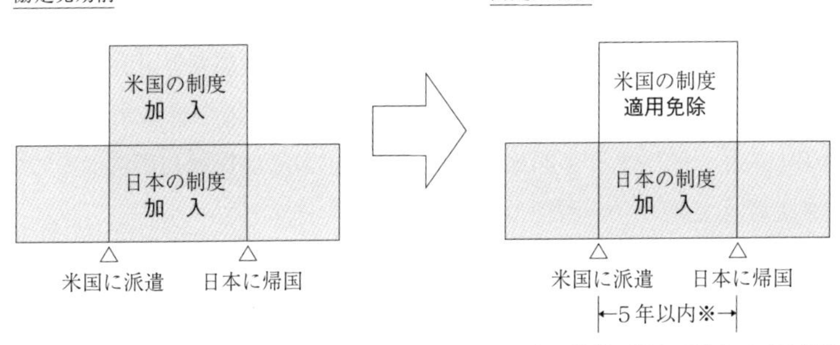

加入期間の通算	○年金受給のために必要な加入期間は，日本と外国制度の加入期間を相互に通算する。 ○年金額は，両国それぞれの加入期間に応じた額とする。

〈米国に派遣され勤務していた人の例：米国の老齢年金受給のために必要な保険期間は10年〉

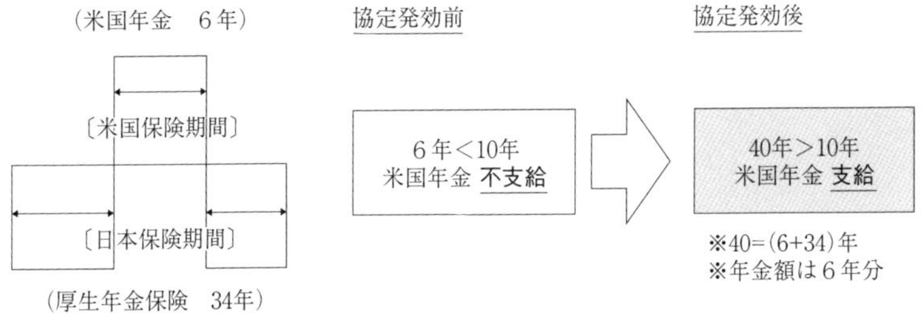

出典：西窪論文（参考文献参照）を基に筆者作成

または派遣元のどちらか一方の社会保障制度にのみ加入すればよいこととなる。たとえば，日本の企業関係者が米国に派遣された場合であれば，米国の社会保障制度のみに加入する（この間は日本の社会保障制度の被保険者資格は喪失する）こととし，派遣期間が短い場合（日米社会保障協定の場合は「5年以内」）は，日本の社会保障制度に加入し続けることを条件として，アメリカの社会保障制度へ加入しない（保険料の支払いが免除される）こととされている。

第2に，社会保険料の掛け捨ての問題については，両国の年金加入期間を有しているものの，一方または両方の国の年金制度における最低加入期間の要件を満たさない場合には，両国の年金加入期間を通算することによって，それぞれの国の年金制度における最低加入期間の要件を満たすことができるようにしている。簡単にいえば，両国の年金加入期間を最低加入期間の計算にあたって相互に通算するということである。たとえば，日本で34年間被用者として厚生年金に加入し，米国で6年間被用者として米国の社会保障制度に加入していたケースを考えてみよう。両国の年金加入期間を通算しない場合，日本の厚生年金の期間要件は満たすものの，米国の老齢年金の支給要件である10年の最低加入期間は満たさず，受給開始年齢に達してもアメリカの老齢年金を受給することはできないことになる。しかし，両国の年金加入期間を通算すれば40年間（34年間プラス6年間）となる。したがって，米国の老齢年金支給要件である10年の最低加入期間を満たし，米国の老齢年金についても受給できることになる。これが年金加入期間を通算することの効果である。ただし，この場合に支払われる年金額は，日本の厚生年金は34年分，アメリカの社会保障制度は6年分として計算され，それぞれの国から支給される。

第3に，社会保障協定を円滑に実施するためには，両国の社会保障制度を実施する機関（例：日本では日本年金機構など）間の協力関係が不可欠であることから，日本が締結している社会保障協定には，両国の社会保障制度の実施機関による相互協力（情報提供等）に関する規定が設けられている。たとえば，日本企業在籍者が派遣先の国から日本に戻った場合であっても，相手国の年金制度の給付に関する諸手続は年金事務所の窓口で日本語により行うことができる。

日本が締結した社会保障協定

社会保障協定の締結にあたっては，2国間の制度の相違や国内法に及ぼす影響等を十分精査する必要がある。このため，日本でも協定の必要性や意義は認識されながらも，協定の締結までなかなかこぎつけなかった歴史がある。しかし，「社会保障に関する日本国とドイツ連邦共和国との間の協定」（日独社会保障協定）が締結（発効は2000年2月）されたのを最初として，2019年8月現在では，イギリス（2001年2月発効），韓国（2005年4月発効），米国（2005年10月発効），ベルギー（2007年1月発効），フランス（2007年6月発効），カナダ（2008年3月発効）など計19ヵ国と社会保障協定が締結・発効済みとなっている。また，これ以外にも，3ヵ国とは協定署名済みであり，4ヵ国とは政府間交渉中もしくは予備協議中である。いずれにせよ，近年，多くの国と社会保障協定の締結が進められているが，在留邦人および進出日系企業の状況，相手国の制度や運営状況（例：社会保険料の負担規模，被保険者管理の実態）等を勘案し，今後さらに社会保障協定の締結を促進する必要がある。

なお，社会保障協定の内容は，相手国によって対象となる社会保障制度や盛り込まれている措置は必ずしも同一ではない。たとえば，ドイツ，イギリス，韓国，カナダなどは，保険料の二重負担を回避するための適用調整措置は年金に限られ医療保険は含まれない。これに対し，米国は年金のほかに医療保険を含み，さらにフランスは労働災害補償をも含み，ベルギーはこれらのほか雇用保険や家族手当をも含んでいる。また，イギリスおよび韓国は年金加入期間の通算措置が盛り込まれていない。こうした違いが生じる主な理由は，日本と相手国の社会保障の制度設計や考え方の相違である。2つばかり例をあげれば，イギリスは，医療費保障は社会保険方式ではなく税方式であり，年金制度についてはそもそも通算措置を行わない方針が採られている。米国は年金とメディケア（高齢者医療保険）の社会保障税は一括徴収していること等から，年金だけでなく医療保険も適用調整措置の対象とする必要があった。こうした諸事情が社会保障協定の内容の相違に反映されている。いずれにせよ，社会保障協定は，異なる２国間の社会保障制度を基礎として，両国間の制度の相違を前提にルールを作っていくものであり，単純にどの国との間でもまったく同じルールを当てはめることはできないことに留意する必要がある。

包括実施特例法の制定理由と内容　わが国では，社会保障協定を含む条約が国会で承認されても，ただちに国内法としての効力が生まれるわけではない。言い換えれば，社会保障協定に定められた内容を日本国内で実施するためには，２国間で締結された社会保障協定とは別に，公的年金各法（国民年金法，厚生年金保険法および共済年金各法）や医療保険各法（健康保険法，国民健康保険法など）の特例等を定める国内法の整備が必要となる。こうした特例法は，従来は締結国ごとに制定されてきた。しかし，これでは協定締結の交渉と同時並行して国内法を整備する手続きが必要になるため，協定締結を迅速に進める上で大きなネックとなっていた。一方，これまで社会保障協定締結が積み重ねられることにより，社会保障協定の基本的なパターンはおおむね出揃ったと考えられる。このため，2007年６月に，既存の締結国ごとの個別の特例法を廃止・統合し，これら協定締結国ごとの実施特例法の内容をすべて網羅した**包括実施特例法**（正式名称は「社会保障協定の実施に伴う厚生年金保険法等の特例等に関する法律」）が制定された。

包括実施特例法は社会保障協定締結に伴い必要となりうる国内法の特例内容をすべて網羅したものであり，個々の国との社会保障協定の内容に応じ，必要な特例規定が発動されるという法律構成が採られている。たとえば，イギリスのように医療保険料の二重負担調整規定や保険期間通算規定のない国との社会保障協定に関しては，包括実施特例法中のこれらの規定は発動されない仕組みとなっている。

包括実施特例法の意義と効果は，一言でいえば，個別の国内法の整備が不要となったことにある。すなわち，各国との協定に関する国会承認の後，両国での実施機関間の実務的協議，政省令の整備および外交上の公文の交換の手続きを経て，包括実施特例法の該当する規定が適用されることになる。

5　社会保障の国際化

社会保障の調和と調整の相違

これまで国際化に伴う社会保障の適用について述べてきたが，最後に社会保障の国際化について考察する。これは，**社会保障の調和**（harmonization）をめぐる問題であると言い換えてもよい。留意すべきことは，**社会保障の調整**（coordination）との相違である。たとえば，保険料の二重負担や掛け捨ての問題の解消のために社会保障協定を結ぶことは，どのような場合にどちらの国の社会保障制度を適用（あるいは免除）するかという問題である。つまり，各国の社会保障制度が異なっていることを前提にして，必要な調整を行うものである。これに対し，社会保障制度の調和とは，各国の社会保障制度を一定の規範・基準に沿って類似したものに修正することを指す。

グローバル化と社会保障の調和

それでは，なぜ社会保障制度の調和が促されるのだろうか。ひとつの理由は，社会保障制度が社会経済と密接に関係しているという現実的な理由である。今日の経済は一国のみで完結しているわけではなく，金融資本の取引にせよ商品・サービスの取引にせよ世界的な規模で連関している。また，IT技術の発達に伴い情報は瞬時に世界を駆け巡る。国際的な人の移動も大量かつ頻繁に行われる。このように社会経済がグローバル化するなかで，社会保障制度が各国独自の基準で設計・運営されていることは，国際的な展開を図る企業やその従業員からみれば，一種の「障壁」になる。たとえば，国によって社会保障の制度設計が異なること（例：社会保険料の事業主負担など賃金付随コストの規模，公的年金や企業年金の受給要件の相違など）により，労働条件等の個別の調整が必要になるとともに，社会保障の受給権が確保されないなど労働者の権利保護上の問題が生じるからである。なお，既述した社会保障協定はこうした問題を個別に調整するものであるが，各国の社会保障制度の相違が小さいにこしたことはない。さらに，国際的な経済競争が激化するなかで，労働条件や社会保障を低位な水準におき生産コストを引き下げる「ソーシャル・ダンピング」は，競争条件の均等性・公平性という観点から許されずその是正が求められる。いずれにせよ，経済のグローバル化が社会保障制度の調和を促すひとつの要因であることは間違いない。

人権の理念と社会保障の調和

しかし，社会保障制度の「調和」が促される理由は決してそれだけではない。歴史的にみれば，より重要かつ本質的な理由がある。それは**人権尊重**の理念である。

人権は人間であることのみによって当然に有する権利であり人類普遍的な性格を有する。そして，社会保障も人権と密接にかかわる。その端的な例は，1948年の国連の**世界人権宣言**において，「すべて人は，社会の一員として社会保障を受ける権利を有し，(中略)，自己の尊厳と自己の人格の自由な発展とに欠くことのできない経済的，社会的および文化的権利の実現を求める権利を有する」(22条) ことが規定され，それが1966年の**国際人権規約**の採択に結実したことである。この国際人権規約は，権利の性格等の相違から，「経済的，社会的及び文化的権利に関する国際規約」(A規約：**社会権規約**) と「市民的及び政治的権利に関する国際規約」(B規約：**自由権規約**) に分かれるが，社会保障に直接かかわるのはA規約である。すなわち，同規約は，締結国に対し，「社会保険その他の社会保障についてのすべての者の権利を認める」(9条) を課すとともに，「この規約の各締約国は，立法措置その他のすべての適当な方法によりこの規約において認められる権利の完全な実現を漸進的に達成する (以下略)」(2条1項) ことを求めるなど，社会保障に関する多くの規定を設けている。

また，ILO (国際労働機関) も戦前から労働者の権利保護を図る取組みを進めてきたが，1952年には，**社会保障の最低基準に関する条約** (102号条約) を採択した。これは，医療給付や老齢給付など9種類の給付につき，保護 (給付) 対象者，給付内容・水準等について規定するものである。日本は1976年に同条約を批准し，傷病給付，失業給付，老齢給付，業務災害給付にかかわる義務を受諾している。以上のほか，国連やILOは数多くの条約・勧告等を採択しているが，このうち日本が批准している条約で社会保障にかかわりが深いものとしては，難民の地位に関する条約 (1981年批准)，女子に対するあらゆる形態の差別の撤廃に関する条約（1985 年批准），児童の権利に関する条約（1994 年批准）などがあげられる。

こうした条約は，ただちに個人の権利救済の根拠となるわけではない（コラム 13-2 参照）。しかし，それはこうした条約締結の意義が小さいことを意味しない。すなわち，国は条約を批准すれば，それに即した国内法の整備等が求められるし，法律改正等にあたりそれに反することは許されず，法規範として重要な役割を果たすからである。さらに，ILO 憲章は，締約国に対し，条約の規定の実施に係る国内措置について報告する義務（22 条），批准されていない条約や勧告に関し自国の法律および慣行の現況について報告する義務（19 条），ILO 条約を遵守していない国に対する申立および苦情に関する手続（24 条，26 条から 34 条）等を規定している。各国は，「独りわが道を行く」ということは許されないのである。

以上をまとめれば，社会保障制度が各国の専権に属するといっても，人権の尊重という観点から，国連や ILO など国際的機関の主導の下で共通の規範・基準を定め，各国がそれを遵守する取組みが進められてきたことの意義は大きいというべきである。

「国際社会保障法」の可能性　社会保障の調和が促されてきた理由等について述べてきたが，その延長線上に，「国際社会保障法」なるものが成立する可能性はあるのか考察することにする。

結論からいえば，それは「国際社会保障法」の定義ないしはその捉え方いかんによる。社会保障は社会連帯を基盤に成立する仕組みであり，社会連帯は，職域連帯であれ地域連帯であれ，あるいはより広い国民連帯であれ，閉鎖された社会の中で成り立つ概念である。そして，世界は，政治的にも経済的にも国民国家から成り立っていることは厳然たる事実である。したがって，社会保障制度が国民国家の壁を突き抜け，あらゆる国家・国民に共通する普遍的かつ包括的なものに収斂するとは考えにくい。また，社会保障が各国の政治・経済のみならず国民の文化や価値観の所産だとすれば，それを無視して社会保障制度をまったく同一にすることが望ましい方向だともいえない。統一的な経済共同

❖コラム 13-2 国際人権規約や ILO 条約の法的効力

国際人権規約や ILO 条約は重要な意義を有するが，こうした条約は国内法と同様の効力を有するのだろうか。学説には自動執行的（self-executing）な性格をもつという肯定的見解もみられるが，最高裁はこれを認めていない。リーディングケースとなったのは，国民年金法の障害福祉年金の国籍要件（1981 年の国籍条項撤廃前であることに留意）をめぐって争われた訴訟（塩見訴訟最判平元・3・2 判時 1363 号 68 頁）である。最高裁は，判決の中で次のように判示した（傍点は引用者）。

社会保障の最低基準に関する条約（昭和 51 年条約第 4 号。いわゆる ILO 第 102 号条約）68 条 1 の本文は「外国人居住者は，自国民居住者と同一の権利を有する」と規定しているが，そのただし書は「専ら又は主として公の資金を財源とする給付又は給付の部分及び過渡的な制度については，外国人及び自国の領域外で生まれた自国民に関する特別な規則を国内の法令で定めることができる」と規定しており，全額国庫負担の法 81 条 1 項の障害福祉年金に係る国籍条項が同条約に違反しないことは明らかである。また，経済的，社会的及び文化的権利に関する国際規約 9 条は，「この規約の締結国は，社会保険その他の社会保障についてのすべての者の権利を認める」と規定しているが，これは，締約国において，社会保障についての権利が国の政策により保障されるに値するものであることを確認し，右権利の実現に向けて積極的に社会保障政策を推進すべき政治的責任を負うことを宣明したものであって，個人に対し即時に具体的権利を付与すべきことを定めたものではない。このことは，同規約 2 条 1 が締約国において「立法措置その他のすべての適当な方法によりこの規約において認められる権利の完全な実現を漸進的に達成する」ことを求めていることからも明らかである。したがって，同規約は国籍条項を直ちに排斥する趣旨のものとはいえない。

（参考）この最高裁判決については，堀勝洋「判例研究」『季刊社会保障研究』25 巻 3 号（1989 年）303 頁，木下秀雄「国民年金法の国籍要件の合憲性――塩見訴訟」『別冊ジュリスト社会保障判例百選〔第 4 版〕』（有斐閣，2008 年）8 頁および両論文に掲げられている文献を参照されたい。

体の形成をめざす EU においてさえ，社会保障は基本的に各加盟国の管轄権限に属することとされていることが何よりの例証になろう。いずれにせよ，仮に「国際社会保障法」をそのような全世界共通の統一的な制度を規律する法という意味で捉えるならば，「国際社会保障法」の可能性はゼロに等しい。

ただし，そのことは，世界各国が，一定の目的の下に共通の目標を設定し，各国がそれに向けて努力することの意義を何ら貶めるものではない。国連が

1948年に世界人権宣言を採択したのは，第二次世界大戦において人権が踏み躙られたという苦い経験と反省に立っている。市民的自由権だけでなく社会保障も人権の重要な一翼を担うものだという認識も，そうしたなかで各国の共通理解となり，国際協調の下に育まれてきたものである。そして，国際機関が，人権という観点から共通の規範・基準を設け，各国に対しそれを遵守する努力を促すという方式は，迂遠そうにみえながら，これまで着実な成果を上げてきたことも事実である。また，二国間の社会保障条約が積み重ねられ，それが多国間の国際協定につながることも考えられる。いずれにせよ，そのようにして形成される共通規範・基準を「国際社会保障法」と呼ぶのであれば，その可能性は否定されてはならず，むしろ現状が不十分であれば，その改善に努めるべきである。

今日，世界に目を向ければ，いたるところで政治的・社会的紛争が起きている。また，経済のグローバル化が急速に進むなかで各国間の経済格差は拡がっている。さらに経済のグローバル化は，社会保障の調和を促すと同時に，たとえば多国籍企業はグローバルな観点から低廉な労働力を求めるなど，社会保障の調和を阻害する側面もあることに留意しなければならない。そのような時代に我々は生きている。だからこそ，めざすべき共通の規範・基準とは何か――真の意味の「国際社会保障法」とは何か――がいっそう問われるのであり，わが国の社会保障のあり方を考える際にも，そうした観点が据えられなければならない。

〔参考文献〕

日本社会保障法学会『年金改革とグローバリゼーション（社会保障法第20号）』（法律文化社，2005年）

日本社会保障法学会第46回大会は，「グローバル化と社会保障法」をテーマに開催されたが，そのシンポジウムの基調講演およびパネリストのコメント等が掲載されている。とくにベルント・バロン・フォン・マイデル教授の基調講演（本沢巳代子訳）「ドイツ法に対するヨーロッパ法および国際法の影響」は示唆に富んでおり必読である。

日本社会保障法学会『社会保障 迫られる改革／欧米の動向と震災日本（社会保障法第28号)』(法律文化社，2013年)

日本社会保障法学会第61回大会では「EU社会保障立法の加盟国法への影響」と題するミニシンポジウムが行われた。本書には，3人の報告者の論文(関根由紀「EU社会保障法制の新展開と加盟国の国内法への影響」，笠木映里「フランス国内法へのEU法の影響」，坂井岳夫「ドイツ国内法へのEU法の影響」）が収められている。

日本社会保障法学会編『講座社会保障法第1巻　21世紀の社会保障法』(法律文化社，2001年)

とくに第Ⅲ部（社会保障法の国際化）に収められている2つの論文（高倉統一「国際社会保障基準の形成と日本法の課題」，伊奈川秀和「社会保障をめぐる国際協力」）が参考になる。

『季刊社会保障研究43巻2号』(国立社会保障・人口問題研究所，2007年)

「外国人労働者の社会保障」の特集号であり，岩村正彦「外国人労働者と公的医療・公的年金」，山川隆一「外国人労働者と労働法上の問題点」，井口泰「外国人の統合政策および社会保険加入のための基盤整備——EU等の調査から」，志甫啓「日系ブラジル人の社会保障適用の実態」，西村淳「社会保障協定と外国人適用——社会保障の国際化に係る政策動向と課題」の5つの論文（いずれも読みごたえがある）が掲載されている。

西窪学「社会保障協定の現状と課題」『週刊社会保障』3034号（法研，2019年)

この論文は社会保障協定締結の実務に携わっている行政官が執筆したものであり，本章第4節はこの論文に依拠している。

判例索引

最高裁判所

高等裁判所

地方裁判所

事項索引

さ 行

た　行

な　行

は　行

ま 行

や 行

ら 行

わ 行

執筆者紹介
（執筆順）

河 野 正 輝（かわの　まさてる）　［編者］第 1 章・第 10 章
九州大学名誉教授

【読者へのメッセージ】
「社会保障法」に対する関心のもち方は，読者により多様だろうと思います。ただ，生活に困ったときに誰でも人間らしく生きられるよう，長年にわたり社会が築き上げてきた制度と法理論を，「社会保障法」のなかに読み取ってほしいと思います。そして，さらによい社会保障の法とするために，どう改めるべきかを考えてください。そう期待して本書を執筆しました。

台　　　豊（だい　ゆたか）　第 2 章・第 3 章
青山学院大学法学部教授

【読者へのメッセージ】
社会保障を「法」の視点から考えようとするとき，解釈論においては民法や行政法などの，立法論においては基礎法の知識や考え方が有用（ホントは必要）です。また，社会保障そのものを理解するためには，経済学的なものの考え方も有用（ホントは必要）です。幅広い関心と視点をもって，社会保障法に果敢に挑戦してください。

石 田 道 彦（いしだ　みちひこ）　第 4 章
金沢大学人間社会学域法学類教授

【読者へのメッセージ】
家族や社会のあり方，経済の仕組みが大きく変化している今日，社会保障法が対応しなければならない課題は山積しています。医療保障の分野においても，高齢者医療や医療提供体制のあり方を中心に議論が続けられています。社会保障の歴史とそれを支える論理に注意を払いながら，社会保障法の基本的な考え方を身につけてください。

西 田 和 弘（にしだ　かずひろ）　第 5 章
岡山大学大学院法務研究科教授

【読者へのメッセージ】
「ゆりかごから墓場まで」有名なフレーズですね。社会保障法は皆さんの生活に密着した法領域です。社会保障給付の受給や受給資格取得のために申請などの手続が必要という点では，知らなければ「損をする」領域でもあります。勉強は損得勘定でするものではありませんが，「知っててよかった」と実感できる領域です。この本が，社会保障の法理論・制度・政策をさらに詳しく勉強してみたいと思う契機になれば幸いです。

江 口 隆 裕（えぐち　たかひろ）　［編者］第 6 章・第 12 章
神奈川大学法学部教授

【読者へのメッセージ】

どのような法律にも，それが作られた狙いや目的があります。この法律の目的は何か，その目的を達成するためにどのような手段・方法が用いられたのか，その目的や手法は人々の意識や社会状況に適合しているのか。そういった問題意識をもって法律を眺めると，その法律はあなた自身のものになり，自分の言葉でその法律が語れるようになります。社会保障法は，そのために格好の材料を提供してくれます。

水 島 郁 子（みずしま　いくこ）　第 7 章
大阪大学大学院高等司法研究科教授

【読者へのメッセージ】

学生のみなさんは，アルバイト代を働いた分，全額そのまま受け取っているかもしれません。社会人になると，給料から社会保険料や税金がしっかりと引かれます。保険料や税は国・社会のために必要ですが，軽い負担というわけでもありません。労働者や企業が社会保険財政を支えているという視点からも，社会保障を眺めていただければと思います。

品 田 充 儀（しなだ　みつぎ）　第 8 章
前厚生労働省労働保険審査会会長

【読者へのメッセージ】

何を信じればよいのか？人口構造の変動と財源の不足は，社会保障制度に対する国民の不安を掻き立てています。国家への信頼と国民相互の扶助の精神によって成り立っている社会保障制度は，今大きな危機に直面しているといえるかもしれません。もっとも，いかなる時代にあっても社会保障制度は必要です。本質的な問題はどこにあるのか，国民が関心をもち続けることが危機脱出の条件となりましょう。

福 田 素 生（ふくだ　もとお）　第 9 章
埼玉県立大学保健医療福祉学部教授

【読者へのメッセージ】

社会保障の法制度は，これまでむしろ官主導で整備されてきましたが，年金や高齢者医療など制度に対する信頼は大きく低下しており，開かれた社会における自律した市民の連帯として再構築していくことが求められています。本書が市民にとって不可欠の知的素養となった社会保障の法制度の理解に役立つことを期待しています。

木 下 秀 雄（きのした　ひでお）　第 11 章
龍谷大学法学部教授

【読者へのメッセージ】

現在日本では雇用の劣化が進み，「若者」にとっても貧困は身近な問題です。そんな中で，ともすると自分の将来やこの社会の先行きに展望を見失いがちです。しかし現代社会の「必需品」として社会保障が形成されてきています。若者がこの「必需品」の活用方法をしっかり知り，さらにこれを権利として行使することで，自分の今後と社会のこれからを確かなものとして描くことができます。法的アプローチから社会保障を捉える所以はそこにあるのでは，と思います。

島 崎 謙 治（しまざき　けんじ）　第 13 章
国際医療福祉大学大学院教授

【読者へのメッセージ】

社会保障は社会経済構造の一部であり，社会経済をめぐる状況が変われば社会保障のあり方も再考が迫られます。これは当然のことです。しかし，「疾風に勁草を知る」という言葉があるように，厳しい試練に晒されるからこそ，社会保障制度が強靭なものか脆弱なものかがわかります。揺るぎない社会保障の理念とは何か，今の制度の何を守り何を見直していくべきなのか，社会保障の勉強を進めるなかで是非考えていただきたいと思います。

αブックス

レクチャー社会保障法〔第3版〕

2009年2月15日　初　版第1刷発行
2015年3月1日　第2版第1刷発行
2020年5月15日　第3版第1刷発行

編　者　河野正輝（かわのまさてる）・江口隆裕（えぐちたかひろ）

発行者　田靡純子

発行所　株式会社 法律文化社

〒603-8053
京都市北区上賀茂岩ヶ垣内町71
電話 075(791)7131 FAX 075(721)8400
https://www.hou-bun.com/

印刷：西濃印刷㈱／製本：㈱藤沢製本
装幀：アトリエ・デコ

ISBN 978-4-589-04083-1